Heinrich Leberecht Fleischer

Grammatik der lebenden persischen Sprache

Heinrich Leberecht Fleischer

Grammatik der lebenden persischen Sprache

ISBN/EAN: 9783743309562

Hergestellt in Europa, USA, Kanada, Australien, Japan

Cover: Foto ©Andreas Hilbeck / pixelio.de

Manufactured and distributed by brebook publishing software
(www.brebook.com)

Heinrich Leberecht Fleischer

Grammatik der lebenden persischen Sprache

GRAMMATIK

DER LEBENDEN

PERSISCHEN SPRACHE.

NACH

MIRZA MOHAMMED IBRAHIM'S

GRAMMAR OF THE PERSIAN LANGUAGE

NEU BEARBEITET

VON

HEINRICH LEBERECHT FLEISCHER.

ZWEITE AUFLAGE.

LEIPZIG:

F. A. BROCKHAUS.

1875.

GRAMMATIK

DER LEBENDEN

PERSISCHEN SPRACHE.

Vorwort des deutschen Bearbeiters

zur zweiten Auflage.

Die 1847 erschienene erste Auflage meiner Bearbeitung dieses Werkes führte den Titel: „Grammatik der lebenden persischen Sprache von *Mirza Mohammed Ibrahim*, Professor des Arabischen und Persischen am East-India-College zu Haileybury. Aus dem Englischen übersetzt, zum Theil umgearbeitet und mit Anmerkungen versehen von Dr. *H. L. Fleischer*, ord. Prof. der morgenländischen Sprachen an der Universität Leipzig." Die Umwandlung dieses Titels in den der vorliegenden zweiten Auflage mit grösserer Hervorhebung meines Namens gründet sich nicht bloss auf geschäftliche Zweckmässigkeit und den Wunsch der Verlagshandlung, sondern vorzüglich auch darauf, dass ich, ohne den Grundcharakter und Hauptbestand des Werkes anzugreifen, noch weiter gehende Aenderungen als früher damit vorgenommen und es in einigen Theilen, wie in den Abschnitten über die Präpositionen und Conjunctionen, völlig umgearbeitet habe. Viele in der ersten Auflage verschonte Ueberreste persischer Redseligkeit und empirischer Oberflächlichkeit sind hier beseitigt; vieles dort im Texte Beibehaltene, aber in den Anmerkungen Berichtigte ist theils ganz unterdrückt, theils im Texte selbst umgestaltet. Hierdurch sind die meisten meiner Anmerkungen zur ersten Auflage weggefallen, die noch übrigen aber nicht mehr durch ein *F.* von denen des Verfassers unterschieden. Das Nöthige und Brauchbare aus den ebenfalls weg-

gefallenen beiden Abschnitten „Vom Subjunctiv und Potentialis"
(in der 1. Auflage § 90—111) und „Von den fragenden Zeitwörtern" (ebendas. § 117—119) ist hier in § 76—79 und in
Anm. 1 zum ersten Gespräche, S. 107—108, untergebracht.
Neu hinzugekommen ist der nach *Chodzko's* Grammaire per-
sane, Paris 1852, gearbeitete Abschnitt „Vom Wortton" S. 11
—15. Dessenungeachtet sind durch die erwähnten Kürzungen
und Zusammenziehungen, unbeschadet des Inhaltes, die 181
Paragraphen der ersten Ausgabe hier auf 125 zurückgegangen.

Rein formelle Aenderungen sind folgende zwei: zur Siche-
rung der Aussprache habe ich das früher vor dem stummen ه
am Wortende weggelassene Fatha wieder hinzugefügt und in
der Transcription persischer Wörter das nach englischer Weise
auszusprechende kurze a durch ein deutsches e ersetzt. Die
Uebersetzung der Gespräche ist grösserer Wörtlichkeit ange-
nähert und die sprachlichen und sachlichen Anmerkungen zu
denselben sind bedeutend vermehrt.

Auch in seiner jetzigen Gestalt kann und soll das Buch
selbstverständlich nicht im mindesten Anspruch darauf erheben,
sich neben tiefer und breiter angelegte sprachwissenschaftliche
Werke, wie namentlich meines alten Freundes Prof. *Vullers*
Grammatica linguae persicae, zu stellen oder gar sie zu ersetzen;
hoffentlich aber wird es neben dem obenerwähnten Werke von
Chodzko jetzt noch etwas vollkommner als früher das Bedürf-
niss einer praktischen Anweisung zum Gebrauche der schönen
Sprache von Iran in ihrer heutigen Gestalt befriedigen.
Leipzig, im October 1874.

Fleischer.

Vorwort des deutschen Bearbeiters

zur ersten Auflage

vom Jahre 1847.

Wozu diese Grammatik geschrieben ist und wozu nicht, sagt der Verfasser selbst in der hiernächst folgenden Vorrede [1]. Vollständig hat er das dort aufgestellte Ziel gewiss nicht erreicht, denn dies ist ohne mündlichen Unterricht überhaupt unmöglich; vielleicht auch nicht bis zu dem Grade, als es innerhalb der gesteckten Grenzen durch ein Buch geschehen konnte, denn dazu hätte es noch anderer Kräfte bedurft; aber reiche und zuverlässige Beiträge zu einer umfassenderen Kenntniss seiner Muttersprache hat er unstreitig geliefert, und dies hat mich bestimmt, sein ziemlich unbeachtet gebliebenes Werk nach Deutschland zu verpflanzen, wo man nach dem bisherigen Entwicklungsgange unserer morgenländischen Sprachstudien das heutige Persische im Allgemeinen weit weniger kennt als das Neuarabische.

Aber wozu eine Bearbeitung? Warum nicht lieber eine reine Uebersetzung? — Für mich selbst hätte ich dadurch

---

[1] Das Original erschien unter dem Titel: «A Grammar of the Persian Language etc. by Meerza Mohammed Ibraheem, Professor of Arabic and Persian Languages at the Hon. East-India Company's College, Haileybury.» (London, Allen & Comp., 1841.)

in der That besser gesorgt; denn auf blosse treue Wiedergebung des Vorgefundenen beschränkt, wäre meine Verant-
wortlichkeit, zumal bei einem Werke, dessen stylistische Form
in seinem Inhalte aufgeht, fast auf Null herabgesunken; aber
der Sache wegen konnte ich es nicht über mich gewinnen,
mir die Aufgabe so leicht zu machen. Erstens ist Mirza
Mohammed Ibrahim ein zu guter Perser, als dass er nicht
unter allen Umständen etwas lieber mit vier, als mit zwei
Worten sagen sollte; zweitens kann auch gar Manches in
dem theoretischen Theile seiner Grammatik bei uns vor kei-
nem sprachwissenschaftlichen Richterstuhle mehr Gnade finden.
So habe ich denn zuvörderst den Wort - und Phrasenreich-
thum der Urschrift, wo er unnöthige Weiterungen und Wie-
derholungen enthielt oder die wissenschaftliche Klarheit und
Schärfe beeinträchtigte, dann aber allerdings auch die Gedanken und Sachen selbst, soweit meine Controle reichte,
einer hoffentlich durchaus wohlthätigen oder wenigstens un-
schädlichen Censur unterworfen. Wo es nöthig schien, geben
die Anmerkungen darüber Auskunft, oder sie liefern Er-
gänzungen, oder rücken das und jenes zurecht, was im Texte
unverändert geblieben ist. Denn nicht Alles sollte so dargestellt werden, wie wir es denken oder wissen; noch weniger
ging ich darauf aus, den ganzen Charakter des Buches, die
gar oft wunderliche Anordnung und Vertheilung des Stoffes,
die empirische Aeusserlichkeit u. s. w. zu verändern oder
zu unterdrücken; hier und da hat mir sogar, ich gestehe es,
die erheiternde Naivetät und Absonderlichkeit meines Schriftstellers die streichlustige Feder zurückgehalten. Warum sollte
nicht auch die Grammatik ihren Humor haben? — Zur
Unterscheidung meiner Anmerkungen von denen des Verfassers
habe ich die erstern am Ende mit einem *F.* bezeichnet, welches jedoch aus Versehen an folgenden vier Stellen aus-

gefallen ist: S. 32 l. Z., S. 85 l. Z., S. 90 Z. 2 d. Anm.
u. l. Z.

Die nicht seltenen Abweichungen des Verfassers von der
regelmässigen Vocalisation persischer und besonders arabischer
Wörter und seine Schwankungen darin habe ich, ausser in
Fällen wo die Vermuthung eines Versehens oder einer Nach-
lässigkeit zu nahe lag, getreulich beibehalten, dagegen seine
Methode, auch ى und ‫و‬, wo sie blosse Vocalverlängerungs-
zeichen sind, und zwei unmittelbar auf einander folgende vocallose Consonanten beide mit ˘ zu bezeichnen, dahin abge-
ändert, dass dieses Zeichen im ersten Falle gar nicht, im
zweiten nur über den ersten Consonanten gesetzt worden ist.
Auch habe ich vor ‫ا‬, ى und ‫و‬, wo sie á, í, ú ausdrücken,
die entsprechenden Vocalzeichen, als sich von selbst versteh-
end, in der Regel weggelassen, ebenso das Fatha vor dem
stummen ه am Ende der Wörter, weil dieser Buchstabe nur
mit wenigen Ausnahmen der Stellvertreter jenes Vocals ist.
Um ferner dieses ه von dem wurzelhaften und consonantisch
lautenden Final-He zu unterscheiden und die Aussprache zu
sichern, habe ich das erstere, eben weil es nur einen End-
vocal darstellt, nie, wie der Verfasser, mit dem ˘ versehen,
sondern dieses Zeichen ausschliesslich über das letztere, als
wirklichen Consonanten, gesetzt.

Die Zählung der Paragraphen stimmt in meiner Bearbeitung nur bis zum 17. mit der des Originals überein.
Ich habe nämlich die §§ 17—19 des Verfassers, welche
nichts enthalten als Buchstabirübungen u. dgl., weggelassen
und in dem Folgenden Manches, was unpassender Weise in
mehrere Paragraphen zerfällt war, unter einem zusammengestellt. Dadurch sind die 213 Paragraphen des Originals
ohne Beeinträchtigung ihres wesentlichen Inhaltes hier auf
181 zurückgegangen.

Die persischen Consonanten drückt der Verfasser mit lateinischen Buchstaben folgendermassen aus:

ا	ب	پ	ت	ث	ج	چ	ح	خ	د	ذ
a	*b*	*p*	*t*	*s*	*j*	*ch*	*h*	*kh*	*d*	*z*

ر	ز	ژ	س	ش	ص	ض	ط	ظ	ع	غ
r	*z*	*j*	*s*	*sh*	*s*	*z*	*t*	*z*	*a*	*gh*

ف	ق	ك	گ	ل	م	ن	و	ه	ی .
f	*ck*	*k*	*g*	*l*	*m*	*n*	*v*	*h*	*y.*

Bei meiner Umschreibung, wie sie in § 2 vorliegt, habe ich den Grundsatz Schleiermacher's festgehalten, einen Buchstaben des fremden Alphabets nie durch ein neuerfundenes Zeichen oder eine Verbindung von zwei oder mehrern ältern, sondern durchaus nur durch einen lateinischen Buchstaben, ohne oder mit Modification, wiederzugeben. Die Buchstaben ع, ا, ط, ت ث, س ص, ز ذ ض ظ, von denen die zu einer Gruppe gehörigen in der persischen Aussprache völlig zusammenfliessen, habe ich hier, wo es nur auf die Darstellung des Lautes ankam, beziehungsweise eben so wenig wie der Verfasser unterschieden, was ich jedoch bei der Umschreibung ganzer Stellen und Textstücke des sichern Verständnisses wegen und aus andern nahe liegenden Gründen für unbedingt nothwendig halte. Hinsichtlich des چ, ج und ش bin ich der mit Recht immer allgemeiner werdenden Bopp'schen Bezeichnungsweise durch *ǵ*, *ć* und *ś* gefolgt, ح und ق habe ich nach Lane's Vorgange durch *ḥ* und *ḳ*, خ und غ wie Caspari in seiner arabischen Grammatik durch *ḫ* (nach Schleiermacher) und *ġ*, ژ durch *j*̇, و und ی nach deutscher Weise durch *w* und *j* ausgedrückt. Hoffentlich ist die Zeit nicht mehr fern, wo unter Mitwirkung der deutschen morgenländischen Gesellschaft wenigstens die Orientalisten deutschen Stammes sich über eine feste Transcriptionsmethode einigen

und dadurch dem Wirrwarr, der noch auf diesem Felde
herrscht, ein Ende machen werden. Für das Ganze sind ja
schon sichere Grundlagen gewonnen, und für das Einzelne,
wenn es nur einmal auf zweckmässige und ansprechende Weise
durch gemeinsames Uebereinkommen festgestellt ist, wird sich
voraussichtlich auch der gute Wille finden, der selbst bei et-
waigen Abweichungen der individuellen Ansicht von der allgemeinen sich dieser letztern im Interesse des Ganzen unter-
ordnet, wozu auch ich in Bezug auf die so eben dargelegte
Umschreibungsweise mich hier im voraus bereit erkläre.

Bei dieser Wiedergebung persischer Wörter mit lateinischen Buchstaben habe ich den ursprünglichen reinen Laut
der drei kurzen Vocale, so wie ihn die arabischen Vocalzeichen darstellen (*a, i, u*), festgehalten; nur statt des *i*, wo
es wie ein hebräisches Schwa mobile oder bei dem Zusammenkommen mit einem harten Consonanten dumpf wie ein
slavisches *y* lautet, ist nach dem Vorgange des Verfassers
einigemal *e* gesetzt, wiewohl ich diese Inconsequenz mir jetzt
selbst zum Vorwurf mache. Denn bevor wir von der Aussprache der Vocale, welche den gebildeten Landeseingebornen
selbst in allen einzelnen Fällen für die beste oder allein
richtige gilt, Genaueres erfahren als in § 13 von dem Verfasser, halte ich es für das Gerathenste, jene Gleichförmigkeit
der Bezeichnung auch im Persischen durchzuführen. Dass
im Lande selbst Schwankungen der Vocalaussprache stattfinden,
leidet keinen Zweifel; so hörte ich Capitän Anderson von
der Bombay-Armee, der mehrere Jahre in Persien gewesen
war, z. B. بند und مملكت *pand* und *mamlakat* mit durchaus reinem *a* aussprechen, und die Ursprünglichkeit dieses
Lautes ist für Jeden erwiesen, der die Entstehungsgeschichte
der persischen Vocale von der indischen wie von der semitischen Seite her verfolgen kann. Allerdings aber ist das *a*,

besonders in Verbindung mit weichen Consonanten, gewöhnlich zum *ä*, *e* herabgesunken, wie schon Olearius und Angelus a St. Josepho im 17. Jahrhundert das Fatha meistentheils durch *e* ausdrücken. Ein sehr empfehlenswerthes Werk der neusten Zeit, Principia Grammatices neo-persicae von Prof. Geitlin, Helsingfors 1845, schreibt nach der mündlichen Unterweisung des Mirza Dschafar in St. Petersburg für das in der Regel zur Wiedergebung des Fatha gebrauchte *e* den Laut eines kurzen *ä* vor (s. S. 18 in der Anmerkung und S. 319 vor der Umschreibung der angehängten persischen Gespräche in lateinische Schrift); und so mag man denn das kurze *a* im Allgemeinen auch hier nach englischer Weise aussprechen. — Es würde mir sehr angenehm sein, wenn diese Erklärung alle Missdeutungen und unnützen Gegenreden in der Wurzel abzuschneiden vermöchte.

Die acht Gespräche mit den eingeflochtenen grammatischen Erörterungen, welche der Verfasser an die Stelle der Syntax gesetzt hat, bilden den eigentlichen Kern und den Glanzpunkt des Werkes. Wie sie mich durch Inhalt und Form zuerst und hauptsächlich angezogen und mir den Gedanken einer deutschen Bearbeitung eingegeben haben, so werden gewiss auch die Leser dieses Buches sich ihnen mit Vorliebe zuwenden, um Belehrung und Unterhaltung daraus zu schöpfen. In einer deutschen Uebersetzung konnte der „Engländer" und das „Englische" natürlich nicht bleiben, ohne wenigstens an einigen Stellen widersinnig zu werden; ich habe daher den englischen Gentleman mit seiner Muttersprache durchaus in einen deutschen Herrn mit der seinigen verwandelt.

Vorrede zur ersten Auflage.

Wenn ein Ausländer sich in der Nothwendigkeit befindet, die Eingebornen eines Landes in ihrer eigenen Sprache anzureden, so muss er sich gänzlich auf eine wohlwollende und nachsichtige Beurtheilung von Seiten derselben verlassen. Wie vertraut er auch immer zum Gebrauche für das tägliche Leben mit ihrer Sprache geworden sein, wie viel Mühe er sich auch gegeben haben mag, mit dem Style ihrer vorzüglichsten Schriftsteller bekannt zu werden, dennoch wird sich ihm die Bemerkung aufdrängen, dass es in jeder Sprache Eigenthümlichkeiten der Ausdrucksweise und Wortfügung giebt, welche diejenigen, deren Muttersprache sie ist, anwenden ohne sich dessen bewusst zu sein, die aber ein Fremder kaum jemals sich gänzlich anzueignen hoffen darf. Tief durchdrungen von dem Gefühle meiner Mängel, bitte ich daher meine Leser aufrichtigst und ergebenst um Nachsicht für diese Blätter, auf welchen ich, ein geborner Perser, es unternehme, Engländern die Elemente der persischen Grammatik aus leicht begreiflichen Gründen in englischem Gewande vorzuführen. Dabei darf ich mich wohl der Hoffnung hingeben, dass man wenigstens meine Gedanken überall deutlich ausgedrückt finden wird, da die gefällige Durchsicht eines wohlwollenden Freundes alle Wahrscheinlichkeit irgend noch vorhandener wesentlicher Missgriffe beseitigt hat.

Diese freundliche Hülfe hat sich aber nicht etwa auf die
äussere Form beschränkt; nein, dieselbe Meisterhand hat auch
zur Verbesserung des Inhalts beigetragen, und mit Stolz und
Dankbarkeit erkenne ich den Beistand an, welchen mir während meiner ganzen Arbeit die Bemerkungen jenes unerreichten
Kenners und erleuchteten Beschützers der persischen Sprache
und Literatur, Herrn Neil Benjamin Edmonstone, ge-
leistet haben. Zu meinem grössten Schmerze hat mir ihn
die Hand des Todes seitdem entrissen, und seinem geehrten
Andenken diesen Tribut zu entrichten, ist für mich, ich fühle
es, eine heilige Pflicht.

Durch den Beifall und die Hülfe eines solchen Mannes
ermuthigt, lege ich daher dieses Buch den Freunden der
persischen Sprache vor, in dem Vertrauen, dass sie es sorgfältig gearbeitet und brauchbar finden und dadurch Erleich-
terungsmittel zur Erlernung der persischen Sprache gewinnen
werden, die ihnen bisher wohl nur unvollkommen zu Gebote
standen.

Bis jetzt hat noch nie ein geborner Morgenländer den
Geist, den Bau und die besondere Phraseologie seiner Muttersprache in einer europäischen Sprache darzustellen versucht.
Durch meine eigenthümliche Stellung in diesem Lande bin
ich veranlasst worden, mich an jene schwierige Aufgabe zu
wagen. Zufällig hatte ich die Ehre, fast unmittelbar nach
meiner Ankunft in England eine Anstellung am East-India-
College zu erhalten. Zu jener Zeit war mir die englische
Sprache gänzlich fremd; ich war völlig unfähig, etwas in
derselben Geschriebenes zu lesen oder mich ihrer zum Sprechen zu bedienen. In meinem neuen Verhältnisse als Lehrer
des Persischen war es daher meine erste Pflicht, diesem
Mangel abzuhelfen und mich so schnell als möglich mit der
Sprache meiner Schüler bekannt zu machen. In dieser Ab-

sicht nahm ich meine Zuflucht zu englisch geschriebenen Elementarwerken über das Persische, um durch Umkehrung des Verfahrens das Englische daraus zu erlernen. Zugleich benutzte ich eifrig die Vortheile, welche mir der tägliche Umgang mit den Mitgliedern jener gelehrten Körperschaft darbot, bei welcher ich das Glück hatte angestellt zu sein, und bald fand ich zu meiner grossen Freude, dass ich durch beharrlichen Gebrauch dieser Hülfsmittel auf dem Wege zur Erreichung meines Zieles schnelle Fortschritte machte.

Im Laufe meiner Studien und besonders bei dem Unterrichte, den ich nun schon seit mehr als vierzehn Jahren ertheile, fand ich indessen oft Veranlassung zu glauben, dass die bisher für das Persische übliche Lehrmethode verbessert und durch unmittelbarere Richtung auf den Sprachgebrauch mehr belebt werden könne.

Man meine jedoch nicht, dass ich mit diesem Ausspruche nur im mindesten die Absicht verbinde, die Arbeiten oder Kenntnisse der mir vorangegangen Orientalisten herabzusetzen. Die grammatischen Werke jener ausgezeichneten Gelehrten sind ohne Zweifel sehr werthvolle Mittel zur Erlangung einer elementarischen Kenntniss des Persischen gewesen; auch gewähren sie in der That so viel Belehrung, als man aus dem Studium der Literatur dieser Sprache füglich erlangen kann. Aber völlig unzureichend sind sie für den Zweck, dem Leser eine gehörige Kenntniss der Unterhaltungs-Phraseologie, der eigenthümlichen Ausdrücke und Wendungen, der Feinheiten und Capricen des Persischen beizubringen.

Die bisher gedruckten persischen Grammatiken sind ausschliesslich von Europäern zusammengestellt, von denen nur wenige jemals das Volk besucht hatten, dessen Sprache zu lehren sie unternahmen, und von denen keiner die Mittel besass, eine vollkommene Kenntniss der verschiedenen Anwendungen jener Sprache zum schriftlichen Ausdruck, zur technischen Handhabung und zur Unterhaltung zu erlangen. Ohne diese Mittel aber ist der Verfasser einer Grammatik nothwendig und lediglich auf prosaische und poetische Schriften als Erkenntniss- und Beweisquellen angewiesen. Sein Werk muss daher in manchen Beziehungen unrichtig und in vielen andern mangelhaft sein. Diesen Mängeln abzuhelfen und jene Irrthümer zu berichtigen, das ist der Zweck, welchen ich bei der Bearbeitung des vorliegenden Werks vorzüglich im Auge hatte. Ich suchte das Persische der Perser, nicht bloss das Persische der Bücher zu lehren. Zu gleicher Zeit erkenne ich den vollen Werth der Bemühungen meiner gelehrten Vorgänger an, und wenn man finden sollte, dass ich einigermassen weiter gelangt bin als sie, so wird dies zum Theil der Belehrung zuzuschreiben sein, die mir sowohl ihre Leistungen, als auch ihre Fehler gewährten, und nicht einzig und allein dem zufälligen Umstande, dass das Persische meine Muttersprache ist.

Bei der Zusammenstellung meiner Grammatik habe ich mich nicht an die Werke Anderer gebunden, sondern die Materialien dazu aus eigenen Mitteln geschöpft. Man wird daher finden, dass die Beispiele, welche in diesem Buche angeführt sind, aus solchen Ausdrücken bestehen, die im täglichen Umgange von denjenigen Classen der Landeseingebornen gebraucht werden, welche das Persische in höchster Reinheit sprechen.

Ich habe jedoch durch meine Bemühungen die philologischen Arbeiten Anderer nicht übertreffen, sondern nur unterstützen wollen. Ihre Werke verlieren daher durch das meinige keineswegs an Nützlichkeit. Während ich versuchte zu verbessern, was mir bei ihnen irrig schien, strebte ich auch zu ergänzen, was nach meiner Ansicht bei ihnen fehlt.

Ich habe diese Grammatik hauptsächlich für Anfänger zusammengestellt, welchen die abspringende Methode und die verwickelten Regeln englischer Verfasser persischer Sprachlehren als ein entmuthigendes Hinderniss erscheinen müssen. Ich beabsichtigte nicht etwa, eine in allen Beziehungen vollständige Grammatik meiner Muttersprache, sondern nur in deutlichen Regeln und einfachen Beispielen eine kurze Uebersicht ihres Baues und ihrer Phraseologie zu geben. Obwohl nun deshalb Vieles von dem, was europäische Werke hierüber enthalten, in dieser Grammatik ausgelassen ist, so wird man doch auch Manches darin finden, was man in andern vergebens sucht, insbesondere in Bezug auf Pronomina, Präpositionen, Conjunctionen, Interjectionen, Adverbien, Deminutiva, die Bildung zusammengesetzter Beiwörter, u. s. w. Auch habe ich für die Conjugation der Verba ein einfacheres und besseres System angenommen, als das, welches meine europäischen Vorgänger befolgt haben.

Die Syntax — statt, wie in andern persischen Grammatiken, eine Reihe mühsam ausgearbeiteter, nicht immer richtiger und mit Beispielen aus zum Theil veralteten Dichterwerken belegter Regeln darzustellen — wird in acht zu dem Ende verfassten Gesprächen praktisch gelehrt. Die beiden Hauptpersonen sind ein englischer Herr, der sich eine ziemliche Kenntniss des Persischen erworben hat und zu seiner Vervollkommnung in dieser Sprache Persien bereist, und ein geborner Perser, welcher sich lange genug in England aufgehalten hat, um sich mit Leichtigkeit in der Sprache dieses Landes unterhalten zu können. Der erstere macht zuweilen Fehler, welche der letztere verbessert. Dies giebt Gelegenheit, nicht nur syntaktische, sondern auch andere grammatische Regeln auf eine einfache und anziehende Weise durch Beispiele, auch oft noch durch besondere Anmerkungen zu erläutern und hervorzuheben. In diesen Gesprächen war mein Hauptzweck, die ächt persische mündliche und schriftliche Ausdrucksweise in ihrer Anwendung auf sehr mannichfaltige Gegenstände nach meinem besten Vermögen darzustellen, dabei so viel als möglich nationale Ansichten, Meinungen, Sitten und Einrichtungen hervortreten zu lassen und solchergestalt dem Schüler sowohl Belehrung als Unterhaltung zu gewähren. Die Gespräche sind von einer englischen Uebersetzung begleitet, die so wörtlich gehalten ist, als der Sprachgebrauch es zulässt, wodurch zugleich die grosse Verschiedenheit der Ausdrucksweise in beiden Sprachen anschaulich gemacht wird. Die Vocalzeichen sind durch das ganze Buch hindurch beigesetzt, um dem Schüler die richtige Aussprache der persischen Wörter zu erleichtern. Angehängt ist ein Verzeichniss aller englischen und persischen grammatischen Kunstwörter in alphabetischer Ordnung und eine durch Beispiele erläuterte Uebersicht der verschiedenen arabischen Wortformen, welche am häufigsten in der persischen Sprache vorkommen.

East-India-College, Haileybury, September 1841.

Inhaltsverzeichniss.

1. Das persische Alphabet besteht eigentlich aus vier und zwanzig Buchstaben, von denen zwanzig den Persern und Arabern gemeinschaftlich angehören [1]; aber in Folge der Einführung vieler arabischer Wörter in die persische Sprache sind noch acht andere, den Arabern eigenthümliche Buchstaben dem persischen Alphabete einverleibt worden, welches daher jetzt aus zwei und dreissig Buchstaben besteht, die von der Rechten zur Linken geschrieben und gelesen werden.

2. Diese Buchstaben, einzeln geschrieben und am Ende eines Wortes ohne Anschluss, sind in der Richtung von rechts nach links folgende:

ح	خ	ج	ث	ت	پ	ب	ا
he	*će*	*ģe*	*se*	*te*	*pe*	*be*	*elif*
(scharfes *h*)	(tsch)	(dsch)	(scharfes *s*)				(spiritus lenis)

س	ژ	ز	ر	ذ	د	خ
sīn	*ĵe*	*ze*	*re*	*zāl*	*dāl*	*he* [2]
(scharfes *s*)	(franz. *j*)	(weiches *s*)		(weiches *s*)		(ch)

ف	غ	ع	ظ	ط	ض	ص	ش
fe	*ģain*	*ain*	*ẓā*	*ṭā*	*zād*	*sād*	*śin*
(gutturales *g*)	(spir. lenis)	(weiches *s*)	(weiches *s*)	(scharfes *s*)	(sch)

ى	ه	و	ن	م	ل	ک	ک	ق
je [4]	*he*	*wāw*	*nūn*	*mīm*	*lām*	*gāf* [3]	*kāf*	*ḳāf*
								(guttur. *k*)

---

[1] Bloss persisch sind پ, چ, ژ und گ.

[2] Stets guttural, wie *ch* nach *a, o, u*, nie lingual, wie *ch* nach *e* und *i*.

[3] Stets palatale Media, wie das süd- und mitteldeutsche *g* im Anfange der Wörter.

[4] Der je erste Consonant der cursiv gedruckten Buchstaben-henennungen, ohne oder mit Distinctivzeichen, dient in diesem

3. In der Zusammensetzung erleidet die Form einiger dieser Buchstaben gewisse Modificationen. Allein die Verschiedenheit ist nur gering, da sie ihre ursprüngliche Gestalt nie so ganz verlieren, dass man sie nicht leicht wiedererkennen sollte.

Demnach sehen sie am Anfange eines Wortes und in der Mitte ohne Anschluss an den vorhergehenden Buchstaben so aus:

ـس ژ ز ر ذ د خ ح چ ج ث ت ب ـ ا

م ل (ڭ) ك (ك) ك ق ف غ ع ظ ط ض ص ش

ي ه و ذ

In der Mitte eines Wortes mit Anschluss so:

(ر) ر ذ د خ ح چ ج ث ت ب ـ ا

(ك) ك ق ف غ ع ظ ط ض ص ش س (ژ) ز (ز) ز

ي ه و ن ل (ك) ك

Und am Ende eines Wortes mit Anschluss so:

(ر) ر ذ د خ ح چ ج ث ت ب ـ ا

ق ف غ ع ظ ط ض ص ش س (ژ) ز (ز) ز

ى ه و م ن ل ك ك ك

4. Wenn die Buchstaben ل und ا zusammen zu stehen kommen, und zwar der erstere vor dem letztern, werden sie لا oder لا, mit Anschluss لا oder لا, geschrieben. Diese Zusammensetzung heisst *Lâm-Elif* und lautet völlig wie sie geschrieben ist, nämlich *lâ*. Am Ende des Alphabets stehend, stellt sie, im Gegensatze zu dem dasselbe beginnenden consonantischen ا (spiritus lenis), das rein vocalische ا (Verlängerungszeichen des a) dar, welches nur durch einen Consonanten eingeleitet werden kann.

Werke bei Darstellung persischer und arabischer Wörter durch lateinische Buchstaben als Repräsentant des entsprechenden Original-Consonanten. Elif ist, wo nöthig, durch ', Ain durch ' bezeichnet.

5. Die drei schwächsten Consonanten, ا, ى, و, dienen im Persischen wie im Arabischen auch zur Darstellung des *ā*, *ī*, *ai*, *ū*, *au*, als einer Vereinigung der an und für sich kurzen Grundvocale *a*, *i*, *u*, mit den Consonanten ' (spiritus lenis), *j*, *w*, welche im ersten, zweiten und vierten Falle mit den ihnen homogenen Vocalen völlig zusammenfliessen, während nur die beiden letzten im dritten und fünften Falle mit *ă* Diphthonge bilden. Im Persischen kommen hierzu noch die beiden Halbdiphthonge am Ende der Wörter: اى und وى *āi* und *ūi*. Da nun aber die arabische wie überhaupt jede semitische Schrift den sanften Hauch, der alle einzeln ausgesprochenen Vocale einführt, als einen besondern Consonanten bezeichnet, so dass ا gleicherweise ein frei anlautendes *ă*, *ĭ* und *ŭ* darstellen kann, so lässt sie sowohl die nach unserer gewöhnlichen Ansicht einfachen langen Vocale, als die Diphthonge, insofern sie durch jenen Hauch eingeführt werden, gleichmässig in drei Bestandtheile zerfallen: *ā* in 'ă' (s. Zeitschrift der deutschen morgenländischen Gesellschaft, 9. Bd., S. 3 u. 4, Anm. 1), *ī* in 'ĭj, *ai* in 'ăj, *ū* in 'ŭw, *au* in 'ăw. Das consonantische und das vocalische ى und و werden, einzeln genommen, durch die Schrift nicht unterschieden; im Anfange der Wörter und Sylben sind sie nach dem Obengesagten consonantisch, am Ende der Sylben, und ى im Persischen auch am Ende aller Wörter, vocalisch; nur das consonantische ا wird im Arabischen bei genauer Bezeichnung des Buchstabenwerthes durch das hinzugefügte oder, besonders am Ende der Wörter, allein gesetzte ء, *Hemze*, (eig. Druck, nämlich der Stimmritze, s. Zeitschr. d. d. m. G., 9. Bd., S. 64 u. 65) dargestellt, bisweilen auch in Verbindung mit diesem durch das ى und و vertreten. Im Persischen hat das consonantische ا im Anfange der Wörter kein besonderes Zeichen, wird auch in der gewöhnlichen Aussprache nach einem consonantisch auslautenden Worte ausgestossen, so dass jener Consonant an seine Stelle tritt, z. B. اين آب *īn 'āb*, ausgesprochen wie ايناب *ī-nāb*, از آن *ez'ān* ausgesprochen wie ازان *ĕ-zān*; in der Mitte der Wörter findet sich der spiritus lenis nur nach Vocalen

vor einem *i* in Verbindung mit ی, z. B. آئِیم *aīm, wir kommen,*
شوئِید *šuīd, ihr waschet,* zur Vermeidung des übelklingen-
den *jī*; am Ende der Wörter führt er ebenfalls immer nur
ein ئ oder ی ein, von welchen Lauten der erste theils durch
ein ئ, theils durch ein blosses Hemze, der zweite durch ئی,
missbräuchlich abgekürzt in ی, ausgedrückt wird, z. B. جائ
من oder جاء من مِن (mit dem Vokalzeichen جاء) *gā-i men,*
mein Ort, روئِی oder رُوئ *rūī, ein Gesicht.* Oft wird aber
auch das Hemze über dem ی in der Mitte und am Ende der
Wörter weggelassen. Der im Arabischen häufige Fall, dass ا
in der Mitte und am Ende der Wörter consonantisch lautet,
kommt im Persischen nicht vor; hier bezeichnet es immer
das von einem andern Consonanten als dem Spir. lenis einge-
führte *ā*.

6. Im Persischen kommen auch verdoppelte Buchstaben
vor; aber um es zu vermeiden, einen Buchstaben zweimal
hinter einander zu schreiben, haben die Perser das arabische
Zeichen ـّ, *tešdīd, Verstärkung,* angenommen, welches über
den zu verdoppelnden Buchstaben gesetzt wird.

7. Wenn zwei Elif in demselben Worte zusammenkommen,
das erste als Spiritus lenis, das zweite als Dehnungszeichen
des von dem Spir. lenis eingeführten *a*, so wird das Zeichen
~ über den Buchstaben gesetzt, und zwar so: آ. Dies ist
auch dem Arabischen entlehnt und hat den Namen *medde,* was
Dehnung oder *Verlängerung* bedeutet; das ا, über welches
es gesetzt ist, lautet dann *ā,* wie in dem Worte *Schlaf.* Zuweilen wird auch zur Bezeichnung des *ā* ein kleines Elif über
das in der Consonantenreihe stehende gesetzt, so: اٰ. Diese
Zeichen werden jedoch in persischen Wörtern gewöhnlich nur
dann gebraucht, wenn das ا im Wortanfange steht.

8. Das arabische Zeichen ° wird über einen Consonanten
gesetzt, um anzuzeigen, dass er die Sylbe schliesst; ebenso
über ی und و, wenn sie mit einem vorhergehenden *a* die
Diphthongen *ai* und *au* bilden. Es wird *gezm* genannt, d. h.
Abschnitt oder *Schluss,* auch *sukūn,* d. h. *Ruhe.* Von zwei

vocallosen Consonanten bekommt gewöhnlich bloss der erste
dieses Zeichen.

9. Die acht folgenden Buchstaben kommen meistentheils
nur in rein oder ursprünglich arabischen Wörtern vor: ث ح
ص ض ط ظ ع ق. Untrügliche Zeichen des arabischen
Ursprungs sind jedoch nur fünf davon: ث, ح, ض, ظ, ع;
denn die drei übrigen, ص, ق, ط, kommen auch in
ursprünglich persischen, mongolischen und tatarisch-türkischen
Wörtern vor.

10. Das ه ist theils — und so immer im Anfange und
in der Mitte der Wörter — *wurzelhaft* und *phonetisch*, lautet
dann durchgängig als harter Hauch, und entspricht daher am
Ende der Wörter dem hebr. *he mappicatum*, z. B. شاه,
abgekürzt شه, *König*, wie פֹּה, פֹּה; theils — aber nur am
Ende der Wörter — *graphisch* und *stumm*, d. h. blosses Zeichen
des dem vorhergehenden Consonanten anzuhängenden *kurzen*
Endvocals, entspricht daher dann, abgesehen von der Länge
des durch dieses ה bezeichneten Vocals, dem hebr. *he quiescens*
in מֹשֶׁה, גָּבֹה u. s. w., z. B. نه *ně, nicht*, چه *čí, was*, besonders in den Substantiven und Participien auf *ě, wie* پاره
pārě, Stück, بنده *bendě, Sclave*, برنده *berendě, Träger*,
برده *burdě, getragen*. So wird auch die Präposition und
das Verbalpräfix ب, statt sich mit dem folgenden Worte zu
vereinigen, besonders vor einem andern *b* zur Vermeidung des
unmittelbaren Zusammenstosses zwei identischer Buchstaben,
als selbstständiges Wort mit einem ه geschrieben: به بنده
bě-bendě, zu dem Sclaven, به بینم *bi-bīnem, ich werde sehen*.
Wenn diesem graphischen ه ein spiritus lenis mit ĭ oder ī angehängt wird, setzt man das ٴ oder ٴ (s. § 5 S. 3 Z. 27) regelmässig nicht hinter, sondern über das ه, z. B. بندهٴ من
bendě-ĭ men, mein Sclave, پارهٴ *pārěĭ, ein Stück*; wohl zu
unterscheiden von dem wurzelhaften ه, welches in diesem Falle
wie jeder andere Consonant behandelt wird, z. B. شاه من
(mit dem Vocalzeichen شاهِ) *šāh-ĭ men, mein König*, شاهى
šāhī, ein König.

11. Jeder Buchstabe eines und desselben Wortes wird mit dem folgenden verbunden, ausgenommen folgende sieben:

ا د ذ ر ز ژ و

Von der Aussprache der arabischen Buchstaben.

12. Man wird bemerkt haben, dass manche der Buchstaben, so wie sie in der Reihe des Alphabets stehen, einerlei Laut haben, wie:

ث س ص ,ز ض ظ ,ت ط ,ح ه ,ع ا

welche dort als *S, Z, T, H* und Spiritus lenis bezeichnet sind. Acht dieser Buchstaben, wie schon oben angegeben wurde, sind dem Arabischen eigenthümlich und lauten in dieser Sprache anders, als sie im Persischen ausgesprochen werden. Sie haben zum Theil sehr harte, rauhe Laute; für den Nichtaraber sind einige sehr schwierig, andere fast unmöglich auszusprechen. Indessen ist die genaue Nachahmung dieser Laute nicht nur unnöthig, sondern für den, welcher das Persische lernt, durchaus nutzlos, insofern die Perser selbst, wenn sie beim Sprechen oder Lesen ihrer Sprache an ein arabisches Wort kommen, dass einen dieser Buchstaben enthält, es niemals wie die Araber auszusprechen versuchen, mit Ausnahme etwa des Buchstabens ح, welcher mit einem stärkeren Hauche ausgesprochen wird, als das ه; sie lassen dieselben wie die persischen Buchstaben lauten, die ihnen im Klange am nächsten kommen, genau so wie sie in der Reihe des Alphabets aufgeführt sind (s. d. Alphabet S. 1).

Von den Vocalen.

13. Diese zwei und dreissig Buchstaben sind sämmtlich Consonanten, mit Ausnahme von ا ى و, welche, wie schon gesagt (§. 5), auch zur Bezeichnung der langen Vocale und der Diphthonge *ai* und *au* dienen; nur das و wird nicht bloss als langer, sondern bisweilen auch als kurzer Vocal gebraucht; kurz entspricht er dem *u* in *rund*, lang dem *u* in *Bruder*, in خوش, *angenehm*, dem *o* in *Moder*. Das ‫ا‬ lautet wie das englische *au* in *cause*, oder wie *aw* in *paw*, d. h. wie *ā* mit Hinneigung zum *ō*. Das ی entspricht dem *ie* in *rief*, oder dem *ih* in *ihm*[1]. Die Diphthonge *ai* und *au* sind nicht so offen wie gewöhnlich im Deutschen auszusprechen, sondern *ai* wie ein niederdeutsches *ei* mit Vorklingen des *e*, *au* fast wie *ōu*.

14. Die kurzen Vocale werden durch drei kleine Zeichen ausgedrückt, von denen das erste über den Consonanten gesetzt wird: بَ, und dem kurzen offenen deutschen *e* oder *ä*, dem englischen *a* in dem Worte *bat* entspricht; das zweite unter den Consonanten: بِ, das wie das kurze *i*, oft auch stumpfer wie *ĕ* lautet, und das dritte über den Consonanten etwas nach vorn: بُ, das mit dem deutschen und englischen *u* in dem Worte *Bulle*, *bull* übereinstimmt. In كُفْت, كُفْتَنْ u. s. w., *sagen*, *er sagte*, lautet es wie *o* in *Gott*: *goften*, *goft*; besonders in nicht betonten Sylben verflüchtigt es sich in der gemeinen Aussprache oft auch zu einem stumpfen *y̆* oder *ĕ*: پُسَرْ *pŭser*, *Knabe*, بِرادَرْ, *bĕrāder*, *Bruder*, نِمُودَنْ *nĕmūden*, *zeigen*, چِنانْ *čĕnān*, *so*. Die Perser nennen diese Zeichen زَبَرْ *zeber*, زِیرْ *zīr* und پِیشْ *pīš*, was *oben*, *unten* und *vorn* bedeutet, wodurch ihre Stellung zum Consonanten bezeichnet wird.

15. Die kurzen Vocale werden am Ende arabischer

---

[1] Im ältern Persischen lautete der Vocal ی zuweilen wie ein langes geschlossenes *e* oder wie das *ee* in *Seele*, und der Vocal و wie das *o* in *Rom*. ی und و heissen dann مَجْهُول *meghūl*, *undeutlich*, hingegen wie *ī* und *ū* ausgesprochen مَعْرُوفْ *maʿrūf*, *deutlich*. Dieser Unterschied wird jedoch heutzutage in Persien selbst nicht mehr beobachtet, wiewohl die Originalwörterbücher ihn fortwährend bezeichnen und die ostindische Aussprache des Persischen ihn noch jetzt festhält.

Wörter zuweilen verdoppelt: ٔ (immer mit folgenden ا) ٗ;
sie haben dann noch dieselbe Geltung, nur wird der Laut des
Consonanten ن angehängt, z. B. اً *ren*, ٍ *tin*, ٌ *dun*.

16. Obschon diese Doppelzeichen rein arabisch sind und
von den Persern nie gebraucht werden, so sind sie doch hier
erwähnt, weil sie oft in arabischen Sätzen und Citaten vorkommen. Ihr Gesammtname im Arabischen ist تَنْوِين *tenwīn*,
was *den Laut des Buchstabens* ن *hervorbringen* bedeutet,
bei uns gewöhnlich *Nunation*; im Einzelnen, als Casusen-
dungen arabischer Wörter, heissen sie, in derselben Reihe-
folge wie oben: تــنــويــن نَصْب *tenwīn-i nesb*, جَرّ *ger* und
رَفْع *ref'*, *Accusativ-, Genetiv- und Nominativ-Nunation.*
17. Es mag hier noch bemerkt werden, dass der Buchstabe و, wenn er in der Mitte eines persischen Wortes dem
Buchstaben ا vorangeht, mit diesem zu einem langen zwischen
ā und *ō* schwebenden Mischlaut verschmilzt, wie z. B. in den
Worten خَوابِيدَنْ *schlafen*, خَواسْتَنْ *wollen*, welche *ḫābī-
den*, *ḫāsten*, ausgesprochen werden; ebenso, wenn er dem
Buchstaben ى vorausgeht, bildet er mit diesem ein dumpfes,
dem *é* sich näherndes *ȳ*, wie in dem Worte خِويش *selbst*, das
ḫȳš ausgesprochen wird. Das ا in der Mitte eines arabischen
Wortes wird zuweilen als Consonant gebraucht, in welchem
Falle das *Hemze* ء über dasselbe gesetzt wird, um es von dem
vocalischen ا zu unterscheiden, z. B. تَأَمُّل *teëmmul, Betrachtung.*

Von den Zahlwörtern.

18. Acht und zwanzig von den zwei und dreissig Buchstaben des Alphabets werden folgendermassen in acht Wörter
zusammengefasst:

ضَظِغْ ثَخِّذْ قَرَشَتْ سَعْفَصْ كَلَمَنْ حُطِّى هَوَّزْ أَبْجَدْ

zezig   schḫiz   ḳerešet   sc'fes   kelemen   ḥuṭṭi   hewwez   ebged

19. Diese Buchstaben haben auch einen numerischen Werth, und in der Ordnung, wie sie hier stehen, sind die ersten neun, von ا bis ط, die Einer, die zweiten neun, von ی bis ص, die Zehner, die dritten neun, von ق bis ظ, die Hunderte, und der übrigbleibende Buchstabe غ ist eintausend. Durch Zusammenstellung dieser Buchstaben nach ihrem Zahlwerthe kann daher jede Zahl ausgedrückt werden.

20. Die Perser gebrauchen indess auch Ziffern, was beim Rechnen viel einfacher ist, da sie, wie die Europäer, nur neun Einer haben, mit welchen natürlich Zahlenzusammensetzungen bis ins Unendliche gemacht werden können. Diese Ziffern werden von der Linken zur Rechten geschrieben und gerechnet, wie folgt:

۱	۲	۳	۴	۵	۶	۷	۸	۹	۱۰
1	2	3	4	5	6	7	8	9	10

21. Aus dem Folgenden ersicht man, wie die Zahlen sowohl durch Buchstaben als durch Ziffern dargestellt und wie sie im Persischen genannt werden.

هَفْت	شَش	پَنْج	چَهَار	سِه	دُو	یَك
ز	و	ه	د	ج	ب	ا
۷	۶	۵	۴	۳	۲	۱
7	6	5	4	3	2	1

چَهَارْدَهْ	سِیزْدَهْ	دَوازْدَهْ	یَازْدَهْ	دَهْ	نُهْ	هَشْت
يد	يج	يب	يا	ى	ط	ح
۱۴	۱۳	۱۲	۱۱	۱۰	۹	۸
14	13	12	11	10	9	8

بِیسْتُ وِیَك	بِیسْت	نُوزْدَهْ	هَجْدَهْ	هَفْدَهْ	شانْزْدَهْ	پانْزْدَهْ
كا	ك	يط	يح	يز	يو	يه
۲۱	۲۰	۱۹	۱۸	۱۷	۱۶	۱۵
21	20	19	18	17	16	15

بیست‌ودو بیست‌وسه بیست‌وچهار بیست‌وپنج بیست‌وشش

کو	که	کد	کج	کب
۲۶	۲۵	۲۴	۲۳	۲۲
26	25	24	23	22

بیست‌وهفت بیست‌وهشت بیست‌ونه سی سی‌ویک سی‌ودو

لب	لا	ل	کط	کح	کز
۳۲	۳۱	۳۰	۲۹	۲۸	۲۷
32	31	30	29	28	27

سی‌وسه سی‌وچهار سی‌وپنج سی‌وشش سی‌وهفت سی‌وهشت

لح	لز	لو	له	لد	لج
۳۸	۳۷	۳۶	۳۵	۳۴	۳۳
38	37	36	35	34	33

سی‌ونه چهل چهل‌ویک چهل‌ودو چهل‌وسه چهل‌وچهار

مد	مج	مب	ما	م	لط
۴۴	۴۳	۴۲	۴۱	۴۰	۳۹
44	43	42	41	40	39

چهل‌وپنج چهل‌وشش چهل‌وهفت چهل‌وهشت چهل‌ونه

مط	مح	مز	مو	مه
۴۹	۴۸	۴۷	۴۶	۴۵
49	48	47	46	45

پنجاه شصت هفتاد هشتاد نود صد

ق	ص	ف	ع	س	ن
۱۰۰	۹۰	۸۰	۷۰	۶۰	۵۰
100	90	80	70	60	50

دویست oder دوصد سیصد چهارصد پانصد ششصد

خ	ث	ت	ش	ر
۶۰۰	۵۰۰	۴۰۰	۳۰۰	۲۰۰
600	500	400	300	200

هَفْصَدْ نُهْصَدْ هَشْصَدْ هَزَارْ

ن . ض ظ غ

۷۰۰	۸۰۰	۹۰۰	۱۰۰۰
700	800	900	1000

22. Die persischen Ordinalzahlen werden so ausgedrückt:

اَوَّلْ	دُوُمْ	سِيوُمْ	چَهارُمْ	پَنْجُمْ	شَشُمْ
1ster	2ter	3ter	4ter	5ter	6ter

هَفْتُمْ	هَشْتُمْ	نُهُمْ	دَهُمْ	يازْدَهُمْ	دَوازْدَهُمْ
7ter	8ter	9ter	10ter	11ter	12ter

سِيزْدَهُمْ	چَهارْدَهُمْ	پانْزْدَهُمْ	شانْزْدَهُمْ	هَفْدَهُمْ	هَجْدَهُمْ
13ter	14ter	15ter	16ter	17ter	18ter

نُوزْدَهُمْ	بِيسْتُمْ	بِيسْتُ وِيكُمْ	سِىأُمْ	چِهِلُمْ	پَنْجاهُمْ
19ter	20ster	21ster	30ster	40ster	50ster

شَصْتُمْ	هَفْتادُمْ	هَشْتادُمْ	نَوَدُمْ	صَدُمْ
60ster	70ster	80ster	90ster	100ster

23. Die Tage der Woche heissen im Persischen:

شَنْبِه	يَكْشَنْبِه	دُوشَنْبِه	سِه شَنْبِه	چَهارْ شَنْبِه
Mittwoch	Dienstag	Montag	Sonntag	Sonnabend

پَنْج شَنْبِه	جُمْعَه oder آدِينَه
Freitag	Donnerstag

Zusammengenommen werden sie أَيّامِ هَفْتَه *die Tage der Woche* genannt.

Vom Wortton.

24. Im Allgemeinen wird jedes zwei- oder mehrsylbige Wort, sei es ursprünglich persisch oder nicht, primitiv oder abgeleitet, einfach oder zusammengesetzt, auf der *letzten* Sylbe betont, gehe diese auf einen langen oder kurzen Vocal, auf

einen oder zwei vocallose Consonanten aus. Es giebt aber
eine Anzahl ursprünglich selbstständiger ein- und zweisylbiger
Wörter, die, zu blossen syntaktischen Verhältnissbezeichnungen
geworden oder zu näherer Sinnbestimmung dienend, sich andern unterordnen und anschliessen und als *Enclitica* ihre eigne
Betonung an jene abgeben. Werden sie nun, wie einige stets,
andere gewöhnlich, denselben in der Schrift unmittelbar angehängt, so giebt dies scheinbar eine Betonung der vor-, dritt-
oder viertletzten Sylbe. Solche Enclitica sind:

1) das ursprünglich und oft noch bei Dichtern lange,
später aber kurze *i* des Anschlusses eines Nennwortes an den
ihm untergeordneten Genetiv und an das ihm beigeordnete
Eigenschaftswort: خُدَا بَنْدَهٔ *bendé-i ḫudá*, *der Knecht Gottes*,
مَادَرِ مَن *mādér-i men*, *meine Mutter*, كُوهِ بُلَنْد *kúh-i bu-
lénd*, *der hohe Berg*.

2) das in Verbindung mit einem Singular eine bestimmte
oder unbestimmte Einheit, in Verbindung mit einem Plural
eine unbestimmte Mehrheit bezeichnende *lange i*: پِسَرِى
pysérī, *ein Knabe*, كُوهِى *kúhī*, *ein Berg*, پِسَرَانِى *pyseránī*,
Knaben, des garçons; wohl zu unterscheiden von dem stets
betonten Relativ- und Abstract-*ī*: اِيرَانِى *īrāní*, *persisch*,
Perser, دُوسْتِى *dūstí*, *Freundschaft*.

3) das, den Nennwörtern zur Bezeichnung des Dativs
oder Accusativs angehängte *rā*: پِسَرْرَا, *pysér-rā*, *dem* oder
den Knaben, اِينْرَا oder اِينَرَا, *ínrā*, *diesem* oder *diesen*,
كِرَا oder كِرَا *kírā*, *wem* oder *wen*? Kommt dieses رَا hinter
ein anderes enclitisches Wort zu stehen, so zieht es den Ton
auf dieses: دَسْتَمْرَا *destém-rā*, *meiner Hand*.

4) die den Nennwörtern als Genetive angehängten Fürwörter, sowohl die durch das *i* des Anschlusses sich mit den
Nennwörtern verbindenden selbstständigen, als die sich denselben unmittelbar anhängenden unselbstständigen: دَسْتِ مَن
dést-i men und دَسْتَمْ *déstem*, *meine Hand*, خَانَهٔ تُو *ḫáné-i*

tu und خانه‌هات *ḫānēct, dein Haus,* سَرِ او, *sér-i ū* und سَرَش, *sércš, sein* oder *ihr Kopf,* نانِ شُما, *nān-i šumā, euer Brod.* Ebenso die später gebildeten unselbstständigen, aber sich wie die selbstständigen durch *i* anhängenden Plural-Fürwörter نانِمانْ *nániman,* نانِتانْ *nánitān,* نانِشانْ *nánišān, unser, euer, ihr Brod.* شانْ, تانْ, مانْ: نانِمانْ In allen diesen enclitischen Verbindungen ist das betonte Nennwort zugleich der logische Hauptbegriff; ist hingegen, wie bei Gegensätzen zwischen mein und dein u. s. w., dem Sinne nach das im Genetiv stehende Fürwort zu betonen, so sind dazu nur die selbstständigen Formen anwendbar: دَسْتِ مَن وَدَسْتِ تُو, *dest-i-mén u-dest-i tú, meine Hand und deine Hand,* آنِ ما, *ān-i má, der, die, das Unsrige,* آنِ ايشان, *ān-i īšán, der, die, das Ihrige.*

5) die Beziehungs- und Verbindungswörter كِ *ki* und چه *éi:* آنكِ *ánki, der welcher, die welche,* آنچِ *ánéi, das was,* هَركِ *hérki, jeder der,* هَرچِ *héréi, alles was,* چونكِ *éúnki, wie, da, als,* اَكَرچِ *egéréi, wenn auch, obgleich.*

6. Die Infinitivendung *en,* wenn der Infinitiv als *unbestimmtes Verbalabstractum* steht: بُوَدَنْ *búden, sein,* شُدَنْ *šúden, werden,* آمَدَنْ *ámeden, kommen.* Wird es aber durch den Genetiv-Anschluss des Subjects oder Objects oder überhaupt durch Beziehung auf einen besondern Fall *bestimmt,* so rückt der Accent auf die letzte Sylbe vor: آمَدَنِ شاه *ámedèn-i šáh, das Kommen des Königs,* خُوَردَنِ نانْ *ḫurdén-i nán, das Essen des Brodes,* كُشْتَنِ ايشانْ *kustén-i īšán' ihre Hinrichtung,* بعد از اجازت خواستن از شاه بيرون رفت *ba'd ez iğāzét chästén ez šáh birún reft, nach der Urlauberbittung von dem Könige ging er hinaus.*

7) Die zur Verbindung zwischen Subject und Prädicat dienenden Personen des Präsens vom Verbum *sein:* اَم *em,* اِى *i,* اَسْت *est,* اِيم *im,* اِيد *id,* اَنْك *end;* mögen sie als besondere Wörter geschrieben oder mit Unterdrückung des Elif einem andern angehängt werden: بَنْدَه اَم *bendĕ em, ich bin (ein) Sclave,* بُودَه اى *oder* بُودَهٔى *,* بُودَهٔى *oder bloss* بُودَهٔ *, būdĕ i, du bist gewesen,* اُوسْت *ūst, er oder sie ist's,* بُزُرْكَنْد *buzúrgend, sie sind gross.* Stets in der letzten Weise werden sie dem verkürzten Participium der Vergangenheit zur Bildung des einfachen Practeritums angehängt, mit Ausnahme der dritten Singularperson, für welche dieses verkürzte Participium selbst steht: بُود *būd, er, sie, es war,* بُودَم *búdem, ich war,* آمَد *améd, er, sie, es kam,* آمَدِيم *amédīm, wir kamen.* Wohl davon zu unterscheiden ist die Anwendung derselben, mit Ausnahme von *est,* an dessen Stelle *ed* tritt, zur Bildung des Präsens, wo sie durchaus betont sind: آيَم *ájém, ich komme,* آئى *ái, du kommst,* آيَد *ájéd, er, sie, es kommt,* u. s. w.

8) Das der ersten und dritten Singularperson und der dritten Pluralperson des einfachen Practeritums zur Bildung des indicativen und hypothetischen Imperfectums angehängte *ī:* بُودَمى *būdĕmī, ich war (eram, j'étais), ich wäre (essem, je serais),* بُودى *būdī, er, sie, es war, wäre,* بُودَنْدى *būdéndī, sie waren, wären.*

Eine wirkliche Ausnahme von der allgemeinen Regel bilden nur einige Partikeln: اَمَّا *émmā, aber,* لِيكِنْ, لَكِنْ, وَلِيكِنْ *lákin, líkin, welíkin (alle arabisch), und, aus dem letzten abgekürzt,* وَلى *wéli, aber, jedoch, sondern,* بَلى *béli (arab.) und* آرى *árī, ja,* اِينَكْ *inek, siehe! sieh da!* Ebenso wird das arabische يَعْنى *er meint, das heisst, nämlich,* und اَعْنى *, ich meine, já'nī und á'nī* betont.

Der einsylbige, durch ein vorgesetztes ـَم zum Prohibitiv umgebildete Imperativ der zweiten Singularperson hält seine eigene Betonung fest: مَشَوْ *meśáu, werde nicht,* مَبَرْ *mebér, trage nicht;* die mehrsylbigen Formen des Singulars und Plurals aber werfen den Hauptaccent auf die Prohibitivpartikel zurück und behalten auf der letzten Sylbe nur einen Nebenaccent: مَـيَـنْـلَازِ *méjendáz, wirf nicht,* مَشَوِيلْ *méśewid, werdet nicht,* مَبْرِيلَ *méberid, traget nicht.* Ebenso die durch ذ gebildeten dritten Personen: نَرَوَذْ *nérewèd, er, sie gehe nicht,* نروونلْ *nérewènd, sie sollen nicht gehen.* Durch diese Betonung unterscheiden sich die betreffenden Prohibitive von den übrigens gleichlautenden Negationen نَرَوَذْ *nerewéd, er, sie geht nicht,* نَرَوَذَنْلْ *nerewénd, sie gehen nicht.*

25. Zur Uebung im Lesen und Aussprechen und als Memorirstoff folgt nachstehend eine Anzahl der gewöhnlichste Nenn- und Eigenschaftswörter mit Hinzufügung der kurze Vocale. Ein *A* bezeichnet den arabischen Ursprung.

مَلَكْ *A*	اِمَامْ *A*	يَپْغَمْبَرْ	خُلَا
Engel.	Vorsteher. in der Religion.	Prophet.	Gott.
آسْمَانْ	مَذْهَبْ *A*	دِينْ *A*	فِرِشْتَه
Himmel.	Glaubensweise.	Religion.	Engel.
مَرْد	دوزَخْ	بِهِشْت	زَمِينْ
Mann, Mensch.	Hölle.	Paradies.	Erde.
بُرادَرْ	مَادَرْ	يَدَرْ	زَنْ
Bruder.	Mutter.	Vater.	Weib.
دُخْتَرْ	يُسَرْ	فَرْزَنْلْ	خَوَاهَرْ
Mädchen, Tochter.	Knabe, Sohn.	Kind, Nachkomme.	Schwester.
عَمَّه *A*	عَمْ *A*	جَدَّه *A*	جَلْ *A*
Tante. von väterl. Seite.	Oheim. von väterl. Seite.	Grossmutter.	Grossvater.

خالْ A	خالَه A	خویش	نان
Oheim. von mütterl. Seite.	Tante. von mütterl. Seite.	Verwandter.	Brod.
آبْ	گوشت	روغَنْ	مَی
Wasser.	Fleisch.	Butter.	Wein.
شَرابْ A	شَرْبَتْ A	میوَه	اَنگُورْ
Wein.	Getränk.	Frucht.	Traube.
سیبْ	گُلابی	شیرْ	سَبْزی
Apfel.	Birne.	Milch.	Grünkraut, Gemüse.
گُلْ	دِرَخْت	باغْ	باغْبان
Rose, Blume.	Baum.	Fruchtgarten.	Gärtner.
باغْچَه	خانَه	حُجْرَه A	کُرْسی A
Blumengarten.	Haus.	Zimmer.	Schemel.
مَدْرَسَه A	کِتابْ A	کاغَذْ	قَلَمْ A
Gelehrtenschule.	Buch.	Papier.	Schreibrohr.
مُرَکَّبْ A	دَواتْ	لاک	شَمْع A
Tinte.	Tintenfass.	Siegellak.	Wachslicht.
مُهْر	چاقو	مِقْراض A	سوزَنْ
Petschaft.	Federmesser.	Scheere.	Nähnadel.
سُنْجاق	ریسْمانْ	اَبْریشَمْ	اوسْتاد
Stecknadel.	Faden.	Seide.	Meister.
مُعَلِّمْ A	مُدَرِّسْ A	شاگِرْد	طَلَبَه A
Lehrer, Schulmeister.	Lehrer an einer höhern Schule, Lector, Professor.	Zögling, Lehrling.	Schüler, Student.
سَبَقْ A	دَرْس A	مَسْجِدْ A	نَمازْ
Aufgabe, Lection.	Vorlesung, Lehrstunde.	Moschee.	Kanonisches Gebet.
دُعا A	مَوْعِظَه A	وَعْظ A	نَصیحَتْ A
Anrufung Gottes, Gebet.	Ermahnung.	Predigt.	Rath (den man giebt).

مَشْوَرَتْ A	تَوْبِیخ A	شَهْر	دِهْ
Rath, Berathung.	Verweis.	Stadt.	Dorf.

قَرْیَه A	مَمْلَکَتْ A وِلَایَتْ A	شاه oder پادِشاه
Weiler, Flecken.	Reich, Land. Herrschaft, Gebiet.	König.

مَلِکَه A	وَزِیرْ A	دَبِیرْ	کاتِبْ A
Königin.	Minister.	Rath.	Sekretär.

سِپاه	سِپاهی	أَمِیرْ A	سِپَهْسالارْ
Heer.	Soldat.	Gebieter, Fürst.	Heeresoberster.

عِلْم A	حِکْمَتْ A	دانِش	عَقْل A
Kenntniss, Wissenschaft.	Weisheit, Philosophie.	Wissen, Gelehrsamkeit.	Vernunft.

خِرَدْ	آتَش	بادْ	خاكْ
Verstand.	Feuer.	Wind.	Staub, Erde.

هَوا A	مَشْرِقْ A	مَغْرِبْ A	جَنوبْ A
Luft.	Osten.	Westen.	Süden.

شَمالْ A	چَپْ	راسْت	زیرْ
Norden.	links.	rechts.	unter.

بالا	زَبَرْ	پائِین	مِیزْ
oben.	über.	unten.	Tisch.

سُفْرَه A	مِهْمانْ	مِیزْبانْ	نَمَكْ
Tischtuch.	Gast.	Wirth.	Salz.

طَعامْ A	خورِش	ظَرْف A	کاسَه
Speise.	Zukost.	Gefäss.	Becher, Schale.

گُوسْفَنْد	بَرَه	گاوْ	گُوسالَه
Schaf.	Lamm.	Rind.	Kalb.

شُتُرْ	أَسْب	مادِیانْ	قاطِرْ
Kameel.	Pferd.	Stute.	Maulesel.

خَرْ	گامِیش	آهو	خَرْگوش
Esel.	Büffel.	Antilope, Gazelle.	Hase.

18

روباه	گُرْگ	پَلَنْگ	شیر
Fuchs.	*Wolf.*	*Leopard.*	*Löwe.*

بیابان	باز	تَذَرْو	کَبْك
Wüste.	*Falke.*	*Fasan.*	*Rebhuhn.*

بیشه	چَمَن	مَرْغزار	صَحْرا A
Gebüsch, Wald.	*Anger.*	*Wiese.*	*Feld.*

von Gehölz umgeben.

جاشو	گَشْتی	دَرْیا	کوه
Matrose.	*Schiff.*	*Meer.*	*Berg, Gebirge.*

سَیْلاب ,سَیْل A رود خانه	رود, رود خانه	ناخدا A	مُعَلّم A
Sturzbach.	*Fluss.*	*Schiffshauptmann, Schiffs-*	
		Steuermann.	*meister.*

بَرْف	باران	جوی	نَهْر A
Schnee.	*Regen*	*Bach.*	*Strom.*

طوفان A	بَرْق A	رَعْد A	تَگَرْگ, ژالَه
Ueberschwemmung,	*Blitz.*	*Donner.*	*Hagel.*
Sintfluth.			

چَشْم	سَرْ	پا oder پای	دَسْت
Auge.	*Kopf.*	*Fuss.*	*Hand.*

زَبان	دَنْدان	دَهَن	گوش
Zunge, Sprache.	*Zahn.*	*Mund.*	*Ohr.*

موی	روی	اَنْگُشت	دِلْ
Haar.	*Gesicht.*	*Finger.*	*Herz.*

ران	بازو	کَفْ A	ساعِدْ A
Schenkel.	*Arm.*	*Innere Handfläche.*	*Handgelenk.*

سینه	شانَه	گَرْدَن	زانو
Brust.	*Schulter.*	*Hals.*	*Knie.*

پیشانی	دِماغ A	بینی	ریشْ
Stirn.	*Gehirn.*	*Nase.*	*Bart.*

مُرْگَان	أَبْرو	زَنَخْ	لَب
Augenlied.	*Augenbraue.*	*Kinn.*	*Lippe.*
گَلُو	شُش	جِگَر	زَهْرَه
Kehle.	*Lunge.*	*Leber.*	*Galle.*
رودَه	پَنْجَه	ناخُن	سِتارِه od. A كَوْكَب
Darm, Gedärm.	*Faust, alle fünf Finger.*	*Nagel an der Hand od. am Fusse.*	*Stern.*

آفْتاب od. شَمْس A   ماهْ od. قَمَر A   تِیر od. عُطارِد A

Sonne.   *Mond.*   *Merkur.*

ناهِید od. زُهْرَه A   بَهْرام A od. مِرِّیخ   بِرْجِیس A od. مُشْتَری A

Jupiter.   *Mars.*   *Venus.*

كَیْوان od. زُحَل A   سَیّارات A   ثَوابِت A   گَرْم

warm.   *die Fixsterne.*   *die Planeten.*   *Saturn.*

تُرْش	شِیرِین	تَلْخ	سَرْد
sauer, herbe.	*süss.*	*bitter.*	*kalt.*
باریك	دُرُشْت	نازُك	چَرْب
dünn.	*grob, dick, rauh.*	*fein, zierlich.*	*fettig, ölig.*
قَوی A	لاغِر	فَرْبَه	كُلُفْت
stark.	*dürr, hager.*	*fett, dick.*	*derb, dick.*
سُرْخ	سِیاه	سَفِید	ضَعِیف A
roth.	*schwarz.*	*weiss.*	*schwach.*
بَنَفْش	كَبُود	سَبْز	زَرْد
violett.	*blau.*	*grün.*	*gelb.*
آهَن	مِس	سِیم od. نُقْرَه A	زَر od. طِلا A
Eisen.	*Kupfer.*	*Silber.*	*Gold.*

زِیبَق A od. جِیوَه   أَرْزِیز od. قَلْع A   روی   سُرْب

Quecksilber.   *Zinn.*   *Erz, Zink.*   *Blei.*

2*

چَنْگال Gabel.	كارد Messer.	فولاد Stahl.	بِرِنْش Bronze, Messing.
پیشْگیر Serviette.	نَلْبَکی Saucennäpfchen.	فِنْجان Tasse.	بُشْقاب Teller.
کَباب geröstet.	بِرْیان gebraten.	حَلْوا A Zuckerwerk.	خِلال A Zahnstocher.
پیمَزَه geschmacklos, fade.	خام roh.	پُخْتَه gekocht od. gebacken.	جوشیده gesotten.
شَکَر Zucker.	چای Thee.	قَهْوَه A Kaffee.	لَذیذ A delikat.
تُند (zu) schnell.	کلید Schlüssel.	زَنْجیر Kette.	ساعَت A Uhr.
میانَه mittelmässig.	بَد schlecht.	خوب gut.	کُند (zu) langsam, träge.
شام Abend.	صُبْح A Morgen	روز Tag.	شَب Nacht.
غُروب A Sonnenuntergang.	عَصر A Nachmittag.	ظُهْر A Mittagszeit.	چاشت Mittagsessen.
دَر Thor, Thüre.	دیر langsam, spät.	زود schnell, bald.	وَقْت A Zeit.
فَرْش A Teppich.	دَرْگاه Thorweg.	آسْتانَه Schwelle.	دیوار Mauer.
بازار Markt.	بالِش Kissen.	خَوابْگاه Bettstelle.	بِسْتَر Bett od. Kissen, Polster.
جوراب Strumpf.	کَفْش Schuh.	مَتاع A Waare.	دُوکان Laden.
پیراهَن Hemd.	قَبا A Rock.	دَسْتار Turban.	کُلاه Mütze.

كَمَرْبَنْد Schärpe, Gürtel.	شالْ Shawl.	جامَه Kleid.	شَلْوارْ Hosen.
هيزُمْ Brennholz.	گُلْگيرْ Lichtputze.	شَمْعدانْ Leuchter.	كيسَه A Börse.
بازْگاهْ Hof.	تاجْ Krone.	تَخْت Thron.	چوبْ Stock.
غَلَّه A Getreide.	گَدا Bettler.	دُشْمَنْ Feind.	دوسْت Freund.
سَگْ Hund.	مَواشى A Vieh.	چارْپا vierfüssiges Thier.	أنْبارْ Scheune.
روشَنْ hell.	خوكْ od. گُرازْ Schwein. (wild od. zahm).	موشْ Maus.	گُرْبَه Katze.
حَوْض A Teich.	شيشَه Glas od. Flasche.	آئِنَه Spiegel.	تاريكْ dunkel.
دَوا A Arzenei.	ماهى Fisch.	غازْ Gans.	بَطْ A Ente.
دَلّاكْ A Barbier.	عَطّارْ A Drogist, Spezerei- händler.	جَرّاحْ A Wundarzt.	طَبيبْ A Arzt.
خَيّاطْ A Schneider.	بَزّازْ A Schnittwaaren- händler.	بَقّالْ A Gemüschändler.	حَمّامى A Bader.
عَصّارْ A Oelpresser.	طَبّاخْ A Koch.	خَبّازْ A Bäcker.	سَرّاجْ A Sattler.
نَسّاجْ A Weber	خَرّاطْ A Drechsler.	نَجّارْ A Zimmermann.	خَرّازْ A Kurzwaarenhändler.
حَدّادْ A Grobschmid.	كَفّاشْ Schuhmacher.	صَبّاغْ A Färber.	قَصّابْ A Fleischer.

حَكَّاك A	قَنَّاد A	طَبَّاع A	مَحَّاف A
Steinschneider.	Conditor.	Buchdrucker.	Buchbinder.
صَيَّاد A	شَمَّاع A	نَقَّاش A	صَرَّاف A
Jäger.	Lichtzieher.	Maler.	Geldwechsler.
دَلَّال A	عَلَّاف A	خَمَّار A	فَلَّاح A
Pferde- oder Viehhändler.	Kornhändler.	Weinhändler.	Bauer, Landwirth.
رَقَّاص A	حَمَّال A	رَزَّاز A	حَلَّاج A
Tänzer.	Lastträger.	Reishändler.	Wollkrämpler.

غَوَّاص A

Taucher.

Von den Hauptwörtern.

26. Form und Construction der persischen Hauptwörter sind äusserst einfach und regelmässig; da giebt es keine Declination, keine Artikel, auch findet kein Unterschied in der Endung statt, weder bei Haupt- noch Eigenschaftswörtern, um das Geschlecht zu bezeichnen. Alle leblosen Dinge sind geschlechtlos; vernünftige Wesen haben verschiedene Benennungen zu Unterscheidung der Geschlechter, z. B. مَرْد der Mann, زَن das Weib, پُسَر der Knabe, دُخْتَر das Mädchen u. s. w. Thiere haben entweder die Adjective نَر männlich und مَادَه weiblich zur Bezeichnung ihres Geschlechts vor oder nach sich gesetzt, wie z. B. شِيرِ نَر der Löwe, شِيرِ مَادَه die Löwin, گَاوِ نَر der Ochse, مَادَه گَاو die Kuh, oder sie haben auch in manchen Fällen ihre besondern Benennungen, z. B. مِيش das Mutterschaf, غُوچ der Schafbock, نَرِيَان der Hengst, مَادِيَان die Stute, خُرُوس der Hahn, مَاكِيَان die Henne u. s. w.

Von den Fällen.

27. Die Fälle oder Casus werden durch gewisse dem Hauptworte vorgesetzte oder angehängte Partikeln bezeichnet. Der Nominativ braucht niemals und der Genetiv nur selten eine solche Partikel; den Dativ erhält man, indem man vor das Hauptwort die Sylbe بَ setzt, und den Accusativ durch das Anhängen der Partikel را, obgleich diese zuweilen auch dem Dativ angehängt wird, in welchem Falle natürlich kein Vorsetzwörtchen nöthig ist. Der Vocativ wird durch Vorsetzung der Partikel اَیْ gebildet, die indessen, wo Sinn und Zusammenhang den vocativischen Gebrauch des Nominativs anzeigen, auch wegbleiben kann.

B e i s p i e l e.

N. u. *G.*	پَدَرْ	*der Vater, des Vaters.*	*N.* u. *G.*	بُرادَرْ	*der Bruder, des Bruders.*
D.	بَپَدَرْ	*dem Vater.*	*D.*	بَبُرادَرْ	*dem Bruder.*
Acc.	پَدَرْرا	*den Vater.*	*Acc.*	بُرادَرْرا	*den Bruder.*
V.	اَیْ پَدَرْ	*O Vater!*	*V.*	اَیْ بُرادَرْ	*O Bruder!*

Bemerkungen hierzu.

28. Ein Hauptwort kann, wie gesagt, in den Dativ gesetzt werden, indem man die Partikel را (welche sonst, wie in پُسَرْرا دِیدَمْ *ich sah den Knaben*, den Accusativ bezeichnet) anhängt, statt das ب davor zu setzen, z. B. پُسَرْرا كُفْتَمْ *ich redete zu dem Knaben, ich sagte dem Knaben*; wenn aber die Partikel ب vorgesetzt wird, steht das Hauptwort nie im Accusativ.

29. Wenn der Accusativ in unbestimmter Weise gebraucht wird, so bleibt die Partikel را weg, z. B. مَیْ نوشیدَمْ *ich trank Wein*, dagegen مَیْرا نوشیدَمْ *ich trank den Wein.*

30. Der Vocativ eines Hauptworts kann auch gebildet werden durch Anhängung des langen ا statt durch Vorsetzung der Partikel اَیْ; aber diese Form bezeichnet gewöhnlich Bitten, Anrufungen oder ähnliche emphatische Anreden, z. B. پَرْوَرْدِگَار *der Herrgott,* پَرْوَرْدِگَارَا *o Herrgott!* پَادِشَاهْ *der König,* پَادشَاهَا *o König!* دُوسْت *der Freund,* دُوسْتَا *o Freund!* Auch in Verbindung mit اَیْ: اَیْ خُدَایَا *o Gott!*

31. Wenn ein Hauptwort ein anderes oder ein selbstständiges Fürwort im Genitiv regiert, z. B. پَدَرِ دُخْتَر *der Vater des Mädchens,* پَدَرِ أُو *der Vater desselben oder derselben, sein oder ihr Vater,* oder ein Eigenschaftswort zu sich nimmt, z. B. دُخْتَرِ خُوبْ, *das schöne Mädchen,* so wird dieser Anschluss durch ein den letzten Buchstaben des ersten Wortes angehängtes *i* bezeichnet (s. § 24, 4); wenn aber dieser letzte Buchstabe ein stummes ه oder ein ی ist, so wird ein Hemze zur Einführung des *i* darüber gesetzt, z. B. بَنْدَهٴ خُدَا *bendĕ-i ḫudā, der Knecht Gottes,* خَانَهٴ پَدَرْ *ḫānĕ-i peder, des Vaters Haus,* مَاهِیٴ دَرْیَا *māhî-i derjā, der Fisch des Meeres* (s. § 5 und 10).

32. Ist der letzte Buchstabe ein ا, wie in جَا *Platz,* oder ein و, wie in بُو *Wohlgeruch,* so wird der Buchstabe ی mit oder ohne ٴ darüber dem Ende des Wortes angehängt; z. B. جَای پَدَرْ oder جَائٴ پَدَرْ *gá-i peder, der Platz des Vaters,* بُوی گُلْ oder بُوئٴ گُلْ *bû-i gul, der Wohlgeruch der Rose.* (s. § 5).

Vom Plural.

33. Im Persischen bilden vernünftige Wesen, sowol Masculina als Feminina, ihren Plural durch Anhängung von اَن (ān) an den Singular: مَرْد der *Mann*, مَرْدانْ die *Männer*; زَن das *Weib*, زَنانْ die *Weiber*; leblose Gegenstände durch Anhängung von ها (hā): گُلْ die *Blume*, گُلْها die *Blumen*, und Thiere entweder durch Anhängung von آنْ, wie bei den vernünftigen Wesen, oder von ها, wie bei leblosen Dingen, اَسْب das *Pferd*, اَسْبانْ oder اَسْبها die *Pferde*. Die ältere Sprache dehnt den Gebrauch der Pluralendung *ān* selbst auf leblose Dinge aus, welche durch organischen Bau oder Bewegung und Ab- und Zunahme sich der Natur der lebenden Wesen nähern, wie z. B. der Dichter Sa'dī den Plural von دِرَخْت der *Baum* دِرَخْتانْ bildet statt دِرَخْتها:

بَرْگِ دِرَخْتانِ سَبْز دَرْ نَظَرِ هُوشيارْ

هَرْ وَرَقى دَفْتَريسْت مَعْرِفَتِ كِرْدِگارْ

Das Laub der grünen Bäume, in den Augen des Vernünftigen

Ist jedes Blatt (davon) ein Buch zur Erkenntniss des Schöpfers.

34. Wenn ein Hauptwort, dessen Plural auf آنْ gebildet werden kann, sich im Singular auf ا oder و *ā* oder *ū* endigt, so wird bei der Bildung des Plurals der Buchstabe ى zwischen jenen Endbuchstaben und آنْ eingeschoben, z. B. گَدا der *Bettler*, گَدايانْ die *Bettler*; بَدْگُو der *Verleumder*, بَدْگُويانْ die *Verleumder*; diejenigen Hauptwörter aber, welche sich auf das in ächt persischen Wörtern aus einem ursprünglichen ك *k* entstandene stumme ه endigen, bilden diesen Plural auf گانْ, wobei das ه ausgelassen wird, ausgenommen wenn man sie getrennt schreibt, was jedoch nie

oder selten der Fall ist, z. B. فِرِشْتَه der *Engel*, فِرِشْتَگان
die Engel; بَـچّـه *das Kind*, بَچَگان *die Kinder*, welche
Worte kaum jemals بَچَهگان und فِرِشْتَهگان geschrieben
werden.

35. Als Nachahmung des weiblichen Plurals arabischer
Wörter, welcher auf آت gebildet wird, haben einige neuere
Schriftsteller von untergeordneter Bedeutung den Plural
einiger persischer und aus dem Arabischen entlehnter Substantiva der sächlichen Gattung gleichfalls auf آت oder, wenn
der Singular mit einem stummen ه endigt, auf جات gebildet,
z. B. نـوازِش *Gunstbezeigung*, نـوازِشـات *Gunstbezeigungen*;
نِوِشْتَه *Schreiben, Brief*, نِوِشْتَجات *Schreiben, Briefe*; قَلْعَه
Festung, قَلْعَجات *Festungen*. Solcher Beispiele giebt es indess nur wenige, und sie verdienen keineswegs Nachahmung.

36. Die Fälle eines Hauptworts im Plural werden auf
dieselbe Weise und durch dieselben Partikeln gebildet, wie
im Singular.

Vernünftige Wesen.

Singular.

Mann.	Weib.	Kind.	Bettler.	Verleumder.
مَرْد	زَن	بَچّـه	گَدا	بَدْگو

Plural.

	Männer.	Weiber.	Kinder.	Bettler.	Verleumder.
N.u.G.	مَرْدان	زَنان	بَچِگان	گَدایان	بَدْگویان
D.	بَمَرْدان	بَزَنان	بَبَچِگان	بَگَدایان	بَبَدْگویان
Acc.	مَرْدان را	زَنان را	بَچِگان را	گَدایان را	بَدْگویان را
V.	ای مَرْدان	ای زَنان	ای بَچِگان	ای گَدایان	ای بَدْگویان

37. Vernunftlose lebende Wesen.

Singular.

شیرِ نَر	شیرِ مادَه	بَرَه	آهو
Löwe.	*Löwin.*	*Lamm.*	*Gazelle.*

Plural.

	شیرِ نَر	شیرِ مادَه	بَرَه	آهو
N.u.G.	شیرْهاىِٔنَرّ	شیرْهاىِٔمادَه	بَرَّها	آهوها oder
	oder	oder	oder	آهُویانْ oder
	شیرانِ نَرّ	شیرانِ مادَه	بَرَگانْ	آهُوانْ
D.	بَشیرْهـاىِٔنَرّ	بَشیرْهاىِٔمادَه	بَبَرَها	بَآهُوها oder
	oder	oder	oder	بَآهُویانْ oder
	بَشیرانِ نَرّ	بَشیرانِ مادَه	بَبَرَگانْ	بَآهُوانْ
Acc.	شیرْهاىِٔنَرّرا	شیرْهاىِٔمادَهرا	بَرَهارا	آهُوهارا oder
	oder	oder	oder	آهُویانْرا oder
	شیرانِ نَرّرا	شیرانِ مادَهرا	بَرَگانْرا	آهُوانْرا oder
V.	اَىْ شیرْهاىِٔنَرّ	اَىْ شیرْهاىِٔمادَه	اَىْ بَرَها	اَىْ آهُوها oder
	oder	oder	oder	آهُویانْ oder
	اَىْ شیرانِ نَرّ	شیرانِ مادَه	بَرَگانْ	آهُوانْ

38. Leblose Dinge.

Singular.

نانْ	آفْتاب	خانَه	گُوىْ	مَىْ
Brod.	*Sonne.*	*Haus.*	*Ball.*	*Wein.*

Plural.

N.u.G. نانْها	آفْتابْها	خانَها	گوِیْها	مَیْها
D. بَنانْها	بَآفْتابْها	بَخانَها	بَگوِیْها	بَمَیْها
Acc. نانْهارا	آفْتابْهارا	خانَهارا	گوِیْهارا	مَیْهارا
V. اَیْ نانْها	اَیْ آفْتابْها	اَیْ خانَها	اَیْ گوِیْها	اَیْ مَیْها

39. Was bisher in Bezug auf die Bildung des Plurals lebender Wesen auf آن, یــان und گــان gesagt worden ist, bezieht sich eigentlich mehr auf die Poesie und auf die höhern Classen prosaischer Schriften. In den gewöhnlichen Tagesschriften und selbst in der feinern Umgangssprache ist es keineswegs verboten, ja es ist sogar besser, alle persischen Plurale irgend welcher Art gleichförmig auf ها zu bilden. Nichts ist bei der Unterhaltung in Persien gewöhnlicher, als zu sagen مَرْدهـا *Männer*, زَنْهـا *Weiber*, بَچّهـا *Kinder*, گدَاهـا *Bettler*; und so giebt es zahlreiche ähnliche Beispiele der Endung ها als Zeichen des Plurals nicht nur vernunftloser, sondern auch vernünftiger Wesen. Wenn ein Ausländer, der gut persisch sprechen und schreiben will, sich bei der Bildung des Plurals stets der Endung ها bedient, wird er dem Sprachgemässen überall viel näher kommen, als einer, der in Bezug auf die drei verschiedenen Classen der Substantiva die Regeln der Grammatik bei der Pluralbildung streng in Anwendung bringt; der Letztere wird viel öfter pedantisch erscheinen, als der Erstere einen kleinen Sprachfehler begehen.

Von den Eigenschaftswörtern.

40. Die persischen Eigenschaftswörter unterliegen weder der Zahl noch dem Geschlechte, sondern bloss den Vergleichungsgraden nach einer Veränderung; in andern Beziehungen folgen sie überall dem Hauptworte, ohne jedoch an den Ab-

wandlungen Theil zu nehmen, welche das letztere hinsichtlich
der Zahl oder des Casus erleidet; nur dass im Accusativ und
beziehungsweise im Dativ die Partikel اِ nicht dem Substantive,
sondern dem Adjective angehängt wird, weil beide durch das
i des Anschlusses mit einander zu einer untrennbaren be-
grifflichen Einheit verbunden sind.

خوب *gut.* بَدّ *schlecht.* جُوانّ *jung.* پيرّ *alt.* بيمارْ *krank.*

Singular.	Plural.
مَرْدِ خوبّ *der gute Mann, des guten Mannes.*	مَرّدانِ خوبّ *die, der guten Männer.*
بَمَرّدِ خوبّ *dem guten Manne.*	بَمَرّدانِ خوب *den guten Männern.*
مَرّدِ خوبْرا *den guten Mann.*	مَرّدانِ خوبّ را *die guten Männer.*
اَىّ مَرّدِ خوبّ *o guter Mann!*	اَىّ مَرّدانِ خوب *o gute Männer!*

Auf gleiche Weise geht اَسْبّ *Pferd,* اَسْبِ بَدّ, اَسْبِ بَدّرا,
اَسْبهاىِّبَدّ u. s. w.

41. Blosse *im Plural* stehende Adjectiva werden oft gebraucht, um qualificirte Substantiva auszudrücken, z. B. خُوبانّ
die Guten, بَدانّ *die Bösen,* جُوانانّ *die Jünglinge,*
پيرانّ *die Alten,* بيمارانّ *die Kranken;* diese Plurale, welche, wohl
zu merken, *stets auf* آنّ *gebildet werden müssen,* bezeichnen
stets vernünftige Wesen, hauptsächlich männlichen Geschlechts.
Wenn jedoch zusammengesetzte Adjectiva auf diese Weise als
qualificirte Substantiva gebraucht werden, so beschränken sie
sich, ob sie schon ihren Plural auf آنّ bilden, auf kein besonderes Geschlecht: sie können dann männlich oder weiblich
sein, wie dies die Natur des Begriffes gewöhnlich schon selbst
anzeigt, z. B. دِلْبَرانّ *die Herzensräuber,* in der Regel
weiblichen Geschlechts; دِلّ آوَرانّ *die Herzhaften, Beherzten,*

in der Regel Masculinum; دِل خَسْتَكَانْ *die Herzbetrübten* kann beiden Geschlechtern angehören.

Von der Steigerung.

42. Es giebt im Persischen zwei Steigerungpartikeln, تَر und تَرِينْ. Der Positiv wird durch Anhängung von تَر zum Comparativ, durch Anhängung von تَرِينْ zum Superlativ.

z. B. بِهْ *gut*, بِهْتَر *besser*, بِهْتَرِينْ *best*; بَدْ *schlecht*, بَدْتَر *schlechter*, بَدْتَرِينْ *schlechtest*; جُوانْ *jung*, جُوانْتَر *jünger*, جُوانْتَرِينْ *jüngst*, u. s. w. Die Partikel اَزْ ist gleichbedeutend mit *als* nach einem Comparativ, nur mit dem Unterschiede, dass das persische Wort sowohl vor als nach dem Comparativ gesetzt werden kann, z. B. پَدَرْ جُوانْ تَر اَزْ مَادَرْ اَسْت *der Vater ist jünger als die Mutter*, was auch so ausgedrückt werden kann: پَدَرْ اَزْ مَادَرْ جُوانْتَرَسْت u. s. w.

Es mögen hier einige Beispiele folgen:

Comparativ.

كِتَابْ اَزْ بَازِى بِهْتَرَسْت *Das Buch* d. h. das Lesen ist besser als das Spiel

هِنْد اَزْ اِنْگْلِسْتَانْ گَرْمْتَرَسْت *Indien ist wärmer als England.*

پَدَرْ اَزْ پِسَرْ جَاهِلْ تَر بُودْ *Der Vater war unwissen-, der als der Sohn.*

اِنْگْلِسْتَانْ آبَادْتَرْ اَزْ رُوسْ گَشْت *England wurde bevölkerter als Russland.*

زَنَانْ نَازِكْتَرْ اَزْ مَرْدَانْ اَنْد *Weiber sind zarter als Männer.*

فَارِسِى آسَانْتَرْ اَزْ عَرَبِى اَسْت *Persisch ist leichter als Arabisch.*

دوسْتانْ مِهْرِبانْ تَرْ اَزْ خِویشانْ اَنْد *Freunde sind gefälliger als Verwandte.*

Superlativ.

خُدا بِهْتَرِینِ یاوَرانْ اَسْت *Gott ist der beste der Helfer.*

وَفا خوبْتَرِینِ صِفَتْهاسْت *Treue ist die beste der Eigenschaften.*

دانِش بِهْتَرِینِ گَنْجهاسْت *Kentniss ist der beste der Schätze.*

سَگ مِهْرِبانْ تَرِینِ جانْوَرانْ اَسْت *Der Hund ist das anhänglichste der Thiere.*

طَمَع بَدْتَرِینِ عَیْبهاسْت *Habsucht ist das schlimmste der Laster.*

شیرِینْ تَرِینِ میوَها اَنْگُورْ اَسْت *Die süsseste der Früchte ist die Weintraube.*

بَدْتَرِینِ گُناهانْ دُرُوغ اَسْت *Die ärgste der Sünden ist die Lüge.*

Von den bestimmten und unbestimmten Hauptwörtern.

43. Die persischen Hauptwörter drücken in ihrer ursprünglichen Form ein geschlechtlich oder individuell Bestimmtes aus, dasselbe was im Deutschen gewöhnlich durch Vorsetzung des Artikels bezeichnet wird, z. B. مَرْد *der Mann*, زَن *das Weib*, اَسْب *das Pferd*, کتابْ *das Buch*. Jedes dieser Wörter, so wie es hier steht, drückt entweder seine ganze Gattung, oder ein bestimmtes Individuum derselben aus, eben so im Plural entweder die sämmtlichen Individuen der Gattung, oder eine bestimmte Anzahl derselben. Nur die Wörter, welche eine Masse von unbestimmter Form bezeichnen, entsprechen im Singular auch dem artikellosen deutschen Hauptworte, z. B. نانْ وَنَمَک, nicht bloss *das Brod und das Salz*, als bestimmte

Gattungen oder bestimmte Quantitäten derselben, sondern auch *Brod und Salz*, *du pain et du sel*.

44. Die numerische bestimmte und die individuell unbestimmte Einheit drückt man dadurch aus, dass man den Hauptwörtern ein *ī* ى anhängt, welches وَحْدَت, das ى *der Einheit*, und تَنْكِير ياىِ, *das* ى *der Unbestimmtheit*, heisst, z. B. مَرْدى, زَنى, اَسْبى, كِتابى, *ein Mann*, *eine Frau*, u. s. w. Dasselbe ى bezeichnet bei Pluralen die unbestimmte Mehrheit, z. B. شاهانى *sähänï*, *Könige*, *des rois*, كُلْهائى *gulhäï*, *Rosen*, *des roses*. Wenn das Hauptwort jedoch mit dem stummen ه endigt, wie بَچّه *das Kind*, (s. § 10), so wird, statt das ى anzuhängen, das Hemze ء über das ه gesetzt: بَچّهٴ und dann *beččï*, *ein Kind*, ausgesprochen (s. § 24, 2).

45. Abstracte Hauptwörter werden auf gleiche Weise gebildet, z. B. دوست *der Freund*, دوستى *die Freundschaft*, مَرْدى *die Männlichkeit*, u. s. w. Aber ein solches Hauptwort wird leicht von einem unbestimmten unterschieden, indem man es gehörig ausspricht. Bei einem unbestimmten Hauptworte ruht der Accent auf der vorletzten Sylbe, d. h. auf دو und مَر in den Wörtern دوستى und مَرْدى; im andern Falle liegt er auf der letzten Sylbe, nämlich auf تى und دى in denselben Wörtern; ebenso beziehungsweise auf شا und هى in dem Worte پادِشاهى *ein König* oder *das Königthum*. Das stumme ه wird bei den abstracten Hauptwörtern, anstatt, wie bei den unbestimmten Substantiven, das ء darüber zu setzen, in den Buchstaben ك verwandelt, z. B. بَچّكى *die Kindheit*, هَرْزَكى *die Thorheit*, u. s. w. (vgl. § 34).

46. Ferner wird dieses betonte ى dem Ende eines Hauptwortes angehängt, um eine Angehörigkeit oder Beziehung auszudrücken, z. B. حافِظ شيرازى *Hafiz* (der Dichter) *von Schiras*,

زَنانِ بَغْدادى‎ *die Bagdadischen Frauen.* In diesem Falle ruht der Accent auf der letzten Sylbe, d. i. auf ى‎ und ى‎ in شيرازى‎ und بَغْدادى‎ ohne Hemze, ء, wenn sie als Adjectiva gebraucht werden, wie in den obigen Beispielen; wenn aber dergleichen Wörter als unbestimmte Substantiva gebraucht werden, so wird das Hemze zwischen den mit *ī* auszusprechenden letzten Buchstaben des Hauptworts und den Endbuchstaben ى‎ gesetzt, und der Accent ruht dann auf der vom Hemze eingeleiteten Sylbe, wie شيرازئى‎ *šīrāziī*, *eine Person aus Schiraz*, u. s. w. Obgleich dieses ى‎, genannt das يائِ نِسْبَت‎, *Je der Beziehung*, rein arabisch ist, so wird es doch im Persischen so vielfach gebraucht, dass das Verständniss der Natur desselben unerlässlich ist.

47. Ferner wird das ى‎ angehängt: 1) *betont*, als يائِ‎ اِـِـيـاقَت‎, *Je der Angemessenheit.* — eine Abart des Je der Beziehung, — an Infinitive, um concrete Nomina mit dem Begriffe der Schicklichkeit und Angemessenheit zu bilden, z. B. كَـرْدَنى‎ *das zu Thuende, was schicklicher Weise zu thun ist*, oder *das Thunliche, was gethan werden kann*, خُورْدَنى‎ *essbar*, u. s. w. 2) *unbetont*, als يـائِ‎ اِشارَت‎, *Je der Hindeutung*, an Haupt- und hinweisende Fürwörter, die durch einen angehängten Relativsatz genauer bestimmt werden, z. B. روزى كَه‎ *der Tag, den Tag, an dem Tage, da* u. s. w., وَقْتى كَه‎ *die Zeit, zu der Zeit, als* u. s. w. آنانيكَه‎ *diejenigen welche* u. s. w. (s. § 57). Im Grunde ist dieses ى‎ nichts anderes als das ى‎ der unbestimmten Einheit oder Mehrheit (§ 44), welches Wesen oder Dinge als in ihrer Art irgendwie einzig hervorhebt, während der folgende Relativsatz die damit verbundene Unbestimmtheit wieder aufhebt, als ob man sagte: *ein (gewisser) Tag, nämlich der welcher* u. s. w.

Von den Fürwörtern.

48. Die persischen Fürwörter haben, wie die Hauptwörter, einen zweifachen Numerus: Singular und Plural; in Hinsicht auf das Geschlecht giebt es keinen Unterschied. Früher wurden auch beide Pluralformen auf *hä* und *än* ohne Unterschied von Dingen, vernunftlosen und vernünftigen Wesen gebraucht; heutzutage können die etwas veralteten Formen auf *än* nur noch von vernünftigen Wesen gebraucht werden.

Folgendes sind die selbstständigen persönlichen Fürwörter:

Singular.	Plural.
مَن *ich.*	ما *wir.*
تُو *du.*	شُمـا *ihr.*
اَو *er, sie, es.*	ایشان *sie.*
وَى *dasselbe.*	— —[1]

49. Sie werden declinirt, wie alle andern Nomina, ausser dass der Buchstabe ن in der ersten und der Buchstabe و in der zweiten Person des Singulars ausgelassen werden, wenn die Partikel را dem Fürworte angefügt wird, und im Dativ der dritten Person der Buchstabe د zur Vermeidung des Hiatus an die Stelle des ا treten kann, wie folgendes Paradigma zeigt:

Singular.

N. u. G. مَن	تُو	اَو	oder	وَى
D. بَمَن	بَتُو	بَاُو oder بَدو	oder	بَوَى
Acc. مَرا	تُرا	اُورا oder	oder	وَيْرا

---

[1] Oft ist auch das Demonstrativum آن (§ 53), wie im Deutschen *derselbe, dieselbe* u. s. w., ein bestimmteres *er, sie, es*.

Plural.

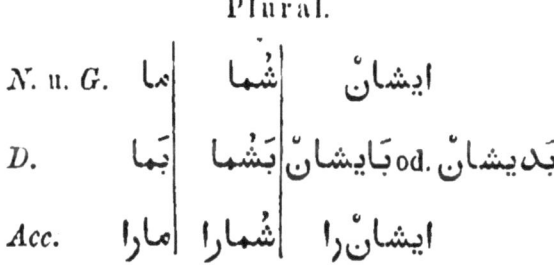

_N. u. G._	لما	شُما		ایشانْ
_D._	بَما	بَشُما|بَایشانْ	od.	بَدیشانْ
Acc.	مارا	شُمارا		ایشانْرا

50. Das bloss im Singular vorkommende Pronomen reflexivum خُودْ, — früher auch خِویش _(ḫŷš)_, und, aus diesem und تَـنْ, Körper, Person, Individuum, zusammengesetzt, خِویشْتَنْ _(ḫŷštén)_, — selbst, sowohl auf Personen beider Geschlechter als auf Dinge anwendbar, kann auf dieselbe Weise declinirt werden; auch kann man das erste in allen Fällen des Nachdrucks wegen an die persönlichen Fürwörter anhängen, so:

Singular.	Plural.
مَنْ خُودْ	ما خُودْ
تُو خُودْ	شُما خُودْ
اُو oder وَیْ خُودْ	ایشانْ خُودْ

51. Das besitzanzeigende Fürwort kann im Persischen auf zweierlei Art ausgedrückt werden: entweder durch Setzung der selbstständigen persönlichen Fürwörter hinter das mit dem _i_ des Genetivanschlusses versehene Nennwort, wobei die Partikel را an das Fürwort gehängt wird, oder durch Verbindung folgender unselbstständiger Formen der persönlichen Fürwörter mit dem Nennworte: اَمْ _mein_, اَتْ _dein_, اَشْ _sein, ihr_, مانْ _unser_, تانْ _euer_, شانْ _ihr_. Von den drei Singularformen wird das ا ausgelassen und das Nennwort unmittelbar mit مَ, تَ, شَ verbunden, ausser wenn dieses mit dem

stummen ه endigt, wie: خانه اَم *mein Haus,* خانه اَت *dein Haus,* u. s. w.; die drei Pluralformen verlangen das *i* des Genetiv-Anschlusses vor sich, ausser wenn sie der Pluralendung *hâ* angehängt werden.

Singular.

پدرم oder پدر مَن *mein Vater.*

پدرت oder پدر تو *dein Vater.*

پدرش oder پدر وَی oder پدر اُو *sein, ihr Vater.*

Plural.

پدرمان oder پدر ما *unser Vater.*

پدرتان oder پدر شما *euer Vater.*

پدرشان oder پدر ایشان *ihr Vater.*

Die letztern können auch mit dem Pronomen reflexivum verbunden werden, wie:

کتاب خودم *mein eignes Buch.*

کتاب خودت *dein eignes Buch.*

کتابهای خودم *meine eignen Bücher.*

کتاب خودش *sein eignes Buch.*

کتاب خودمان *unser eignes Buch.*

کتابهای خودمان *unsre eignen Bücher.*

دوستم oder دوستِ مَن *mein Freund.*

دوستِ خودم *mein eigner Freund.*

برادرت oder برادرِ تو *dein Bruder.*

برادرِ خودت *dein eigner Bruder.*

اسبش oder اسب اُو *sein Pferd.*

اسبِ خودش *sein eignes Pferd.*

باغهائ من oder باغهايَم ‏ *meine Gärten.*

باغهائ خُودَم ‏ *meine eignen Gärten.*

شُتُرعانان oder شُتُرهائ شُما ‏ *eure Kameele.*

شُتُرهائ خُودِتان ‏ *eure eignen Kameele.*

u. s. w.

52. Die drei Pronomina können auch zusammen gebraucht werden:

Singular.   Plural.

مَن خُودَم *ich selbst.*		ما خُودِمان *wir selbst.*	
تُو خُودَت *du selbst.*		شُما خُودِتان *ihr selbst.*	
اُو خُودَش *er selbst.*		ايشان خُودِشان *sie selbst.*	

53. *Demonstrativa.*

Folgendes sind die Demonstrativa:

اين *dieser, diese, dieses.*   آن *jener, jene, jenes; derjenige u. s. w.*

اينها *diese* (für alle Geschlechter) آنها *jene, diejenigen* (für alle Geschlechter)

اينان *diese* (nur für vernünftige Wesen). آنان *jene, diejenigen* (nur für vernünftige Wesen).

54. Diese Fürwörter können wie alle vorhergehenden declinirt werden, mit oder ohne das Reflexivum und die Possessiva, oder mit dem Reflexivum allein:

Singular.   Plural.

اين خُود *dieser, diese, dieses selbst.*		اينان خُود oder اينها *diese selbst.* u. s. w.	
بَدين خُود *diesem, dieser, diesem selbst.*		بَاينان خُود od. بَدينها *diese selbst.* u. s. w.	
اين خُودَش *dieser, diese, dieses selbst.*		اينان خُودِشان od. اينَها *diese selbst.* u. s. w.	

Singular.	Plural.
اِیْن خُودَشْ را *diesen, diese, dieses selbst.*	اِیْنانْ خُودِشانْرا oder اِیْنْها u. s. w. } *diese selbst.*
آنْ خُودْ *jener, jene, jenes selbst.*	آنانْ خُودْ oder آنْها u. s. w. } *jene selbst.*
بَدانْ خُودْ od. بَآنْ خُودْ } *jenem, jener, jenem selbst.*	بَآنانْ خُودْ od. بَدانْها u.s.w. } *jenen selbst.*
آنْ خُودَشْ *jener, jene, jenes selbst.*	انانْ خُودِشانْ od. آنْها u. s. w. } *jene selbst.*
آنْ خُودَشْ را *jenen, jene, jenes selbst.*	آنانْ خُودِشانْرا oder آنْها u. s. w. } *jene selbst.*

55. Wenn اِیْن einem Hauptworte so vorgesetzt wird, dass beide zusammen ein Wort bilden, so wird es in folgenden drei Fällen in اِمْ verwandelt, z. B. اِمْـرُوز *dieser Tag* (heute), اِمْشَبْ *diese Nacht*, اِمْسالْ *dieses Jahr.*

56. Relativa.

Der beziehenden Fürwörter giebt es im Persischen zwei: كِه, das sich besonders auf Personen, zuweilen aber auch auf Thiere und auf Dinge, und چِه, das sich ausschliesslich auf Dinge bezieht. Beide können mit irgend einem andern persönlichen, possessiven, demonstrativen und reflexiven Fürwort oder mehreren derselben verbunden werden, z. B.

Singular.	Plural.
مَنْ كِه خُودَمْ *ich, der ich selbst u. s. w.*	ما كِه خُودِمانْ *wir, die wir selbst u. s. w.*
تُو كِه خُودَتْ *du, der du selbst u. s w.*	شُما كِه خُودِتانْ *ihr, die ihr selbst u. s. w.*
اُو كِه خُودَشْ *er (sie), der (die) selbst u. s. w.*	اِیْشانْ كِه خُودِشانْ *sie, die selbst u. s. w.*

پِدَرِ مَنْ كِه *mein Vater, der u. s. w.*

پِدَرَمْ كِه خُودَشْ *mein Vater, der selbst u. s. w.*

پِدَرِ تُو كِه خُودْرا *dein Vater, der sich selbst u. s. w.*

پِدَرِ اُو كِه خُودَشْرا *sein (ihr) Vater, der sich selbst u. s. w.*

بُرادَرِ مَنْ كِه بَخُودْ *mein Bruder, der sich selbst u. s. w.*

خَواهَرَتْ كِه بَخُودَشْ *deine Schwester, die sich selbst u. s. w.*

مادَرَشْ كِه بَمَنْ *seine Mutter, die mir u. s. w.*

دُوسْتِ تُرا كِه اَزْ مَنْ *deinen Freund, welcher von mir u. s. w.*

كِتابِ مَنْ كِه بَاو خُودْ *mein Buch, welches ihm selbst u. s. w.*

خانَهٔ كِه اَزْ پِدَرِ خُودَمْ *das Haus, welches von meinem eignen Vater u. s. w.*

آنْ اَسْبْ كِه اَزْ بُرادَرَمْ خُودَشْ *jenes Pferd, welches von meinem Bruder selbst u. s. w.*

اَسْبْها كِه بَخُودِتانْ *die Pferde, welche euch selbst u. s. w.*

كِتابْها كِه اَزْ خُودِمانْ *die Bücher, welche von uns selbst u. s. w.*

Leblose Wesen.

آنْچِه بَدو خُودْ *dasjenige, was ihm selbst u. s. w.*

آنْچِه بَايشانْ خُودِشانْ *dasjenige, was ihnen selbst u. s. w.*

آنْچِه ما خُودِمانْ اَزْ تُو *dasjenige, was wir selbst von dir u. s. w.*

آنْچِه شُما خُودْ اَزْ اُو *dasjenige, was ihr selbst von ihm u. s. w.*

آنْچِه ايشانْ خُودِشانْ بَمَنْ *dasjenige, was sie selbst mir u. s. w.*

آنچه پَدَرَم پَدَرْ خُودَش بَوَى *dasjenige, was mein Vater*
selbst ihm u. s. w.

آنچه بُرادَرانَت خُودْ اَزْ ايشانْ *dasjenige, was deine Brüder*
selbst von ihnen u. s. w.

آنچه خُودْ اَزْ خانَهٔ پَدَرِ خُودَشْ *das was er selbst aus dem Hause*
seines eignen Vaters u. s. w.

57. Wenn das relative Pronomen كه auf ein unbestimmtes Hauptwort folgt, so wird das Hauptwort dadurch bestimmt,
z. B. پادشاهى *ein gewisser König*, پادشاهى كه *jener Kö-*
nig welcher; مَرْدى *ein gewisser Mann*, مَرْديكه *der Mann*
welcher; چيزى *irgend ein Ding*, چيزيكه *das Ding welches*;
eben so im Plural. (S. das Genauere § 47.)

58. Da كه und چه als bloss angelehnte Verbindungswörter ohne nominalen Inhalt an und für sich indeclinabel
sind, so werden die Beugungsfälle und Präpositionalverbin-
dungen unseres Relativpronomens im Persischen durch ein nach-
folgendes Personalpronomen dargestellt: Nom. آنكه او *der*
welcher, die welche, آنچه او *das was*; Gen. زنيكه كه جَمالِ او
oder جَمالَشْ *die Frau deren Schönheit —*; Dat. مَرْدى كه بَدُو
der Mann welchem —; Acc. هركه ديدَمَشْ od. هركه اورا ديدَمْ
jeder den ich sah; حانَه كه اَزُو بيرونْ رَفْت *das Haus aus*
dem er heraus ging. Doch fällt dasselbe bei dem *Nominativ*
und auch bei dem *Accusativ* da, wo keine Zweideutigkeit
möglich ist, gewöhnlich hinweg.

59. *Interrogativa.*

Die Pronomina كه und چه werden auch fragweise gebraucht: كه *wer?* bloss substantivisch, چه *was? was für ein?*
substantivisch und adjectivisch, z. B. چه مَرْد *was für ein*
Mann? Vor der Sylbe را wird das an und für sich stumme
ه weggelassen, z. B. كِرا *wen? wem?* oder *für wen?* und چِرا
wozu? warum? Von dem ersteren kann man das ه auch in ى

verwandeln, z. B. کی *wer?* bloss für Personen. Wenn auf mehr als eine Person oder Sache Bezug genommen wird, so muss das Fürwort کدام oder کدامین gebraucht werden, wie کدام مَرد *welcher Mann?* کدامین زَن *welche Frau?* کدام مَرد, *welche Strasse?* کدامین خانَه *welches Haus?* In allen diesen Beispielen ist die Bedeutung: welche besondere Person oder Sache aus der Zahl der gleichartigen?

60. Hier folgen Beispiele der fragenden Fürwörter in Verbindung mit andern:

کی بود اِن مَرد کِه خُودَش آمَد	Wer war der Mann, welcher selbst kam?
تُو اَز کِه اِین اَسب را خَریدی	Von wem kauftest du dieses Pferd?
شُما چِرا اِمرُوز بِخانَهٔ مَن آمَدین	Warum kamet ihr heute an mein Haus?
تُو خُود اَز کی بِهتَر اِی	Du selbst bist besser als wer?
اِیشان اَز ما چِه طَلَب میکُنَند	Was wünschen sie von uns?
کُدام اَز بُرادَرانَت را زَد	Welchen von deinen Brüdern schlug er?
کِرا خُود بِخانَهٔ مَن بُردی	Wen brachtest du selbst an mein Haus?
تُو اَز بُرادَرَش چِه خَواستی	Was verlangtest du von ihrem Bruder?
اِینهارا تُو خُود اَز کِه آمُوختی	Von wem lerntest du selbst diese Dinge?
کِه بود آن مَرد کِه اِینرا کَرد	Wer war der Mann, der dieses that?
بِهتَر اَز اِینها کُدام اَست	Welcher ist besser als diese?
اِین گُلرا دَر زَبانِ فارسی چِه میکُویَند	Wie nennt man diese Blume in der persischen Sprache?
آن زَن چِرا خُودَش بِگُو حَرف نَزَد	Warum redete jene Frau nicht selbst mit euch?

پِدَرَتْ اَزْ کی بِهْتَرِسْت — *Dein Vater ist besser als wer?*

اَزْ شَهْرهاے فَرَنْگ کُدام بُزُرگْتَرِسْت — *Welches ist die grösste von den Städten Europas?*

مَنْ خُودْ اَزْ کی کَمْتَرَم — *Ich selbst bin geringer als wer?*

چِه بُودْ آنْکِه تُو خُودْ اَزْ اُو سْتانْدی — *Was war das, was du selbst von ihm nahmst?*

کُدامْ راهْ بَلَنْدَنْ نَزْدیکْتَرْ میارَدْ — *Welche Strasse führt näher nach London?*

مَرْدیکِه شُمارا دیدْ کی بُودْ — *Wer war der Mann, der euch sah?*

اَسْبهاے مارا کِه بیرون آوَرْدْ — *Wer führte unsere Pferde heraus?*

دَرْ خانَهٔ خُودَتْ چِه کَرْدی — *Was machtest du in deinem eigenen Hause?*

کُدامْ یَكْ اَزْ ایْنْ کِتابْها کِتابِ تُسْت — *Welches dieser Bücher ist dein Buch?*

61. Die verallgemeinernden Fürwörter, Adverbia und Conjunctionen werden folgendermassen ausgedrückt:

هَرْ کِه	wer auch immer.	هَرْ چیزْ	jedes Ding, alles.
هَرْ چِه	was auch immer.	هَرْ کَسْ	jedermann.
هَرْ کُدامْ	welcher auch immer.	هَرْ جا	aller Orten, überall.
هَرْ وَقْتْ	wann auch immer.	هَرْ روزْ	an jedem Tage, täglich.
هَرْ کُجا هَرْ جا	wo auch immer.	هَرْشَبْ	in jeder Nacht.
		هَرْ دُو	beide.
بَهَرْ حالْ	unter allen Umständen, jedenfalls.	هَرْ یَكْ	ein jeder.
		هَمَه	all, ganz.

Von den Zeitwörtern.

62. Was die einheimischen persischen Grammatiker als

حَرُوفِ نِسْبَتْ , d. h. Partikeln der Beziehung des Subjects
auf das Prädicat, betrachten, sind in der That die sechs Personalformen des Präsens von dem die logische Verbindung
zwischen Subject und Prädicat bildenden Zeitworte *sein* (s.
§ 24, 7). Ohne sie kann kein persisches Verbum, sei es activ
oder passiv, abgewandelt werden, da, von است abgesehen,
sie allein Numerus und Person der Verba bestimmen. Es sind
folgende:

Singular.	Plural.
اَمْ *(ich) bin.*	ایمْ *(wir) sind).*
اى *(du) bist.*	ایدْ *(ihr) seid.*
اَسْت *(er, sie, es) ist.*	اَنْدْ *(sie) sind.*

63. Bei der Anhängung dieser Wörtchen an Verbalformen wird ihr erster Buchstabe, ausser nach dem stummen
ه, unterdrückt, so: مْ , ى , سْت , یمْ , یدْ , نْدْ , d. h., auf den
Laut zurückgeführt: der durch das ا bezeichnete Spir. lenis
wird bei der Zusammensetzung mit Verbalformen nur nach
dem kurzen Endvocale der Participia als Hiatus beibehalten,
z. B. بودہ اَمْ *būdé em, ich bin gewesen*, in allen andern
Fällen aber unterdrückt.

64. Dieselbe Verschmelzung findet Statt bei ihrer Verbindung mit den persönlichen Fürwörtern:

Singular.	Plural.
مَنَمْ *ich bin.*	مائیم *wir sind.*
توئى *du bist.*	شمائیدْ *ihr seid.*
اوسْت *er, sie, es ist.*	ایشانَنْدْ *sie sind.*

65. Da diese enclitischen Wörtchen nur das *abstracte*
Sein ausdrücken, d. h. als *copulae logicae* dienen, so verbinden sie sich zum Ausdrucke des *concreten* Seins, des Da-

44

und Vorhandenseins, der Existenz, mit dem Worte هَسْتَ,

ursprünglich einer stärkern Form von اَسْت als altem Verbalnomen: *vorhanden seiend, existirend*, dann selbst als dritte Singularperson gebraucht:

Singular.	Plural.
هَسْتَم *ich existire.*	هَسْتِيم *wir existiren.*
هَسْتى *du existirst.*	هَسْتِيد *ihr existirt.*
هَسْت *er, sie, es existirt.*	هَسْتَند *sie existiren.*

Jedoch erscheinen diese Verbindungen weiterhin, besonders in dichterischer Sprache, auch als stärkere Stellvertreter des blossen اَم, اَى u. s. w.

66. Auch in ihrer Verbindung mit andern Nenn- und Eigenschaftswörtern verlieren sie in Aussprache und Schrift gewöhnlich ihr Elif; nur in der dritten Singular- und Pluralperson wird es öfterer beibehalten:

Singular.	Plural.
شادَم *ich bin fröhlich.*	شادِيم *wir sind fröhlich.*
شادى *du bist fröhlich.*	شادِيد *ihr seid fröhlich.*
شادَاسْت *er, sie ist fröhlich.*	شادَاَند *sie sind fröhlich.*
دِلِيرَم *ich bin beherzt.*	دِلِيرِيم *wir sind beherzt.*
دِلِيرى *du bist beherzt.*	دِلِيرِيد *ihr seid beherzt.*
دِلِيرَاسْت *er, sie ist beherzt.*	دِلِيرَاَند *sie sind beherzt.*

67. Allen nicht defectiven Zeitwörtern liegen zwei nominale Stämme zu Grunde, von welchen die Formen des eigentlichen Zeitwortes (verbum finitum) und der Verbalnomina durch Flexionsanhänge und Zusammensetzungen gebildet werden: der kürzere *Präsensstamm* und der längere *Präteritalstamm*. Je nach dem Formverhältnisse derselben zu einander zerfallen die Zeitwörter in *schwache* (regelmässige) d. h. solche, deren Präteritalstamm sich durch verschiedene Anhänge aus dem *unveränderten* Präsensstamme bildet, und in *starke* (unregel-

mässige) d. h. solche, bei denen dies nicht der Fall ist. Beide Stämme erscheinen noch mehrfach als selbstständige Nomina: der Präsensstamm zur Bezeichnung einer Handlung oder Thatsache, wie گُرِيز *Flucht*, فَرِيب *Betrug*, oder eines concreten Dinges, wie بَنْد *Band, Fessel*, چِين *Falte, Runzel*; viel häufiger aber in Zusammensetzungen als concretes Verbalnonomen in activer oder passiver Bedeutung: بَارْبَر *lasttragend, Lastträger* (vgl. *fer* in *furcifer*), بَدْگُو *übelredend (maledicus, médisant), Verläumder*, دَسْتْگِير *gefangen, Gefangener* (gleichsam *manceps — mancipium —* für *manucaptus*), دِلْخَواه *vom Herzen begehrt, Herzenswunsch, dessen Gegenstand;* — der Präteritalstamm ebenfalls theils als abstractes theils als concretes Verbalnomen, entsprechend den daraus entstandenen vollern Formen des Infinitivs und des Participiums der Vergangenheit: گُفْت *Rede*, شِكَسْت *Bruch, gebrochen*, زَاد *Geburt, geboren*, als Infinitiv regelmässig zur Bildung des zusammengesetzten Futurums: خَواهَم بُود *ich werde sein (I will be)* u. s. w. Als abstracte Verbalnomina erscheinen ferner beide Stämme durch و verbunden, sowohl von einem und demselben Zeitworte zum Ausdrucke einer wiederholten, vielfachen oder lebhaften Thätigkeit: گُفْت وگُو, *vielfaches Gerede, Hinund Herreden*, جُسْتُجُو, جُسْت وجُو, *eifriges Suchen*, als auch von zwei verschiedenen Zeitwörtern: خَرِيد وفُروش *Kauf und Verkauf*; desgleichen blosse Präsensstämme: گِيرُودَار *Greifen und Halten*, d. h. Handgemenge, Kampfgewühl, und blosse Präteritalstämme: خَرِيد وفُروخْت, gleichbedeutend mit آمَد وشُد, خَرِيد وفُروش *Kommen und Gehen*.

68. Von dem Präsensstamme werden gebildet:

1) der *Imperativ*; die zweite Singularperson mit dem

Stamme gleichlautend: بَرْ *trage (fer)*, كُوْ *sage (dic)*, die zweite

Pluralperson durch Anhängung eines betonten *îd (seid)*: بَرِيْد

traget (ferte), كُوْئِيْد *saget (dicite)*, gewöhnlich verstärkt

durch vorgesetztes ده, دِ: دِ بَرْ دِه, بِكُوْ u. s. w.

2) das *unbestimmte, allgemeine Indicativ- und Conjun-
ctiv-Präsens*, durch Anhängung der betonten Personalformen des logischen Verbindungs-Zeitwortes (§ 62): بَرَم, بَرِى,
berém, berî u. s. w., mit Ausnahme der dritten Singularperson,
die *éd* statt *ést* annimmt: بَرَد *beréd (fert, ferat)*; — durch
Vorsetzung von هَمِى (ἄμα, eben, eben jetzt), gewöhnlich abgekürzt مِى, das *bestimmte, eigentliche Indicativ-Präsens*:

مِيبَرَم, هَمِى بَرَم u. s. w.; — durch Vorsetzung von دِه, دِ (§ 10)

das *einfache Futurum*, auch *Conjunctiv*: بِكُوْيَم, دِه بَرَم u. s. w.

3) das *Verbaladjectivum* von bleibenden Eigenschaften
und Beschaffenheiten, durch Anhängung von *â*: كُوْيَا *sprach-
begabt, beredt*; رَوَا (von رَفْتَن gehen, Stamm رَوْ) *gangbar;
angehend, zulässig, gestattet.*

4) das eigentliche *Participium der Gegenwart*, gewöhnlich von vorübergehenden, wechselnden Zuständen, durch Anhängung von *ân*: بَرَان *tragend*, كُوْيَان *sprechend, sagend.*

5) das *Verbal-Substantivum* für Wesen und Dinge, die
etwas beständig oder gewohnheitsmässig thun oder sind, durch
Anhängung von *endé*: كُوْيَنْدَه *Sprecher*, auch wie خَوانَنْدَه
Sänger, Vocalmusiker, سَازَنْدَه (von سَاخْتَن, Musik machen,
ein Instrument spielen) *Instrumentalmusiker*, پَرَنْدَه *fliegendes
Thier, Vogel; fliegendes Insect*, besonders *Lichtfalter; fliegendes* d. h. leichtes, schnellfahrendes *Boot* (arab. طَيَّارَة).

69. Von dem Präteritalstamme werden gebildet:

1) das einfache *Indicativ-Präteritum* (Aorist der Griechen);

die dritte Singularperson mit dem Stamme gleichlautend: بُرْد
il, elle porta; die übrigen Personen durch Anhängung der
enclitisch unbetonten Personalformen des logischen Verbindungs-Zeitwortes: بُرْدَم *bárdem,* بُرْدِی *bárdí, je portai, tu
portas,* u. s. w., آمَدِیم *āmédīm, nous vînmes,* u. s. w.; —
durch Vorsetzung von هَمِی, gewöhnlich مِی (§ 68, 2), das
Imperfectum und der *modus hypotheticus:* مِی بُرْدَم ,هَمِی بُرْدَم ,مِیبُرْدَم,
je portais, je porterais, مِی آمَدِیم *nous venions, nous vien-
drions;* in der ersten und dritten Singularperson und in der
dritten Pluralperson auch durch Anhängung eines ī: بُرْدَمِی,
بُرْدَنْدِی, بُرْدِی .

2) der *Infinitiv* durch Anhängung von *en* : بُرْدَن *bur-
den,* tragen. (Ueber die verschiedene Betonung, je nach dem
Gebrauche des Infinitivs in unbestimmter oder bestimmter
Weise, s. § 24, 6).

3) das *Participium der Vergangenheit* durch Anhängung
von *é:* بُرْدَه *burdé* getragen, sowohl im activen Sinne : *getragen habend,* als im passiven: *getragen werdend* oder *getragen worden.* Daher bildet es in Verbindung mit dem
Präsens und Imperfectum von *sein* das *zusammengesetzte Präteritum* oder *Perfectum* und das *Plusquamperfectum:* بُرْدَه اَم *ich
habe getragen,* بُرْدَه بُودَم *ich hatte getragen* u. s. w., in Verbindung mit *werden,* wie im Deutschen, das ganze Passivum:
بُرْدَه شَوَم *ich werde getragen* u. s. w.

70. Ausser den Personalformen des logischen Verbin-
dungszeitwortes (§ 62) giebt es drei zur durchgängigen Bildung der Verbal-Genera, Modi und Tempora dienende, zum
Theil defective *Hülfszeitwörter,* deren Kenntniss zunächst nothwendig ist.

Hülfszeitwörter.

71. I. Sein.

Präsensstamm بُو *und* بَاش, *Präteritalstamm* بُوذ.

Infinitiv.	*Imperativ.*
بُوذَن *sein.*	بَاش, بِبَاش sei بَاشِبَذ,
	دِبَاشِيذ *seid.*

Participium der Vergangenheit بُوذَه *gewesen.*

1. Allgemeines Präsens, Indic. und Conj.

بَاشَم *ich bin, möge sein.*	بَاشِيمْ *wir sind, mögen sein.*
بَاشِى *du bist, mögest sein.*	بَاشِيذ *ihr seid, möget sein.*
بَاشَذ *er, sie, es ist, möge sein.*	بَاشَنْذ *sie sind, mögen sein.*[1]

2. Bestimmtes Indicativ-Präsens.

مِيبَاشَم *ich bin.*	مِيبَاشِيمْ *wir sind.*
مِيبَاشِى *du bist.*	مِيبَاشِيذ *ihr seid.*
مِيبَاشَذ *er, sie, es ist.*	مِيبَاشَنْذ *sie sind.*

3. Einfaches Futurum und Conjunctiv.

بِبَاشَم *ich werde, möge sein.*	بِبَاشِيمْ *wir werden, mögen sein.*
بِبَاشِى *du wirst, mögest sein.*	بِبَاشِيذ *ihr werdet, möget sein.*
بِبَاشَذ *er, sie, es wird, möge sein.*	بِبَاشَنْذ *sie werden, mögen sein.*

4. Einfaches Präteritum.

بُوذَمْ *ich war (je fus u. s. w.)*	بُوذِيمْ *wir waren.*
بُوذِى *du warst.*	بُوذِيذ *ihr waret.*
بُوذ *er, sie, es war.*	بُوذَنْذ *sie waren.*

---

[1] Alterthümlich von dem andern Präsensstamme auch بُوَمْ u. s. w.

Dieses Verbum wird aber in dieser einfachsten Vergangen-
heitsform, wie das arab. كان, noch gewöhnlicher im Sinne
des Imperfectums ميبودم gebraucht. So auch داشتم statt
ميداشتم *j'avais.*

5. Imperfectum und Modus hypotheticus.

بُودَمى oder ميبُودَم *ich war,* würde sein (*j'étais, je serais.*)	ميبُوديم *wir waren, würden sein.*
ميبُودى *du warst, würdest sein.*	ميبُوديد *ihr waret, würdet sein.*
بُودى oder ميبُود *er, sie, es war, würde sein.*	بُودَنْدى oder ميبُودَنْد *sie waren, würden sein.*

6. Zusammengesetztes Präteritum, Perfectum.

بُودَه اَم *ich bin gewesen.*	بُودَه ايم *wir sind gewesen.*
بُودَهٔ *du bist gewesen.*	بُودَه ايد *ihr seid gewesen.*
بُودَه اَست *er, sie, es ist ge- wesen.*	بُودَه اَنْد *sie sind gewesen.* [1]

7. Zusammengesetztes Futurum.

خَواهَم بُود *ich werde sein.*	خَواهيم بُود *wir werden sein.*
خَواهى بُود *du wirst sein.*	خَواهيد بُود *ihr werdet sein.*
خَواهَد بُود *er, sie, es wird sein.*	خَواهَنْد بُود *sie werden sein.*

72. II. Werden.

Präsensstamm شَوْ, *Präteritalstamm* شُد.

Infinitiv.	*Imperativ.*
شُدَن *werden.*	شَوْ *werde,* شَويد *werdet.*

---

[1] Das Plusquamperfectum, welches nach allgemeiner Analogie
بُودَه بُودَم lauten würde, fehlt im Sprachgebrauche.

1. *Allgemeines Präsens, Indic. und Conj.*

شَوَم *ich werde, möge werden.*	شَوِیم *wir werden, mögen werden.*
شَوی *du wirst, mögest werden.*	شَوِید *ihr werdet, möget werden.*
شَوَد *er, sie, es wird, möge werden.*	شَوَنْد *sie werden, mögen werden.*

2. *Bestimmtes Indicativ-Präsens.*

مِیشَوَم *ich werde.*	مِیشَوِیم *wir werden.*
مِیشَوی *du wirst.*	مِیشَوِید *ihr werdet.*
مِیشَوَد *er, sie, es wird.*	مِیشَوَنْد *sie werden.*

3. *Einfaches Futurum und Conjunctiv.*

بِشَوَم *ich werde werden, möge werden.*	بِشَوِیم *wir werden, mögen werden.*
بِشَوی *du wirst, mögest werden.*	بِشَوِید *ihr werdet, möget werden.*
بِشَوَد *er, sie, es wird, möge werden.*	بِشَوَنْد *sie werden, mögen werden.*

4. *Einfaches Präteritum.*

شُدَم *ich wurde (je devins u. s. w.)*	شُدِیم *wir wurden.*
شُدی *du wurdest.*	شُدِید *ihr wurdet.*
شُد *er, sie, es wurde.*	شُدَنْد *sie wurden.*

5. *Imperfectum.*

ميشُدَمْ *ich wurde (je derenais u. s. w.)*	ميشُديمْ *wir wurden.*
ميشُدى *du wurdest.*	ميشُديدْ *ihr wurdet.*
ميشُدْ *er, sie, es wurde.*	ميشُدَنْدْ *sie wurden.*

6. *Zusammengesetztes Präteritum, Perfectum.*

شُدَه اَمْ *ich bin geworden.*	شُدَه ايمْ *wir sind geworden.*
شُدَهٔ *du bist geworden.*	شُدَه ايدْ *ihr seid geworden.* [1]
شُدَه اَسْت *er, sie, es ist geworden.*	شُدَه اَنْد *sie sind geworden.*

7. *Plusquamperfectum.*

شُدَه بُودَمْ *ich war geworden.*	شُدَه بُوديمْ *wir waren geworden.*
شُدَه بُودى *du warst geworden.*	شُدَه بُوديدْ *ihr waret geworden.*
شُدَه بُودْ *er, sie, es war geworden.*	شُدَه بُودَنْد *sie waren geworden.*

8. *Conjunctiv des Perfectums und Plusquamperfectums.*

شُدَه باشَمْ *ich sei, wäre geworden.*	شُدَه باشيمْ *wir seien, wären geworden.*
شُدَه باشى *du seist, wärest geworden.*	شُدَه باشيدْ *ihr seiet, wäret geworden.*
شُدَه باشَدْ *er, sie, es wäre geworden.*	شُدَه باشَنْد *sie seien, wären geworden.* [1]

---

[1] Auf dieselbe Weise wird der Conj. Perf. und Plusquamperf. jedes andern Activums gebildet.

9. Zusammengesetztes Futurum.

شُدْ خَواهَمْ *ich werde werden.*	شُدْ خَواهِيمْ *wir werden werden.*
شُدْ خَواهِى *du wirst werden.*	شُدْ خَواهِيدْ *ihr werdet werden.*
شُدْ خَواهَدْ *er, sie, es wird werden.*	شُدْ خَواهَنْدْ *sie werden werden.*

10. *Participium Praesentis* fehlt diesem Zeitwort.

11. *Substantiv-Participium.*

شَوَنْدَه *Werdender.*

12. *Participium Perfecti.*

شُدَه *geworden.*

73. III. Wollen.

Infinitiv.	*Imperativ.*
خَواسْتَنْ *wollen.*	خَواهْ *wolle,* خَواهِيدْ *wollet.*

1. Allgemeines Präsens, Indic. und Conj.

خَواهَمْ *ich will, möge wollen.*	خَواهِيمْ *wir wollen, mögen wollen.*
خَواهِى *du willst, mögest wollen.*	خَواهِيدْ *ihr wollet, möget wollen.*
خَواهَدْ *er, sie, es will, möge wollen.*	خَواهَنْدْ *sie wollen, mögen wollen.*

2. Bestimmtes Indicativ-Präsens.

مِيخَواهَمْ *ich will.*	مِيخَواهِيمْ *wir wollen.*
مِيخَواهِى *du willst.*	مِيخَواهِيدْ *ihr wollet.*
مِيخَواهَدْ *er, sie, es will.*	مِيخَواهَنْدْ *sie wollen.*

3. Einfaches Futurum und Conjunctiv.

بِخَواهَم *ich werde wollen, möge wollen.*	بِخَواهیم *wir werden, mögen wollen.*
بِخَواهى *du wirst wollen, mögest wollen.*	بِخَواهید *ihr werdet, möget wollen.*
بِخَواهَد *er, sie, es wird, möge wollen.*	بِخَواهَند *sie werden, mögen wollen.*

4. Einfaches Präteritum.

خَواسْتَم *ich wollte (je voulus u. s. w.)*	خواستیم *wir wollten.*
خواستى *du wolltest.*	خواستید *ihr wolltet.*
خواست *er, sie, es wollte.*	خواستَند *sie wollten.*

5. Imperfectum.

میخواستَم *ich wollte (je voulais u. s. w.)*	میخواستیم *wir wollten.*
میخواستى *du wolltest.*	میخواستید *ihr wolltet.*
میخواست *er, sie, es wollte.*	میخواستَند *sie wollten.*

6. Zusammengesetztes Präteritum, Perfectum.

خَواسْتَه اَم *ich habe gewollt.*	خواستَه ایم *wir haben gewollt.*
خواستَهٔ *du hast gewollt.*	خواستَه اید *ihr habt gewollt.*
خواستَه اَسْت *er, sie, es hat gewollt.*	خواستَه اَنْد *sie haben gewollt.*

7. *Plusquamperfectum.*

خَواسْتَه بُودَمْ *ich hatte ge-wollt.* | خَواسْتَه بُودِيمْ *wir hatten ge-wollt.*

خَواسْتَه بُودِى *du hattest ge-wollt.* | خَواسْتَه بُودِيْد *ihr hattet ge-wollt.*

خَواسْتَه بُوْد *er, sie, es hatte gewollt.* | خَواسْتَه بُودَنْد *sie hatten ge-wollt.*

8. *Zusammengesetztes Futurum.*

خَواهَمْ خَواسْت *ich werde wollen.* | خَواهِيمْ خَواسْت *wir werden wollen.*

خَواهِى خَواسْت *du wirst wollen.* | خَاهِيْد خَواسْت *ihr werdet wollen.*

خَواهَدْ خَواسْت *er, sie, es wird wollen.* | خَواهَنْد خَواسْت *sie werden wollen.*

9. *Participium Praesentis.*

خَواهان *wollend, im Wollen begriffen.*

10. *Substantiv-Participium.*

خَواهَنْدَه *Wollender.*

11. *Participium Perfecti.*

خَواسْتَه *gewollt habend.*

74. IV. *Haben.*

Präsensstamm دار, *Präteritalstamm* داشْت.

Infinitiv. | *Imperativ.*

داشْتَنْ *haben.* | دارْ *habe*, دارِيْد *habet.*

1. *Allgemeines Präsens, Indic. und Conj.*

دارَم *ich habe, möge haben.* | داريمْ *wir haben, mögen haben.*

دَارى *du hast, mögest haben.* | داريدْ *ihr habet, möget haben.*

دارَدّ *er, sie, es hat, möge haben.* | دارَنْد *sie haben, mögen haben.*

2. *Bestimmtes Indicativ-Präsens.*

ميدارَمْ *ich habe.* | ميداريمْ *wir haben.*

ميدارى *du hast.* | ميداريدْ *ihr habt.*

ميدارَدّ *er, sie, es hat.* | ميدارَنْد *sie haben.*

3. *Einfaches Futurum und Conjunctiv.*

بِدارَمْ *ich werde haben, möge haben.* | بِداريمْ *wir werden, mögen haben.*

بِدارى *du wirst, mögest haben.* | بِداريدْ *ihr werdet, möget haben.*

بِدارَدّ *er, sie, es wird, möge haben.* | بِدارَنْد *sie werden, mögen haben.*

4. *Einfaches Präteritum.*

داشْتَمْ *ich hatte (j'eus u. s. w.)* | داشْتيمْ *wir hatten.*

داشْتى *du hattest.* | داشْتيدْ *ihr hattet.*

داشْت *er, sie, es hatte.* | داشْتَنْد *sie hatten.*

5. *Imperfectum.*

ميداشْتَمْ *ich hatte (j'avais u. s. w.)* | ميداشْتيمْ *wir hatten.*

ميداشْتى *du hattest.* | ميداشْتيدْ *ihr hattet.*

ميداشْت *er, sie, es hatte.* | ميداشْتَنْد *sie hatten.*

6. *Zusammengesetztes Präteritum, Perfectum.*

داشتَه اَم *ich habe gehabt.* | داشتَه ایمّ *wir haben gehabt.*

داشتَهَ *du hast gehabt.* | داشتَه ایدّ *ihr habet gehabt.*

داشتَه اَست *er, sie, es hat gehabt.* | داشتَه اَنّد *sie haben gehabt.*

7. *Plusquamperfectum.*

داشته بُوَدَمّ *ich hatte gehabt.* | داشتَه بُودیمّ *wir hatten gehabt.*

داشتَه بُودی *du hattest gehabt.* | داشتَه بُودیدّ *ihr hattet gehabt.*

داشتَه بُودّ *es, sie, es hatte gehabt.* | داشتَه بُودَنّد *sie hatten gehabt.*

8. *Zusammengesetztes Futurum.*

خواهَمّ داشت *ich werde haben.* | خواهیمّ داشت *wir werden haben.*

خواهی داشت *du wirst haben.* | خواهیدّ داشت *ihr werdet haben.*

خواهَدّ داشت *er, sie, es wird haben.* | خواهَنّد داشت *sie werden haben.*

9. *Participium Praesentis.*

داران *habend, im Haben begriffen.*

10. *Substantiv-Participium.*

دارَنّده *Habender, Inhaber.*

11. *Participium Perfecti.*

داشتَه *gehabt habend.*

75. V. *Thun.*

Präsensstamm كُن, *Präteritalstamm* كَرْد.

Infinitiv.	*Imperativ.*
كَرْدَن *thun.*	كُن *thue,* كُنِيدْ *thuet.*

1. *Allgemeines Präsens, Indic. und Conj.*

كُنَمْ *ich thue, möge thun.*	كُنِيمْ *wir thun, mögen thun.*
كُنِى *du thust, mögest thun.*	كُنِيدْ *ihr thut, möget thun.*
كُنَدْ *er, sie, es thut, möge thun.*	كُنَنْدْ *sie thun, mögen thun.*

2. *Bestimmtes Indicativ-Präsens.*

مِيكُنَمْ *ich thue.*	مِيكُنِيمْ *wir thun.*
مِيكُنِى *du thust.*	مِيكُنِيدْ *ihr thut.*
مِيكُنَدْ *er, sie, es thut.*	مِيكُنَنْدْ *sie thun.*

3. *Einfaches Futurum und Conjunctiv.*

بِكُنَمْ *ich werde thun, möge thun.*	بِكُنِيمْ *wir werden, mögen thun.*
بِكُنِى *du wirst, mögest thun.*	بِكُنِيدْ *ihr werdet, möget thun.*
بِكُنَدْ *er, sie, es wird, möge thun.*	بِكُنَنْدْ *sie werden, mögen thun.*

4. *Einfaches Praeteritum.*

كَرْدَمْ *ich that (je fis u. s. w.)*	كَرْدِيمْ *wir thaten.*
كَرْدِى *du thatest.*	كَرْدِيدْ *ihr thatet.*
كَرْد *er, sie, es that.*	كَرْدَنْدْ *sie thaten.*

5. *Imperfectum.*

مِيكَرْدَمْ *ich that (je faisais u. s. w.)*	مِيكَرْدِيمْ *wir thaten.*
مِيكَرْدِى *du thatest.*	مِيكَرْدِيدْ *ihr thatet.*
مِيكَرْد *er, sie, es that.*	مِيكَرْدَنْدْ *sie thaten.*

6. *Zusammengesetztes Präteritum, Perfectum.*

کرده اَم *ich habe gethan.*	کرده ایم *wir haben gethan.*
کرده ای *du hast gethan.*	کرده اید *ihr habet gethan.*
کرده اَست *er,sie,es hat gethan.*	کرده اند *sie haben gethan.*

7. *Plusquamperfectum.*

کرده بودم *ich hatte gethan.*	کرده بودیم *wir hatten gethan.*
کرده بودی *du hattest gethan.*	کرده بودید *ihr hattet gethan.*
کرده بود *er, sie, es hatte gethan.*	کرده بودند *sie hatten gethan.*

8. *Zusammengesetztes Futurum.*

خواهم کرد *ich werde thun.*	خواهیم کرد *wir werden thun.*
خواهی کرد *du wirst thun.*	خواهید کرد *ihr werdet thun.*
خواهد کرد *er, sie, es wird thun.*	خواهند کرد *sie werden thun.*

9. *Participium Praesentis.*

کنان *thuend, im Thun begriffen.*

10. *Substantiv-Participium.*

کننده *Thuender, Thäter.*

11. *Participium Perfecti.* کرده *gethan habend.*

76. Das Imperfectum wird in der ersten und dritten Singular- und in der dritten Plural-Person, ohne vorgesetztes می, auch durch ein dem einfachen Präteritum angehängtes ī ی ausgedrückt, z. B. کردمی *ich that,* (او) کردی *er, sie, es that,* کردندی *sie thaten.* Dasselbe entspricht ferner in allen seinen Formen unserem *Imperfectum Conjunctivi* als *Modus hypo-*

theticus und *optaticus*, z. B. اَگَر داشتَمی, اَگَر بودَمی, und, da das einfache Präteritum *dieser* beiden Verba zugleich Imperfect-Bedeutung hat, auch اَگَر داشتَم, اَگَر بودَم, *wenn ich wäre* (auch *gewesen wäre*), *wenn ich hätte,* كاش میداِشتینِكْ *o dass ihr doch hättet!* اَگَر آمَدَه بودِیكْ *wenn ihr gekommen wäret,* كاش كَرْدَه بودَنْدی *o dass sie doch gethan hätten!* اَگَر بیمار بودی حَكیمْ اینْجا بودْ *wenn du krank wärest, wäre der Doctor hier.*

77. Das Nennwort تُـوانْ, gemeinhin تَوانْ, *könnend, vermögend*, vertritt, mit und ohne می, theils allein, theils vor einem abgekürzten Infinitiv stehend, die Stelle eines unpersönlichen Zeitwortes: *man kann, man darf*, z. B. توانْ دیدْ *man kann sehen, es ist möglich zu sehen,* میتوانْ گُفْت *man darf sagen, es ist erlaubt zu sagen*. Ebenso unpersönlich steht die dritte Singularperson des einfachen Präteritums und des Imperfectums von dem daraus gebildeten Zeitworte تُوانِسْتَنْ: توانِسْت, میتوانِسْت *man konnte* oder *durfte (etwas thun)*. Dasselbe Zeitwort mit folgendem abgekürzten Infinitiv oder Conjunctiv drückt aber auch durch alle Personen unser *ich kann, du kannst* u. s. w. aus: میتوانَمْ توانِسْت *ich kann* oder *darf sagen,* میتوانَمْ بِگویَمْ gُفْت oder *er, sie konnte* oder *durfte thun.* توانِسْت بِكُنَدْ oder كَرْد.

78. Stets unpersönlich ist die dritte Singularperson von بایِسْتَنْ, *sich geziemen, sich gebühren, nöthig sein*, theils allein, theils mit folgendem abgekürzten Infinitiv, z. B. بایَدْ بایِسْت كَرْد oder میبایَدْ, *man muss thun, il faut faire,* بایِسْتی كَرْد, كَرْد oder میبایِسْت, *man musste thun, il fallut faire, il fallait faire.* Die Beziehung auf eine bestimmte

Person, — unser *ich muss, du musst* u. s. w. — wird durch den Dativ des bezüglichen Nenn- oder Fürwortes ausgedrückt, für welches letztere auch die unselbstständigen Suffixa eintreten können: كَرْد بايَدْ بِا مَرا oder بايَدَمْ كَرْد, *ich muss thun, il me faut faire,* oder بِكُنَمْ *il faut que je fasse,* شُــارا كُفْت مِيباشِسْت oder كُفْت بايِسْتِتان مِيبِا, *ihr hättet sagen sollen, il vous fallait dire,* oder بِكُوئِيدْ *il fallait que vous dissiez.*

79. Noch einige Beispiele der besprochenen Verbalformen:

بودَمى .od بودَمْ شَهْر دَرْ كاش *O dass ich in der Stadt wäre od. gewesen wäre!*

مِيبودِيدْ .od بودِيدْ بُزُرْك اَكَرْچِه *Obgleich ihr gross waret.*

بودَنْدى .od بودَنْد بِيمارْ شايَدْ[1] *Vielleicht waren sie krank od. waren sie krank gewesen.*
مِيبودَنْد .od

كَرْد خَواهَدْ اُو بِخَواهى اَكَرْ *Wenn du willst, wird er (es) thun.*

مَرا اُو اَكَرْچِه نَمِيكُنَمْ اِينْرا مَنْ *Ich thue dies nicht[2], auch wenn er mich todt schlägt.*
بِكُشَدْ

مالَسْت دارَنْدَهٔ اُو اَكَرْ *Wenn er Besitzer von Reichthum ist.*

كُنانَنْد اِيشان شايَدْ *Vielleicht thun sie (es) eben (sind im Thun begriffen).*

دادْ خواهَمْ بَتُو تَوانَمْ اَكَرْ *Wenn ich kann, werde ich dir (es) geben.*

كَرْد مِيتَوانِسْتِيمْ اَكَرْچِه *Obgleich wir (es) hätten thun können.*

---

[1] Eig., wie *peut-être,* unpersönliche dritte Singularperson von شايِسْتِن, *möglich sein.*

[2] Bestimmtes Präsens, wie oft bei uns, als bestimmt zusicherndes Futurum.

شايَدْ ايِنْ را اَزْما تَوانَنْدْ گِرِفْت	*Vielleicht können sie dies von uns nehmen.*
كاشْ.تَوانِسْتَمى پَدَرَتْ را دِيدْ	*Ich wollte, ich hätte deinen Vater sehen können.*
اِمْرُوزْ اَگَرْ مِيتَوانى سَوارْ شَوْ	*Heute, wenn du kannst, reite aus.*
اَگَرْچِه بِيمارْ بُودَمْ اَما دُو سِه قَدَمْ مِيتَوانِسْتَمْ رَفْت	*Obgleich ich krank war, hätte ich doch zwei oder drei Schritte gehen können.*
كاشْكى هَرْگِزْ مارا نَدِيدَه بُودَنْد تا چُنِينْ نَمِيتَوانِسْتَنْد كَرْد	*Hätten sie uns doch nie gesehen, damit sie nicht so hätten handeln können!*
اَزْ مَنْ نَشْنِيدى اَگَرْچِه هَزارْ بارْ بَتُو گُفْتَمْ كِه هَرْگِزْ آنْرا نَمِيتَوانى دِيدْ	*Du hörtest nicht auf mich, obgleich ich dir tausend Mal sagte, dass du das nie sehen könntest.*

Vom Optativ.

80. Wenn man einem Andern Glück oder Unglück wünscht, wenn man segnet oder flucht, so setzt man regelrecht ein langes *a* (١) zwischen den vorletzten und letzten Buchstaben der dritten Singularperson im Conjunctiv des Präsens, besonders von den Zeitwörtern گَرْدانِيدَنْ *thun*, گَرْدَنْ *werden*, شُدَنْ *werden lassen*, دادَنْ *geben* und بُودَنْ *sein*, so dass aus شَوَدْ, كُنَدْ, گَرْدانَدْ, دِهَدْ und بُوَدْ wird شَوادْ, كُنادْ, گَرْدانادْ, دِهادْ und بُوادْ oder بَادْ.

Beispiele:

عُمْرَتْ دِرازْ بادْ	*Möge dein Leben lang sein!*
خُدا تُرا رُوزى دِهادْ	*Gott gebe dir Lebensunterhalt!*

رَحْمَتِ حَقّ بَرّ اُو بادْ	Möge die Gnade Gottes auf ihm (oder ihr) ruhen!
خُدا دِلَشْ را شانْ گَرْدانادْ	Möge Gott sein (oder ihr) Herz fröhlich machen!
طالِعْ وِيْرا مَدَدْ كُنادْ	Möge das Glück ihm (oder ihr) beistehen!
بَخْتَشْ بَرْگَشْتَه شَوادْ	Möge sein (oder ihr) Glück umgestürzt werden!
دِلِ دُوسْتانِتانْ خُوشْ بادْ	Möge das Herz eurer Freunde vergnügt sein!
خانَهٔ دُشْمَنانِمانْ خَرابْ شَوادْ	Möge das Haus unserer Feinde öde werden!
خُدا ايشانْرا خَيْر دِهادْ	Möge Gott ihnen Gutes geben!
اَزْ گَرْدِشِ رُوزْگارِتانْ آسِيبْ مَبادْ	Möge aus dem Wechsel des Schicksals euch kein Ungemach erwachsen!
خُدا شُمارا عافِيَتْ دِهادْ	Möge Gott euch Gesundheit geben!
بَخْت مارا مَدَدْ كُنادْ	Möge das Glück uns beistehen!

81. Es ist jedoch keineswegs nothwendig, dass diese Form der Zeitwörter bei Ausdrücken dieser Art stets angewandt werde; der Conjunctiv allein kann, was auch viel häufiger geschieht, als Optativ gebraucht werden. Ausser in der Poesie und besonders förmlichen Ausdrucksweise ist es in der That vielmehr pedantisch zu sagen شَوادْ, دِهادْ, بادْ u. s. w., und die Perser gebrauchen dafür allgemein شَوَدْ, دِهَدْ, باشَدْ, گَرْدانَدْ, كُنَدْ u. s. w., da die optative Bedeutung schon aus dem Zusammenhange hervorgeht.

Von den verneinenden Zeitwörtern.

82. Die Bildung dieser Zeitwörter ist sehr einfach. Ein نَ, abgekürzt aus نَه *nicht*, vor irgend eine Form des Verbums gesetzt, macht dasselbe verneinend, ausgenommen den Imperativ in der zweiten Singular- und Pluralperson, welchem zu seiner Verwandlung in den Prohibitiv ein مَ vorgesetzt wird, z. B.

نَگُفْتَن *nicht sprechen.*

مَگُوئى *sprich nicht,* مَگُوئيد *sprecht nicht.*

نَگُفْتَم *ich sprach nicht.*

نَگُفْتَه *du hast nicht gesprochen.*

نَمِيگُفْت *er* (oder *sie*) *sprach nicht.*

نَگُفْتَه بُودِيم *wir hatten nicht gesprochen.*

نَخَواهِيد گُفْت *ihr werdet nicht sprechen.*

نَمِيگُوئيند *sie sprechen nicht.*

Vom Passivum.

83. Zur Bildung des Passivums hat man bloss das Participium Perfecti des betreffenden activen Zeitwortes vor die verschiedenen Tempora und Modi des Hülfzeitwortes شُدَن *werden* (s. § 72) zu setzen. Nehmen wir z. B. پُرسِيدَه, das Participium Perf. des Zeitwortes پُرسِيدَن *fragen,* und setzen es zuerst vor den Infinitiv des Hülfzeitwortes, so erhalten wir den zusammengesetzten Infinitiv پُرسِيدَه شُدَن *gefragt werden.* Die übrigen Formen des Passivums sind folgende:

1. *Allgemeines Präsens, Indic. und Conj.*

پُرْسِيدَه شَوَم *ich werde ge-fragt.*	پُرْسِيدَه شَوِيم *wir werden ge-fragt.*
پُرْسِيدَه شَوِى *du wirst, wer-dest gefragt.*	پُرْسِيدَه شَوِيد *ihr werdet ge-fragt.*
پُرْسِيدَه شَوَد *er, sie wird, werde gefragt.*	پُرْسِيدَه شَوَنْد *sie werden ge-fragt.*

2. *Bestimmtes Indicativ-Präsens.*

پُرْسِيدَه مِيشَوَم *ich werde ge-fragt.*	پُرْسِيدَه مِيشَوِيم *wir werden gefragt.*
پُرْسِيدَه مِيشَوِى *du wirst ge-fragt.*	پُرْسِيدَه مِيشَوِيد *ihr werdet gefragt.*
پُرْسِيدَه مِيشَوَد *er, sie wird gefragt.*	پُرْسِيدَه مِيشَوَنْد *sie werden gefragt.*

3. *Einfaches Futurum und Conjunctiv.*

پُرْسِيدَه بِشَوَم *ich werde ge-fragt werden.*	پُرْسِيدَه بِشَوِيم *wir werden gefragt werden.*
پُرْسِيدَه بِشَوِى *du wirst ge-fragt werden.*	پُرْسِيدَه بِشَوِيد *ihr werdet gefragt werden.*
پُرْسِيدَه بِشَوَد *er, sie wird gefragt werden.*	پُرْسِيدَه بِشَوَنْد *sie werden gefragt werden.*

4. *Einfaches Präteritum.*

پُرْسِيدَه شُدَم *ich wurde ge-fragt.*	پُرْسِيدَه شُدِيم *wir wurden ge-fragt.*
پُرْسِيدَه شُدِى *du wurdest ge-fragt.*	پُرْسِيدَه شُدِيد *ihr wurdet ge-fragt.*
پُرْسِيدَه شُد *er, sie wurde gefragt.*	پُرْسِيدَه شُدَنْد *sie wurden ge-fragt.*

65

5. Imperfectum.

پُرسیدَه میشُدَم *ich wurde gefragt.* | پُرسیدَه میشُدیم *wir wurden gefragt.*

پُرسیدَه میشُدی *du wurdest gefragt.* | پُرسیدَه میشُدید *ihr wurdet gefragt.*

پُرسیدَه میشُد *er (oder sie) wurde gefragt.* | پُرسیدَه میشُدَند *sie wurden gefragt.*

6. Zusammengesetztes Präteritum.

پُرسیدَه شُدَه اَم *ich bin gefragt worden.* | پُرسیدَه شُدَه ایم *wir sind gefragt worden.*

پُرسیدَه شُدَه ای *du bist gefragt worden.* | پُرسیدَه شُدَه اید *ihr seid gefragt worden.*

پُرسیدَه شُدَه اَست *er (od. sie) ist gefragt worden.* | پُرسیدَه شُدَه اَند *sie sind gefragt worden.*

7. Plusquamperfectum.

پُرسیدَه شُدَه بُودَم *ich war gefragt worden.* | پُرسیدَه شُدَه بُودیم *wir waren gefragt worden.*

پُرسیدَه شُدَه بُودی *du warst gefragt worden.* | پُرسیدَه شُدَه بُودید *ihr waret gefragt worden.*

پُرسیدَه شُدَه بُود *er (od. sie) war gefragt worden.* | پُرسیدَه شُدَه بُودَند *sie waren gefragt worden.*

8. Conjunctiv des Perfectums und Plusquamperfectums.

پُرسیدَه شُدَه باشَم *ich möge od. möchte gefragt worden sein.* | پُرسیدَه شُدَه باشیم *wir mögen u. s. w. gefragt worden sein.*

پُرسیدَه شُدَه باشی *du mögest u. s. w. gefragt worden sein.* | پُرسیدَه شُدَه باشید *ihr möget u. s. w. gefragt worden sein.*

پُرسیدَه شُدَه باشَد *er (od. sie) möge u. s. w. gefragt worden sein.* | پُرسیدَه شُدَه باشَند *sie mögen u. s. w. gefragt worden sein.*

9. Zusammengesetztes Futurum.

شُد خواهَم پُرسِیدَه *ich werde gefragt werden.* [1]	شُد خواهِیم پُرسِیدَه *wir werden gefragt werden.*
شُد خواهی پُرسِیدَه *du wirst gefragt werden.*	شُد خواهِیدْ پُرسِیدَه *ihr werdet gefragt werden.*
شُد خواهَدْ پُرسِیدَه *er (od. sie) wird gefragt werden.*	شُد خواهَنْد پُرسِیدَه *sie werden gefragt werden.*

Von den Causativzeitwörtern.

84. Ausser den intransitiven und transitiven Zeitwörtern giebt es im Persischen auch eine Art abgeleiteter Verba, welche man Causativverba nennen kann, da der Handelnde von einem andern Agens zur Verrichtung einer Handlung genöthigt oder veranlasst oder zugelassen wird. Der Imperativ (Präsensstamm) davon ist mit dem Participium Präsentis des ursprünglichen Zeitwortes gleichlautend.

Beispiel.

Infinitiv.	Imperativ.
تَرسِیدَن *fürchten.*	تَرْس *fürchte.*

Das Participium Präsentis hiervon wird, wie wir gesagt haben, vom Imperativ gebildet durch Hinzufügung von اَنْ, so: تَرْسان *fürchtend*; zugleich aber ist dies der Imperativ des Causativverbums: *erschrecke (mache fürchten).* Davon bildet man durch Anfügung der Endung یدَن ــ den Infinitiv تَرْسانیدَن *erschrecken* und die übrigen Formen stets regelmässig in der oben angegebenen Weise.

---

[1] Ebenso پُرسِیدَه تَوانَم شُد *ich kann* oder *könnte gefragt werden*, u. s. w.

1. *Allgemeines Präsens, Indic. und Conj.*

تَرْسانَمْ *ich erschrecke, möge erschrecken.* | تَرْسانِيمْ *wir erschrecken, mögen erschrecken.*

u. s. w.

2. *Bestimmtes Indicativ-Präsens.*

مِيتَرْسانَمْ *ich erschrecke.* | مِيتَرْسانِيمْ *wir erschrecken.*

u. s. w.

3. *Einfaches Futurum und Conjunctiv.*

بِتَرْسانَمْ *ich werde, möge erschrecken.* | بِتَرْسانِيمْ *wir werden, mögen erschrecken.*

u. s. w.

4. *Einfaches Präteritum.*

تَرْسانِيدَمْ *ich erschreckte.* | تَرْسانِيدِيمْ *wir erschreckten.*

u. s. w.

5. *Imperfectum.*

مِيتَرْسانِيدَمْ *ich erschreckte.* | مِيتَرْسانِيدِيمْ *wir erschreckten.*

u. s. w.

6. *Zusammengesetztes Präteritum.*

تَرْسانِيدَه اَمْ *ich habe erschreckt.* | تَرْسانِيدَه اِيمْ *wir haben erschreckt.*

u. s. w.

7. *Plusquamperfectum.*

تَرْسانِيدَه بُودَمْ *ich hatte erschreckt.* | تَرْسانِيدَه بُودِيمْ *wir hatten erschreckt.*

u. s. w.

8. *Substantiv-Participium.*

تَرْسانَنْدَه *Erschrecker.*

Die Causativverba haben kein Participium Präsentis.

Von den zusammengesetzten Zeitwörtern.

85. Die eigentlich so zu nennenden persischen Zeitwörter
sind theils mit alten, nur noch in solcher Verbindung vor-
handenen Partikeln, wie آ, اَفْ, اَنْ, بَدَى, بَى, پى, فَرْ, كَ,
ن, zu unauflöslicher Einheit verwachsen (s. *Vullers*, Grammatica linguae persicae, S.

85—90), theils mit selbstständigen
Adverbien, die zum Theil auch als Präpositionen gebraucht
werden, ebenfalls so eng verbunden, dass in der gewöhnlichen
Sprache nur noch die Wörtchen بِ (بِ), هَمِى und نَه, مِى
(ز) und مَه (مَ) dazwischen treten, wie بَر بِخِيزَدْ *er wird,
mag aufstehen*, بَازْ مِيدَارِى *du hältst zurück*, فِرْو نَرَوَمْ,
فِرْو نَمِيرَوَمْ *ich steige nicht herab*, دَر مَيَائِيدْ *kommt nicht
herein.* — Gewöhnlich aber begreift man unter jener Benen-
nung auch sprachgebräuchliche Zusammenstellungen eines Zeitworts mit einem Nomen, welches theils als Object, theils als
Prädicat logisch von dem Zeitworte abhängt, aber in der gewöhnlichen Sprache ihm regelmässig vorausgeht, wie in سُخَنْ گُفْتَنْ
sprechen (wörtlich: *Worte sagen*), دِرْنْك كَرْدَنْ *verziehen,
zögern* (wörtlich: *Verzug, Zögerung machen*), بِيمَارْ شُدَنْ
erkranken (krank werden). Man sieht schon aus diesen
Beispielen, dass diese sogenannten Composita nichts andres
sind als Auflösungen eines concreten, oft auch im Persischen
selbst durch ein einfaches Zeitwort darstellbaren Verbalbegriffs
in seine beiden Bestandtheile: einen besondern nominalen und
einen mehr oder weniger allgemeinen verbalen. Besonders
häufig sind von dieser Art: Zusammenstellungen unveränderlich
bleibender arabischer Verbalderivate, — Infinitive, Participien
und Adjectiva, — mit einem persischen Zeitwort, welches, in
allen seinen Beugungen zu jenem hinzutretend, das Genus,
den Modus, das Tempus, den Numerus und die Person des
Zeitworts darstellt.

86. Die in diesen Zusammensetzungen, besonders mit arabischen Wörtern, gewöhnlichsten Verba sind:

كَرْدَنْ *thun, machen.*

سَاخْتَنْ *machen.*

دَاشْتَنْ *halten, haben.*

بُرْدَنْ *tragen.*

آوَرْدَنْ *bringen.*

خَواسْتَنْ *wollen, verlangen.*

جُسْتَنْ *suchen.*

زَدَنْ *schlagen.*

نُمُودَنْ *zeigen.*

فَرْمُودَنْ *verordnen, gebieten.*

گِرِفْتَنْ *ergreifen, nehmen.*

يَافْتَنْ *finden, treffen, bekommen.*

دِيدَنْ *sehen, erfahren, erleben.*

كَشِيدَنْ *ziehen, erleiden.*

خُورْدَنْ *verschlingen, erdulden.*

گَرْدِيدَنْ, گَشْتَنْ, شُدَنْ *werden.*

آمَدَنْ *kommen, werden.*

مَانْدَنْ *bleiben.*

نِشَسْتَنْ *sitzen, dauernd werden oder sein.*

بُودَنْ *sein.*

Beispiele.

تَمَامْ كَرْدَنْ *vervollständigen.*

اِعْتِقَادْ دَاشْتَنْ *glauben.*

حَسَدْ بُرْدَنْ *beneiden.*

هُجُومْ آوَرْدَنْ *(den Feind) angreifen.*

عُذْر خَواسْتَنْ *entschuldigen, rechtfertigen.*

عَيْب جُسْتَنْ *tadeln.*

حَرْف زَدَنْ *reden.*

رُجُوعْ نُمُودَنْ *zurückkehren.*

اِحْسَانْ فَرْمُودَنْ *Wohlthaten erzeigen.*

نَفَع گِرِفْتَنْ *Vortheil ziehen.*

شِفَا يَافْتَنْ *Heilung finden, genesen.*

هِجْرَانْ دِيدَنْ *Trennung erleiden, getrennt werden.*

اِنْتِظَارْ كَشِيدَنْ *warten müssen.*

غُصّه خُورْدَنْ *Angst ausstehen.*

مَریض شُدَن *erkranken.*

حَیْران مانْدَن *ganz betroffen da stehen (rester interdit).*

مُتَعَجِّب گَردیدَن *sich verwundern.*

خَنْدان نِشَسْتَن *immerfort lachen.*

طالِع آمَدَن *auftreten, erscheinen.*

مَغْمُوم بُودَن *bekümmert sein.*

87. Bei Bildung dieser Composita braucht man sich nicht immer auf besondere persische Verba in Verbindung mit einem besondern arabischen Worte zu beschränken; denn

تَمام فَرْمُودَن, تَمام ساخْتَن, تَمام نُمُودَن bedeuten alle *vervollständigen,* so wie تَمام کَرْدَن; und in gleicher Weise

مُنْتَظِر, مُنْتَظِر گَردیدَن, اِنْتِظار داشْتَن, اِنْتِظار بُرْدَن مُنْتَظِر نِشَسْتَن wie اِنْتِظار کَشیدَن *warten müssen;*

eben so اِعْتِقاد کَرْدَن, اِعْتِقاد آوَرْدَن, اِعْتِقاد نُمُودَن wie اِعْتِقاد داشْتَن *glauben;* تَعَجُّب کَرْدَن, تَعَجُّب نُمُودَن,

مُتَعَجِّب داشْتَن, تَعَجُّب آوَرْدَن, عَجَب شُدَن مُتَعَجِّب, wie مُتَعَجِّب گَردیدَن *sich verwundern,* und so mit allen übrigen. In der That verlieren diese persischen Verba, zur Bildung eines zusammengesetzten Zeitwortes mit einem arabischen Worte vereinigt, in vielen Fällen gänzlich ihre ursprüngliche Bedeutung und dienen bloss als Hülfszeitwörter, wobei die Auswahl unter ihnen von dem Geschmacke des Sprechenden oder Schreibenden, von der höhern oder niedern Stilgattung und Ausdrucksweise, in Versen oft auch bloss vom Versmass und Reim abhängt.

88. Alphabetisches Verzeichniss
der üblichen starken Zeitwörter.

Infinitiv.	Imperativ.	Infinitiv.	Imperativ.
آجِيدَنْ stecken, pflanzen	آجِين	اَفْزُودَنْ zunehmen, vermehren	اَفْزا
آراسْتَنْ zurüsten, schmücken	آرا	اَفْشُرْدَنْ quetschen	اَفْشار
آزُرْدَنْ beleidigen	آزار	اَنْباشْتَنْ aufspeichern	اَنْبار
آسُودَنْ ruhen	آسا	اَنْداخْتَنْ werfen	اَنْداز
آزْمُودَنْ versuchen	آزْما	اَنْدُوخْتَنْ ansammeln, erwerben	اَنْدُوز
آشُفْتَنْ stören, verwirren	آشُوب	اَنْگاشْتَنْ sich vorstellen	اَنْگار
اَفْرُوخْتَنْ entzünden, erleuchten	اَفْرُوز	اَنْگِيخْتَنْ erregen	اَنْگِيز
آفَرِيدَنْ schaffen	آفَرِين	باخْتَنْ spielen	باز
آلُودَنْ besudeln	آلا	بَرْداشْتَنْ aufheben	بَرْدار
آمَدَنْ kommen	آ	بُرْدَنْ tragen	بَر
آمُوخْتَنْ lernen, lehren	آمُوز	بَسْتَنْ binden, schliessen	بَنْد
آمِيخْتَنْ mischen	آمِيز	بِيخْتَنْ sieben	بِيز
آوِيخْتَنْ hangen, hängen	آوِيز	پالُودَنْ durchseihen	پالا
اَفْراخْتَنْ / اَفْراشْتَنْ erheben, emporziehen	اَفْراز	پُخْتَنْ kochen, backen	پَز
		پَذِيرُفْتَنْ annehmen	پَذِير
		پَرْداخْتَنْ poliren, vollenden	پَرْداز

Infinitiv.		Imperativ.	Infinitiv.		Imperativ.
پِنْداشْتَن	dafürhalten	پِنْدار	رَسْتَن	entrinnen	رِه
پِیْوَسْتَن	verbinden	پِیْوَنْد	رِشْتَن	spinnen	رِیس
پِیْراسْتَن	schmücken	پِیْرا	رَفْتَن	gehen	رَو
پِیْمُودَن	messen	پِیْما	رُفْتَن	fegen, kehren	رُوب
تاخْتَن	galoppiren	تاز	رِیخْتَن	giessen, schütten	رِیز
تافْتَن	winden, leuchten	تاب	زَدَن	schlagen	زَن
جائِیدَن	sich räuspern	جاو	زُدُودَن	abreiben	زُدا
جَسْتَن	springen	جِه	زِیسْتَن	leben	زی
جُسْتَن	suchen	جو	سِپُرْدَن	übergeben	سِپار
چِیدَن	sammeln	چِین	ساخْتَن	machen	ساز
خاسْتَن	aufstehen	خِیز	سِپُوخْتَن	hineinstossen	سِپُوز
خُفْتَن	sich niederlegen, schlafen	خُسْپ	سِتادَن	nehmen	سِتان
خواسْتَن	wollen	خواه	سِتُودَن	preisen, loben	سِتا
دادَن	geben	دِه	سِرِشْتَن	mischen, kneten	سِرِیش
داشْتَن	halten, haben	دار	سُرُودَن	singen	سَرا
دِرَوْدَن	mähen, ernten	دِرَو	سُفْتَن	bohren	سُنْب
دَرْیافْتَن	wahrnehmen	دَرْیاب	سُوخْتَن	brennen	سُوز
دُوخْتَن	nähen	دُوز	سُودَن	reiben	سا
دِیدَن	sehen	بِین	شِتافْتَن	eilen	شِتاب
رُبُودَن	wegreissen, rauben	رُبا	شُسْتَن	waschen	شُو
رُسْتَن	wachsen	رو	شِکَسْتَن	brechen	شِکَن
			شِکُفْتَن	aufblühen	شِکُوف

Infinitiv.		Imperativ.	Infinitiv.		Imperativ.
شناختن	kennen, erkennen	شناس	گریستن گِرِستَن	weinen	گری
شنیدن	hören	شنو	گزیدن	wählen	گزین
شمردن	zählen	شمار	گسیختن	zerreissen	گسل
فرمودن	befehlen	فرما	گشادن گشودن	lösen, öffnen	گشا
فروختن	verkaufen	فروش	گشتن	werden	گرد
فزودن	zunehmen	فزا	گفتن	sprechen, sagen	گو
فریفتن	täuschen	فریب	گماشتن	beauftragen	گمار
فشردن	quetschen	فشار	مردن	sterben	میر
کاشتن	pflanzen	کار	نشستن	sich setzen, sitzen	نشین
کردن	thun	کن			
کشتن	säen	کار	نگاشتن	zeichnen, malen	نگار
کوفتن	stossen, schlagen	کوب			
گداختن	schmelzen	گداز	نمودن	zeigen	نما
گذاشتن	lassen	گذار	نواختن	liebkosen	نواز
گذشتن	vorbeigehen	گذر	نوشتن	schreiben	نویس
گرفتن	greifen, fassen	گیر	هشتن	herablassen	هل
گریختن	fliehen	گریز	یافتن	finden.	یاب

Von den zusammengesetzten Beiwörtern und der Art ihrer Zusammensetzung.

89. Dies ist eine sehr umfangreiche und nützliche Klasse von zusammengesetzten Wörtern. Sie werden auf dreierlei Art gebildet: 1) durch Verbindung eines Nomens mit einem in der Bedeutung des Activ- oder Passiv-Particips stehenden Präsensstamm oder einem verkürzten oder nicht verkürzten Präterital-Particip, wie جهان آفرین *welterschaffend,* غبار آلود *staubbesudelt,* خجلت زده *schambetroffen,* 2) durch Verbindung eines Adjectivs mit einem Substantiv, wie شیرین زبان *süsszungig* (mit süsser Zunge begabt), 3) durch Verbindung zweier Substantive, wie پری پیکر *feengestaltig* (wie eine Fee gestaltet).

90. So sehr auch diese Composita einer unbeschränkten Vermehrung fähig scheinen, so müssen sie doch innerhalb gewisser Grenzen gehalten werden. Man darf nicht versuchen, willkürlich neue Composita zu bilden, sondern muss sich mit denen begnügen, welche sich in den Werken angesehener Schriftsteller bereits vorfinden oder unter den gebildeten Eingeborenen Persiens in Gebrauch sind. Es ist ein Irrthum, zu glauben: „dass diese Composita, je nach dem Belieben oder dem Geschmacke des Schriftstellers, in's Unendliche vervielfältigt werden können." Selbst bei der Auswahl von unzweifelhaft berechtigten Zusammensetzungen ist Nachdenken über ihre passende Anwendung auf verschiedene Gegenstände erforderlich. Viele, obgleich aus verschiedenen Wörtern zusammengesetzt, bedeuten wesentlich dasselbe, und es muss sich hier der *Geschmack* des Sprechenden oder Schreibenden bewähren. Zum Beispiel: شیرین سخن, شکر لب, نوش لب, شیرین زبان, شکر دهان, شیرین گفتار u. s. w. sind alles zusammengesetzte Beiwörter zur Bezeichnung einer durch Lieblichkeit der Rede ausgezeichneten Person; aber sie sind nicht alle ohne Unterschied bei jeder Gelegenheit gleich anwendbar.

Studium und Erfahrung können allein zu einer passenden Wahl
Anleitung geben.

91. Diese Zusammensetzungen können bestehen 1) aus
zwei persischen Wörtern, 2) aus zwei arabischen Wörtern,
3) aus einem persischen und einem arabischen Worte. Von
der ersten und dritten Art sind alle Zusammensetzungen eines
Nomens mit einem Präsensstamm, denn dieser muss stets persisch sein. Sie bilden die bei weitem zahlreichste Classe von
zusammengesetzten Wörtern. Hier noch einige Beispiele davon:

جهانْگِير welterobernd.

عَدُوبَنْد feindebändigend.

دُرْ اَفْشانْ perlenstreuend.

عَنْبَر آگِين ambraerfüllt.

مَرْد اَفْگَنْ heldenfällend.

دِلْ آزارْ herzbetrübend.

شَهْر آشُوبْ stadtverwirrend.

خُونْرِيزْ blutvergiessend.

شَهْد آمِيزْ honiggemischt.

گِيتِى اَفْرُوزْ welterleuchtend.

دَهْشَتْ اَنْگِيزْ bestürzungerregend.

جَنْگْجُو kriegsuchend.

سَحَرْخِيزْ frükaufstehend.

تَنْ پَرْوَرْ sich selbst pflegend.

ضِيا گُسْتَرْ lichtverbreitend.

رَهْنُمَا wegweisend.

مَجْلِس آرا versammlungzierend.

رُوحْ آسا geisterquickend.

دِلْ آرَامْ herzberuhigend.

خَطَا بَخْش fehlervergebend.

بَهْجَتْ اَفْزا fröhlichkeitmehrend.

غَرِيبْ نُوازْ Fremde liebreich behandelnd.

دِلْ كُشا herzerweiternd.

عِطْر بِيزْ wohlgeruchverbreitend.

خُوشْ خَوانْ angenehm singend.

عَالَمْتابْ welterleuchtend.

ظُلْمَتْ زَدا dunkelvertreibend.

صَفْ شِكَنْ schlachtreihendurchbrechend.

غَمْخَوارْ kummerleidend.

جانْبازْ das Leben wagend.

92. Adjective, zusammengesetzt aus zwei Substantiven, beide arabisch, oder beide persisch, oder von jedem eins:

پَرِى رُخْسارْ *mit Feenwangen begabt.*

مَلَكْ اَخْلاقْ *von der Gesittung eines Engels.*

شِيرْدِلْ *löwenherzig.*

غُنْچَه دَهانْ *mit Rosenknospenmunde.*

ياقُوتْ لَبْ *mit Rubinlippen.*

اَنْجُمْ سِپاهْ *zahlreich wie das Sternenheer.*

سَلْطَنَتْ دَسْتْگاهْ *mit königlichem Pomp.*

عَدالَتْ آئِينْ *gerechtverfahrend.*

سَمَنْ بُوىْ *jasminduftend.*

دَرْيا مِثالْ *meerähnlich.*

93. Adjective und Substantive, zusammengesetzte Adjective bildend:

خُوبْ صُورَتْ *von schöner Gestalt.*

سادَه دِلْ *von einfältigem Herzen.*

نِيكْ مَحْضَرْ *gutgesinnt, wohlwollend.*

خُوشْ اَلْحانْ *angenehm melodisch.*

زِشْت رُوىْ *von hässlichem Gesicht.*

سَنْگِينْ دِلْ *hartherzig.*

تُرُشْ اَبْرو *mit gerunzelten Brauen.*

صافى ضَمِيرْ *von reinem Gemüth.*

پاكْ طِينَتْ *gut- (eig. rein-)artig.*

سِياهْ چَشْم *schwarzäugig.*

سُرْخ رُوىْ *roth von Gesicht.*

سَلِيمْ قَلْبْ *gutherzig.*

پاكِيزَه خُوىْ *brav von Charakter.*

سَفِيدْ مُوىْ *weisshaarig.*

كَجْ خُلْق *von schlechtem (eig. krummen) Charakter.*

تَلْخ گُفْتارْ *bitter redend.*

تِيزْ فَهْم *von durchdringender Einsicht.*

سَبُكْ سَيْرْ *leichtdahinwandelnd.*

بَدْ رَوِشْ *unmanierlich.*

نِيكْ اَخْلاقْ *gutgesittet.*

رُوشَنْ عَقْل *von hellem Verstande.*

شِكَسْتَه بالْ *gebrochenen Herzens.*

94. Die gewaltige Menge so zusammengesetzer Beiwörter, welche, besonders im Plural, oft als Hauptwörter gebraucht werden, macht die persische Sprache äusserst reich
und zur dichterischen Ausdrucksweise besonders geeignet.

Von den mit Partikeln zusammengesetzten Haupt-wörtern.

95. Es giebt im Persischen mehrere Partikeln, durch
deren Verbindung mit Hauptwörtern eine andere zahlreiche
Klasse von Zusammensetzungen gebildet wird.

a) Die Partikel هَم zusammen oder mit, einem Hauptworte
vorgesetzt, drückt Gemeinschaft, Gesellschaft, Genossen-
schaft aus, wie:

هَمْخانَه Hausgenosse.

هَمْ صُحْبَت Gesellschafter.

هَمْدَم eig. zusammen athmend, d. i. innig befreundet.

هَمْدَرْد eig. Schmerzgenosse, d. h. mit Jemand sympathi-
sirend.

هَمْ مَكْتَب Schulkamerad, Mitschüler.

هَمْراز eig. Geheimnissgenosse, d. h. Vertrauter.

هَمْبِسْتَر eig. Kissengenosse, d. h. dasselbe Bett theilend,
Lagergenosse, Lagergenossin.

b) Die Partikeln نا nicht, بى ohne und كَمْ wenig, gering, werden vor Nennwörter gesetzt, um Mangel und Sel-
tenheit anzuzeigen, wie:

نادان unwissend.

نامَرْد unmännlich.

ناپاك unrein.

بى خِرَد verstandlos.

بى تَمِيز ohne Unterscheidungs-
vermögen.

بى مَصْرَف nutzlos (eig. ohne
Verwendung.)

بی دین *irreligiös.* | کَمْ بَها *von geringem Werthe.*

بی باک *sorglos.* | کَمْ ریش *dünnbärtig.*

کَمْ تَجْرِبَه *geringe Erfahrung besitzend.* | کَمْ مایَه *arm an Hülfsmitteln.*

Von den Benennungen gewerbtreibender Personen.

96. Die neuern Perser haben viele Benennungen gewerb-
treibender Personen dem Arabischen genau in derselben Form
entnommen, wie sie von den Arabern selbst gebraucht werden,
wovon mehrere Beispiele in dem Verzeichnisse einzelner Wörter
im Anfange dieses Werkes § 25 zu finden sind. Die meisten
eigentlich persischen Benennungen dieser Art werden gebildet durch Verbindung von Hauptwörtern mit Präsensstäm-
men in der Bedeutung eines Activparticips, z. B. گُلْ فُروش
Rosenverkäufer, آش پَز *Fleischbrühkoch,* کَفْش دُوز *Schuh-
macher,* کُلاه دُوز *Mützen-* oder *Hutmacher,* زین ساز *Sattler*
u. s. w.

97. Andere Wörter dieser Art sind Zusammensetzungen
mit بان und کَر, wie باغْبان *Gartenwärter, Gärtner,* دَرْبان
Thürhüter, زِنْدانْبان *Gefängnisswärter, Kerkermeister,* زَرْکَر
Goldschmidt, آهَنْگَر *Eisenschmidt,* کُوزَه گَر *Töpfer,* eig.
Krugmacher. بان ist ursprünglich ein selbstständiges Wort,
entsprechend dem slavischen *bán, pân: Herr, Häuptling,*
dann in Zusammensetzungen: *Vorsteher, Aufseher, Wärter,
Hüter, Wächter,* auch auf geistige Verhältnisse übergetragen,
wie in مِهْرَبان *liebreich, liebevoll,* eig. *liebebewahrend;* کَر
aber und die vollere Form کار, Erweichungen von کَر und
کار, werden als einfachste Verbalnomina in der Bedeutung
eines Activparticips, wie die gleichbedeutenden sanskritischen

kârâ und *kârà* von der Wurzel *kâr*, *krî* — pers. کَر in کَرْدَن
machen, — und lat. *fex* von *facere*, von Haus aus nur in
Zusammensetzungen gebraucht; s. *Vullers*, Gramm. linguae
persicae, S. 236 und 237.

— - -

Von den Hauptwörtern des Orts.

98. Diese Wörter haben die Perser zum Theil ebenfalls aus
dem Arabischen genommen, wie مَسْجِد *Moschee*, eig. *Ort der
Niederwerfung*, مَنْزِل *Absteigeort* oder *Station*, مَعْبَر *Furth
über einen Fluss* u. s. w. Häufig wird jedoch auch die ächt
persische Form gebraucht, welche darin besteht, dass man
گَاه, das sowohl *Zeit* als *Ort* bedeutet, an das Substantiv fügt:
خَوَابْگَاه *Schlafstelle* oder *Bett*, مَنْزِلْگَاه *Absteigeplatz*, *Rastort*,
تَخْتگَاه *Thronzimmer* und zuweilen *Hauptstadt*, weil der
Thron sich da befindet. Beispiele der zweiten Bedeutung des
Wortes in Zusammensetzungen sind شَامْگَاه *Abend* oder
Nachtzeit, بِيگَاه *unzeitig*, *ausser der Zeit*.

99. Auf gleiche Weise werden دان, کَدَه ,زَار, سْتَان
سَاز und لَاخ gebraucht.

گُلِسْتَان	*Rosengarten.*	قَلَمْدَان	*Schreibzeug.*
خَارِسْتَان	*Dornenfeld.*	شَمْعدَان	*Leuchter.*
شُورَزَار / نَمَکزَار	*Salzwüste*, *Salz-werk.*	کُوهْسَار	*Gebirgsgegend.*
بُتْکَدَه	*Götzentempel.*	سَنْگ لَاخ	*steiniger Ort.*
آتَشْکَدَه	*Feuertempel.*	دِيو لَاخ	*ein Ort*, *wo böse Geister hausen.*

100. Beiwörter, welche *Fülle, Besitz, Zugehörigkeit, Bei-mischung, Farbe* bezeichnen, bildet man durch Anhängung von

كُون, غام, ـ یِن, سار, ناك, مَنْد, وَر, واز, آكین, كین

an die Hauptwörter:

غَمْكین *kummervoll.*	دانِشْوَر *gelehrt.*
شَرْم آكین *schamvoll.*	خِرَدْمَنْد *verständig, weise.*
اُمیدْواز *hoffnungsvoll.*	زَهْرْناك *giftig.*
خَوْفْناك *furchtsam.*	سِیَهْفام *schwärzlich.*
شَرْمساز *beschämt.*	دِلْكُون *rosenfarbig.*
زَرِّین *golden, goldfarbig.*	زُمْرُدْین *smaragdfarbig.*

101. Beiwörter, welche *Gleichheit* oder *Angemessenheit* bezeichnen, werden gebildet durch Anhängung von

واز, سان, آذَه, وَش, آسا, سا

an die Hauptwörter:

جادوسا *zaubergleich.*	زَنانَه *weibisch, für Weiber passend.*
عَنْبَر آسا *ambragleich.*	دیوسان *dämonenartig.*
ماهْوَش *mondähnlich.*	خُورْشیدْسان *sonnenähnlich.*
مَرْدْانَه *männlich, für Män-ner passend.*	شاهْواز *fürstlich, für Fürsten passend.*

102. Einige Beiwörter, die *Fülle, Vollständigkeit* oder *Mannigfaltigkeit* ausdrücken, werden durch Wiederholung des betreffenden Hauptworts mit Einschiebung eines langen a ge-bildet, wie: لَبَالَب *bis zum Rande voll,* سَراسَر *von einem Ende bis zum andern reichend,* گُوناگُون *verschiedenfarbig* u. s. w.

103. Von den oben erwähnten Zusammensetzungen oder auch von irgend einem andern zusammengesetzten oder ein-fachen Beiworte werden durch Anfügung eines langen i (ی)

abstracte Hauptwörter gebildet, worüber das Nähere schon
§ 45 gesagt ist.

ـ

Von den Präpositionen.

104. Die Präpositionen des Persischen sind ihrem Ur-
sprunge und Wesen nach Nomina, die als solche das von
ihnen regierte Wort durch Genetivverbindung, zum Theil auch
durch Vermittlung der zwei andern Präpositionen بـ und اَزْ
zu sich nehmen. Nur die ältesten und einfachsten: بَه, بـ

bei, zu, اَزْ aus, von, durch [1], بَا mit, بِى ohne, werden ausschliesslich präpositionell gebraucht und ziehen, weil ganz
zu Partikeln geworden, das regierte Wort unmittelbar an.

Dies thun ebenfalls بَرْ (abgekürzt aus اَبَرْ, Oberes, darüber,
darauf) und دَرْ (abgekürzt aus اَنْدَرْ Inneres, darin), wenn
sie als Präpositionen über, auf [1] und in bedeuten; desgleichen
تَا bis und جُزْ ausser (praeter), von denen jedoch das erste
auch durch بـ und das zweite durch اَزْ mit dem folgenden
Worte verbunden wird.

§ 105. Alle andern als Präpositionen dienenden Wörter,
auch die aus dem Arabischen aufgenommenen, behaupten ihre
Nominalnatur durch Annahme des Genetiv-i vor dem regierten
Worte mit Ausnahme der unselbstständigen Singularpronomina
(§ 51), oder sie verbinden sich mit demselben durch بـ und اَزْ.
Die auf اٰ und وۥ ausgehenden nehmen im ersten Falle ein
ى an (§ 32).

---

[1] Der Gebrauch der verkürzten Form زِ ist, wenn auch nicht
gänzlich, doch grösstentheils auf die Dichtersprache beschränkt.

[2] Nur in der Dichtersprache können اَبَرْ und بَرْ als Präpositionen noch das Genetiv-i annehmen.

اَنْدَرُون, abgekürzt دَرُون (Inneres) innerhalb, in.

بَالَا (Höhe, Oberes) oben auf.

بَخْش, بَرَا بَهَر (Antheil, Vortheil, Gewinn) im Interesse von, für, wegen.

بَرَابَر (Brust gegen Brust) gegenüber, entsprechend, gleich; zusammen mit.

بَعْد (arab. Nachheriges) nach (in der Zeit).

بِیرُون (Aeusseres) ausserhalb, ausser.

بَیْن (arab. Zwischenraum, Zwischenzeit) zwischen, unter.

پَائِین (Unteres) unten an.

پَس (Hinteres, Nachheriges) hinter, nach (post).

پَهْلُو (Seite) zur Seite von, neben.

پَی (Fusstapfe, Ferse, Rückseite) hinter—her, in Verfolgung von, zur Erlangung von, wegen.

پِیرَامَن, پِیرَامُون (Umkreis, Umfang) rings um.

پِیش (Vorderes, Vorheriges) vor (in Raum und Zeit), bei.

تُو (neueres Wort) gleichbedeutend mit اَنْدَرُون, دَرُون.

جَانِب (arab. Seite) gleichbedeutend mit پَهْلُو.

جِهَت (arab. Richtung, Seite, Gegend, Absicht, Zweck, Ursache) in der Richtung auf, nach — hin; für, wegen.

رُو (Gesicht, Vorder- und Obertheil) im neuern Gebrauche für بَر, oben auf, auf.

زَبَر (Oberes, zusammengezogen aus زِابَر, اَزْ اَبَر) oberhalb, über.

زِیر (Unteres) unter.

سِپَس gleichbedeutend mit پَس.

سَر (Haupt, Kopf, Obertheil) im neuern Gebrauche, wie رُو, für بَر.

سَمْت (arab. *Richtung, Gegend*) *in der Richtung auf, nach — hin.*

سُو (*Seite*) *nach — hin, — wärts.*

فَرَاز (*Oberes*) *oben auf.*

فُرُود (*Unteres, Niederes*) *unten an.*

قَبْل (arab. *Vorheriges*) *vor* (in der Zeit).

گِرْد (*Umkreis*) *rings um, um.*

مِيَان (*Mitte, Zwischenraum, Zwischenzeit*) *inmitten, zwischen, unter.*

نَزْد, نَزْدِيك (*Nahes*) *nahe an, bei.*

نِشِيب (*Niederung*) *unten an.*

106. Vor die meisten dieser Wörter als Substantiva treten بَ, دَر, بَر und اَز und bilden mit ihnen uneigentlich so genannte zusammengesetzte Präpositionen, welche die Bedeutung des einfachen Wortes bestimmter oder stärker ausdrücken, wie بِجُز *ausser (praeter)*, بَزِير *unter*, بِگِرْد *um*, بَسْوَى *nach — hin, — wärts;* بَنَزْد, بَنَزْدِيك *nahe an, nahe bei, nahe hin, zu,* دَر *vor,* دَرپِيش *hinter,* دَرپَس *hinter,* دَر مِيَان *inmitten,* بَربَالَاى oder بَر فَرَاز *oben auf,* بِيرُون *ausserhalb,* اَز پَس *hinter — her,* اَز پِيش *vor,* اَز يَس *hinter,* اَز بَراَى, اَز بَهْر *für, wegen.* Die mit اَز zusammengesetzten bezeichnen aber auch oft ein wirkliches Ausgehen oder Herkommen, wie اَز فَرَاز, اَز بَالَاى *von — herunter (de dessus),* اَز پَائِين, اَز زِير, اَز نِشِيب *von — hinauf, unter — heraus* oder *hervor (de dessous),* اَز پَس *hinter — hervor (de derrière),* اَز مِيَان *aus der Mitte von —, aus — hervor (d'entre),* اَز جِهَت *von Seiten —, auf Veranlassung von —, wegen.* Eine

zusammengesetzte Präposition ist auch بِنَابَر, entsprechend dem arab. عَلَى بِنَآءَ, *mit Bauen auf*, d. h. *auf Grund von, wegen.*

Von den Adverbien.

107. Die Adverbien des Persischen sind theils ursprüngliche Partikeln, theils adverbial gebrauchte Haupt-, Eigenschafts- und Zeitwörter, theils verschiedenartige Verbindungen der genannten Wortclassen.

a) Adverbien der Zahl: يَكْبَار oder باری *einmal,* دُوبَار *zweimal,* سِهبَار *dreimal,* u. s. w.

b) Der Ordnung: أَوَّلِين oder نَخُسْتِين, أَوَّلَا, أَوَّلْ مَرْتَبَه *erstens, zuerst,* ثانيا oder دُوُمْ, دُوُمِين, سِيُوُمْ, *zweitens,* ثالثا od. سِيُوُمْ مَرْتَبَه, سِيُوُمِين, سِيُوُمْ *drittens,* چَهَارْمِين, چَهَارُمْ مَرْتَبَه رابعا oder چَهَارُمْ *viertens,* u. s. w.

c) Des Orts: اِينَطَرَف, اِينْجَانِبْ, اِينْسُو, اِينْجَا *hier, hierher,* آنْجَا, آنْسُو u. s. w. *da, dort, dahin, dorthin.*

d) Der Frage: كُو *wo? wohin?* كُجَا, كُدَامْ جَا, كُدَامْ, كِسی *an welchem Orte? wo? wohin?* كِی *wann?* چَنْد *wie viel? wie sehr?* چِگُونَه *auf welche Art?* چُونْ *wie?* چَرَا, بَرَاِی چَه, رو, أَزْ چَه, سَبَبْ, بَچِه *weswegen? wozu? warum?* چَه قَدْر *wie viel?*

e) Der Gegenwart: أَكْنُونْ, كُنُونْ, حَالَا *jetzt,* هَمِينْدَمْ, هَمْ أَكْنُونْ, هَمِينْ زَمَانْ, اِينْ زَمَانْ u. s. w. *eben jetzt, den Augenblick, just,* أَمْرُوزْ *heute,* أَمْشَبْ *diese Nacht,* أَمْسَالْ *heuer, dieses Jahr.*

f) Der Vergangenheit: قَبْل اَزْ ایـن , پیـش اَزْ ایـن *vordem,* قَدیم , پیشین , پیشتَر , پیش , اَزْ پیش *vorher, in voraus,* *chemals,* دیروز *gestern,* دیشَب *vergangene Nacht,* پارین . پارْسالْ *vergangenes Jahr.*

g) Der Zukunft: دیگَر رُوزْ , رُوزْ دیگَر , فَـرْدا *den nächsten Tag,* فَرْدا شَبْ , شَبْ دیگَر *morgen Abend, die nächste Nacht,* پَسْ فَرْدا *übermorgen,* پَسْ فَرْدا شَبْ *über-morgen Abend,* سالِ دیگَر *nächstes Jahr,* ماهِ دیگَر *nächsten Monat,* ماهِ , سالِ آیَنْدَه هَفْتَهٔ دیگَر *nächste Woche, oder* هَفْتَهٔ آیَنْدَه , آیَنْدَه *kommendes Jahr u. s. w.,* بَعْد اَزْ این پَسْ اَزْ این , آیَنْدَه , سِپَس *von nun an, inskünftige,* فِی الْحالْ , فِی الْفَوْرْ , دَرْ این زُودی , عَنْقَریبْ *in kurzem, bald,* بْزُودی *augenblicklich, sogleich.*

h) Der unbestimmten Zeit: بِسْیارْ , مُکَرَّر , بارْها گاه وَقْتی , گاه گاهی , بِسْیارْ بازْ *oft, oftmals, zuweilen, manchmal,* زُود *bald,* کَمْتَرْ *sehr selten,* نادِرْ *selten,* هَمیشَه *stets, immer,* پِیْوَسْتَه *beständig,* مُدامْ *fortwährend,* هَمْوارَه سالْیانَد , هَرْ سالَه , روزانَه *täglich,* یُومِیَّه *alle Tage,* هَرْ رُوزْ *jährlich,* هَفْتَنْگی , هَرْ هَفْتَه *monatlich,* ماهِیانَه , هَرْ ماهَه *wöchentlich,* هَرْدَمْ *jeden Augenblick,* دَمْبَدَمْ *von Augenblick zu Augenblick,* دیگَر بازْ , بازْ , دیگَر *wieder, abermals u. s. w.*

i) Der Quantität: اَنْدَکْ *wenig,* بِسْیارْ *viel, sehr,* کَمْ *in geringer Anzahl,* وافِرْ , فِراوانْ , خَیْلی *sehr viel, in Menge, sehr, reichlich, in Ueberfluss,* کافی *hinreichend,* بَسْ *genug, nur,* هَمین *gerade so viel, nicht mehr, nur.*

k) Der Art oder Beschaffenheit: die Adverbien dieser Art, die zahlreichsten von allen, werden gebildet durch Anfügung der auch adjectivischen Endung اَنَه‎ (welche dem deutschen *lich*, dem englischen *ly* entspricht) an ein Substantiv oder Adjectiv, sei es einfach oder zusammengesetzt, z. B. دِلِيرانَه‎ *kühnlich*, دَانِشْوَرانَه‎ *gelehrt*, *auf gelehrte Weise* u. s. w.

l) Des Zweifels: شايَدْ *vielleicht*, بَاشَدْ *es kann sein, es kann geschehen*, تَوانَدْ *möglicher Weise*, بُوكِه *etwa, vielleicht*[1].

m) Der Bejahung: هَرْ آيِنَه, هَـــمَـــانَا *sicherlich, jedenfalls*, اَلْبَتَه *durchaus*, بِى شَكْ, بِلا شَكْ, لا شَكْ, بِى شُبْهَه *un-zweifelhaft*, بِى هَمَه چِيزْ *ohne allen Zweifel*, بِى سَاخْتَه *im Ernste*, eig. *ohne Gemachtes, Erkünsteltes*.

n) Der Verneinung: نَه *nein, nicht*, هَرْگِزْ *nie*, مُطْلَـــقَـــا, اَبَدا *ganz und gar nicht, nimmermehr*, هِيچْ *nichts, kein*, هِيچْ وَقْت *zu keiner Zeit*, هِيچْ چِيزْ *durchaus nichts*, هِيچْ وَجْه *auf keine Weise*, هِيچْ كُدَامْ *gar keiner*, هِيچْ كَسْ *niemand*, هِيچْ بَابْ *in keiner Hinsicht*[2].

---

[1] Die drei ersten sind die 3. Pers. Sing. des allgemeinen Präsens von شايِـــسْـــتَـــنْ (s. S. 60 Z. 12 mit d. Anm.), بُودَنْ und تَوانِسْتَنْ (s. S. 48 u. S. 59), das vierte ist eine Abkürzung von بُوَدْ كِه *es mag sein dass*.

[2] هِيچْ eig. *irgend, irgend etwas, irgend ein*, هَرْگِزْ *jedesmal*, مطلقا *in unbeschränkter Weise, schlechthin*, ابدا *in Ewigkeit*, drücken ursprünglich nur in Verbindung mit نَه die bezüglichen negativen Begriffe aus, sind aber, wie die entsprechenden Wörter der romanischen Sprachen, *mai, giammai, pas, point, jamais, aucun, personne, du tout* u. s. w. durch ihre häufige Verbindung mit der Negation auch an und für sich negativ geworden.

o) Der Vergleichung : فزونْ, اَفزونْ, بيشـــتَـرْ, زِيـــادَتْ

mehr, بسْيارتَر viel mehr, بيشترينْ, اَغْلَبْ, اَكْثَرْ am

meisten, كَمْتَرْ, اَقَلّ weniger, كَمْترينْ am wenigsten, خُرْد,

gering كُوچكْ, كُوچكْ تَرْ, خُرْدتَرْ geringer, مِثْل ebenso wie,

مُساوى gleich, مُوازى parallel, مُقابِلْ, حُاذى

gegenüber, entsprechend, مُوازِنْ, وَزْنْ هَمْ von demselben
Gewicht.

108. Es folgen hier Beispiele und Bemerkungen über
den Gebrauch einiger Adverbien in zusammenhängender Rede.

رَفْتَمْ بَديدَنَشْ يَكْبارْ مَنْ Ich ging einmal ihn zu besuchen.

Das Adverbium *einmal* kann im Deutschen ganz unbestimmte Bedeutung haben, so viel als *einst*. Im Persischen
wird dies durch das Wort بارْ *Mal* mit dem ى der Unbestimmtheit (s. § 44) ausgedrückt, z. B.:

رَفْت بَديدَنَشْ بارى *Einst* (*einmal*) ging er, ihn zu besuchen.

Es steht ferner so, dass auf den Begriff der Einheit kein
besonderer Nachdruck gelegt wird. In diesem Falle kann sowohl يكبار als بارى gebraucht werden, wo dann der Zusammenhang und die Betonung das Uebrige thun.

Es kann endlich bedeuten *nur ein Mal*, d. h. nicht mehr
und nicht weniger. Dann muss im Persischen das Adverbium
وبَسْ *nur*, eig. *und* (*damit*) *genug*, in Verbindung mit يكبار
auf folgende Weise gebraucht werden:

وبَسْ رَفْتَمْ بَديدَنَشْ يَكْبارْ مَنْ *Ich ging nur einmal, ihn
zu besuchen.*

Ebenso in andern ähnlichen Verbindungen:

وبَسْ بُودْ مَنْ با ساعَتْ دو او *Er war nur zwei Stunden
bei mir.*

وبَسْ بُودْ خَنْدانْ ايشانْ اَزْ يَكى *Nur einer von ihnen sah
freundlich aus.*

Zuweilen wird همين *eben dies, gerade so viel (und nicht mehr)*, تنها *allein* und تنهائى *einfach, einzeln*, mit وبس oder statt dessen gebraucht, wie:

همين يكبار از من پرسيد وبس *Er fragte mich nur einmal und nicht weiter.*

من تنها از تو شكايت ميكنم وبس *Ich beklage mich nur über dich allein.*

شما همين تنها از من پرسيديد *Ihr fragtet nur allein nach mir.*

ايشان همين تنها ميكفتند وبس *Nur sie allein sprachen und Niemand weiter.*

109. Andere Adverbien:

اكنون از من بشنو *Höre jetzt auf mich!*

از چندين جهت من اين اسبرا نخريدم *Ich kaufte dieses Pferd aus mehreren Gründen nicht.*

اولا اينكه پير است *Erstens, weil es alt ist.*

ثانيا اينكه لنكست oder دوم *Zweitens, weil es lahm ist.*

ثالثا اينكه بدرنكست oder سيم *Drittens, weil es von schlechter Farbe ist.*

ديروز كجا رفته بودى *Wohin warst du gestern gegangen?*

چرا ميپرسى *Warum fragst du?*

از اينكه دوبار در زدم وكسى جواب نداد *Weil ich zweimal an die Thür klopfte und Niemand Antwort gab.*

چه وقت بود *Welche Zeit war es?*

درست خاطرم نيست ميتوانست كه ظهر باشد *Ich besinne mich nicht genau (es ist nicht genau in meinem Gedächtniss); es konnte Mittag sein.*

Das Adjectiv دُرُسْت *gerade, recht, wahr,* steht hier in
der Bedeutung des Adverbiums *genau,* ohne eine Veränderung der Form zu erleiden; dasselbe gilt von dem Adjectiv
خُوبْ *gut, wohl,* in folgendem Satze:

خُوبْ تَأَمُّلْ بِكُنْ شَايَدْ خَاطِرَتْ بِيَايَدْ *Denke wohl nach!
vielleicht wird es dir einfallen.*

حَالَا خَاطِرَمْ آمَدْ يَكْسَاعَتْ بَعْدْ اَزْ ظُهْرْ بُودْ *Jetzt besinne
ich mich: es war eine Stunde nach Mittag (ein Uhr).*

اَزْ كُجَا بِخَاطِرَتْ آمَدْ *Wodurch fiel es dir ein?*

اَزْ مُزْدُورَانْ كه اَغْلَبْ دَرْ سَاعَتِ يَكْ بَچَاشْت مِيرَوَنْد
*Durch die Lohnarbeiter, die meistens um ein Uhr zur
Mahlzeit gehen.*

اِينْ چه دَخْلْ بَدَرْ زَدَنِ دِيرُوزِ شُمَا دَارَدْ
Was hat dies mit Ihrem gestrigen Thürklopfen zu schaffen?

چِرَا كه چُونْ مَنْ خَرُومَانَه اَزْ دَرِ خَانَهٔ شُمَا بَرْ مِيكَشْتَمْ
جَمْعَى اَزْ آنْهَارَا دَرْكُوچَه دِيدَمْ *Weil ich, als ich
unverrichteter Sache von der Thür Eures Hauses
zurückkehrte, eine Anzahl derselben auf der Strasse sah.*

اِينْ هَرْگِزْ دَلِيلْ نَمِيشَوَدْ بِرْ اِينْكِه شُمَا سَاعَتِ يَكْ بَدَرِ
خَانَهٔ مَنْ آمَدِيدْ *Diess kann nie als Beweis dafür
gelten, dass Sie um ein Uhr an die Thüre meines
Hauses kamen.*

چِرَا نَمِيشَوَدْ *Warum nicht?*

اَزْ اِينْ سَبَبْ كِه عَمَلَه هَمِيشَه وَهَرْ رُوزْ دَرْ سَاعَتِ يَكْ مُقَرَّرًا
بَچَاشْت نَمِيرَوَنْد *Deswegen, weil die Arbeitsleute
nicht immer und jeden Tag bestimmt um ein Uhr
zur Mahlzeit gehen.*

چه مَنْ بِسْيَارْ دِيدَه اَمْ كِه اِيشَانْ دَرْ سَاعَتِ دُو غِذَا

90

مىخورْدَدَنْ *Denn ich habe sie ja oft um zwei Uhr ihre Nahrung zu sich nehmen sehen.*

وَدِيكَرْ آنْكِه جَمْعى عَمَلَه راَ تَنْها دَر كُوچَه دِيدَنْ اَبَدًا دَلِيلْ نِيسْت كِه اَلْبَتّه اِيشانْ بخُورْدَنْ مِيرَوَنْد *Und wiederum, bloss eine Anzahl Arbeiter auf der Strasse zu sehen, ist nimmermehr ein Beweis, dass sie bestimmt zum Essen gehen.*

حالا بَسْ اَسْت شُما خَيْلى خُوبْ مَنْطِقِىّ هَسْتِيد *Es ist nun genug; Ihr seid ein sehr guter* (ironisch gebraucht) *Logiker.*

اَمّا راَسْت بِكُو فَرْداَ خانه خَواهى بُودْ يا نَه *Aber sage mir* (eigentlich *sprich wahr*): *wirst du morgen zu Hause sein, oder nicht?*

خُداَ مِيدانَدْ وبَسْ *Nur Gott weiss es.*

مَكَرْ اِينْكِه بِكُوئِى كَىْ خَواهى آمَدْ وَاَلْبَتّه بِيائِى *Du müsstest denn sagen, wann du kommen wirst, und bestimmt kommen.*

يَكْساعَتْ پِيشْ اَزْ ظُهْر بِى شَكْ وَعْدَه مِيكُنَمْ كِه بِيايَمْ *Ich verspreche, morgen unfehlbar eine Stunde vor Mittag zu kommen.*

بِسْيارْ خُوبْ اَكَرْ مِيتَوانى زُودْتَرْ هَمْ بِيائِى باَكْ نِيسْت *Sehr wohl; wenn du kannst, magst du selbst noch früher kommen; es hat nichts zu sagen* (eigentlich *es ist keine Besorgniss*).

Von den Conjunctionen.

110. Die Conjunctionen dienen zur Bezeichnung logischer Verhältnisse zwischen Einzelbegriffen sowohl als zwischen ganzen Sätzen. Ihrem Wesen und Gebrauche nach zerfallen sie

in direct und in relativ beiordnende. Die ersten reihen meistentheils sowohl Einzelbegriffe als Sätze an einander, die zweiten
aber bringen, entsprechend den relativen Fürwörtern (§ 56 —
58), nur ganze Sätze in ein Beziehungsverhältniss zn andern.

111. Die direct beiordnenden Conjunctionen sind:

a) zusammen- und nachstellend: وَ *und* [1], نِيز *auch* (dem betreffenden Worte nachgestellt, wie lat. *quoque*), هَمْ *ebenso*,
desgleichen, *auch* (gleichbedeutend arab. أَيْضًا *und* كَذٰلِك),
alternirend هَمْ وَهَمْ — , هَمْ — هَمْ — هَمْ *ebenso* —, *als* —,
sowohl —, *als auch* —; پَسْ *nachher*, *dann*; *daher*,
folglich.

b) trennend (disjunctiv): يَا, وَيَا, يَاخُودْ, *oder*, *oder auch*,
alternirend يَا — يَا , وَيَا — يَا *entweder* —, *oder* —,
چِه — يَا , چِه — وچِه , چِه — چِه *gleichviel ob* —,
oder — [2], خَواهْ — خَواهْ *sei es* —, *sei es* (*sive* —, *sive* — [3]).

c) vergleichend: چُون , چُو, هَمْچُو, هَمْچُون *wie*, *eben so*
wie, *gerade wie*, كه *als* nach Comparativen [4].

[1] Wenn وَ einzelne Wörter an einander bindet, verwandelt es
sich in der Aussprache in ein dem vocallosen letzten Consonanten
des vorhergehenden Wortes angehängtes *u*, wobei وَ auch in der
Schrift bisweilen ganz wegfällt, z. B. پَدَرُ ومادَر *pedĕru mādér*,
Vater und Mutter, رُوزُ وشَبْ *rūzu šeb*, Tag und Nacht, گَرْمُ وسَرْد
germu serd, warm und kalt, پِيشُ پَسْ *pīšu pes*, *vorn und hinten*.

[2] Wörtlich: „was —, (oder) was —?" d. h. was verschlägt es
ob —, oder ob —? als verneinende Frage.

[3] خَواهْ, Präsensstamm von خَواسْتَن *wollen*, entspricht ety-
mologisch dem lat. *rel* von *velle*, wird aber nur in alternirenden
Sätzen gebraucht, wie خَواهْ بُوَدْ خَواهْ نَبُوَدْ *mag es sein*, *oder*
nicht sein.

[4] كه nach Comparativen entspricht dem lat.-roman. *quam*,

d) causal : اَزَاَنْجَا *daher* , اَزْ بَهْرِ آن , اَزْ بَرَایِ آن ,

اَزْ زِینْرُو , زِینْرُو u. s. w. *deswegen,* بِنَابَرِین *auf Grund da-*
von, deswegen.

e) gegensätzlich : وَلِی , وَلِیكِ , لِیكِ , وَلِیكِنْ , وَلِیكِیكِنْ , *aber,*

aber doch, sondern, اَمَّا *aber,* بَلْ , بَلْكَ *sondern, sondern*
vielmehr (alle arabischen Ursprungs).

f) exceptionell: مَكَّرْ , *ausgenommen, ausser, als* [5]).

112. Die relativ beiordnenden.

Der allgemeinste Repräsentant dieser Classe ist das sonst
als relatives Fürwort dienende كَ , welches, wie unser *dass,* die
Bedeutungen des bloss exponirenden *quod,* ὅτι, اَنْ und
des Wirkung und Absicht bezeichnenden *ut,* ὥστε, ὅπως, ἵνα
اَنْ in sich vereinigt. Daher verbindet sich dieses كَ auch
mit den meisten Wörtern dieser Classe, deren relative Bedeutung entweder erst dadurch ausgedrückt, oder, wenn sie
schon an und für sich in ihnen liegt, verstärkt wird. Wo
im ersten Falle eine Doppelform, mit und ohne كَ , statt findet,
ist immer eine durch den Sprachgebrauch gestattete Auslassung von كَ anzunehmen.

Diese Conjunctionen bezeichnen:

a) Raumverhältnisse: آنْجَاكَ *da wo, wo, wohin,* هَرْجَاكِ
überall wo, wohin immer.

che, que, dem griech. ἤ, wogegen der Gebrauch der Präposition
اَزْ nach Comparativen dem semitischen مِنْ , dem Ablativ und Genetiv des Lateinischen und Griechischen, dem italienischen *di* und
französischen *de* nach *più, plus* und *meno, moins* entspricht.

[5] مَكَّرْ zusammengesetzt aus dem sonst als Prohibitiv-Partikel
vor den Imperativ tretenden negativen مَ (griech. μή) und اَكَّرْ ,
كَّرْ , *wenn,* wie *nisi* aus *nĕ* und *si.*

b) Zeitverhältnisse: وَقْتِيْ كه , چُونِكِه , چُو , چُون *als, da,* زُر Zeit da, wann, هَرْوَقْت كِه , هَرْگَاهْ كِه *wann immer, alle-* mal wenn, پِيشْ اَزْانِكه , چَنْدَانِكِه *so oft als, so bald als,* bevor, ehe, اَزْان پَسْ كِه , پَسْ اَزْانِكه *nachdem,* اَزْانِكه *seitdem,* مَادَامِكه *so lange als,* تَا *seitdem, so lange als, während,* bis dass, bis.

c) Ursache und Grund: چِراكِه , زِيرَا كِه , زِيرَا *, auch bloss* كِه *, weil,* denn, چه *da, da ja (quoniam, puisque),* اَزْ بَرَايِ , اَزْانِكِه , اَزْ آنْجِهَتْ كِه , اَزْ بَهْرِ آنْكِه , آنْكِه *u. s. w. deswegen weil,* اَزْ آنْجَا كِه *daher dass,* بِنَابَرِينْ كِه *auf Grund davon dass,* deswegen weil.

d) Wirkung und Folge: چُنَانْكِه , چُنْدَانِكه *so dass,* , so sehr dass.

e) Absicht und Zweck: تَا , تَاكِه *zu dem Ende dass, auf* dass, damit.

f) Bedingung: گَرْ , اَگَرْ *wenn (si),* مَگَرْ *wenn nicht (nisi),* مَگَرْ كِه *es wäre denn dass.*

g) Gegensatz und Widerstreit: گَرْچِه , اَگَرْچِه *wenn auch,* obgleich, obschon, هَرْچَنْد , هَرْچَنْد كِه *wenn auch noch* so sehr, so sehr auch, بَا وُجُودِ آنْكِه , بَا آنْكِه *bei alledem* dass, obgleich.

h) Wunsch: كَاشْكه , كَاشْ *o dass doch!*

113. Vermischte Beispiele beider Classen:

اُو وَبِرادَرَشْ دَرْ لُنْدَنْ مِيبَاشَنْد *Er und sein Bru-* der wohnen in London.

مَنْ خَواهَمْ رَفْت اَگَرْ اُو مَرا رُخْصَتْ دِهَدْ *Ich werde gehen,* wenn er mir Erlaubniss (dazu) giebt.

مَنْ نَرَفْتَمْ زِيرَاكِه مِيتَرْسِيدَمْ *Ich ging nicht,*
weil ich mich fürchtete.

اَزْ هَمَه كَس پُرْسِيدْ مَگَّرْ اَزْ مَنْ *Er fragte Jeder-*
mann, ausgenommen mich.

خَادِمِ مَنْ رَفْت اَمَّا بَرْنَگَشْت *Mein Diener ging,*
aber kam nicht wieder.

سَبْزَه دَرْ صَحْرا نَمِيشَوَدْ بِجِهَتِ اِينْكِه بَارَانْ *Nichts Grünes*
نَيَامَدَه اَسْت *wächst auf dem Felde, deswe-*
gen weil es nicht geregnet hat.

پَنْدِ پَدَرَتْرا بِشِنَوْ چِه اُو خَيْرِ خَوَاهِ تُسْت *Höre auf den Rath*
deines Vaters, da er dein Bestes will.

آفْتَابْ تُرا خَوَاهَدْ سُوخْت اَگَّرْ بِيرونْ بِرَوِى *Die Sonne wird*
dich versengen, wenn du ausgehst.

تُو خُدَاتَرْسِى زِيرَاكِه پَدَرْ ومَادَرَتْرا عَزِيزْ *Du bist ein gottes-*
مِيدَارِى *fürchtiger Mensch, denn du*
hältst deine Eltern in Ehren.

اَزْ دِرَخْت اُفْتَادْ چِه شَاخَه تَابْ نَيَاوَرْد *Er fiel vom Baume,*
da der Ast zu schwach war (wört-
lich: nicht Spannkraft leistete).

اُو اَبْلَه اَسْت زِينْرُو نَمِيفَهْمَدْ *Er ist albern, da-*
her versteht er nichts.

آنْ يَا اَسْب اَسْت يَا خَرْ *Das ist entweder*
ein Pferd, oder ein Esel.

آنْ اَسْب نِيسْت بَلْكِه خَرْ اَسْت *Das ist kein Pferd,*
sondern es ist ein Esel.

مَنْ بِيدَارْ بُودَمْ اَمَّا تُو نَبُودِى *Ich war wach, du*
aber warst es nicht.

اِينْ اَسْب رَوَانْتَرْ دَرْ مَيْدَانْ اَسْت كِه دَرْ *Dieses Pferd läuft*
صَحْرا *besser auf der Rennbahn,*
als auf dem Felde.

أو خَواهَدْ آمَدْ مَگَرْ بِيمار باشَدْ *Er wird kommen,*
wenn er nicht krank ist.

او تَبُولْ نَخَواهَدْ كَرْد اَ نَرْچِه مِسْكِين باشَدْ *Er wird (es) nicht*
annehmen, obgleich er arm ist.

Von den Interjectionen.

114. Interjectionen sind Wörter, welche für sich allein gebraucht oder in einen Satz eingestreut werden, um die Gemüths-
bewegungen und Gefühle des Sprechenden auszudrücken. Beispiele : اَزْ شِدَّتِ بِيمارى اَفْسُوسْ كِه قُوَّتِ حَرَكَتْ نَدارَمْ
Wegen schwerer Krankheit habe ich leider! nicht die Kraft
mich zu bewegen, oder: اَفْسُوسْ كِه مَرْگ اُورا اَمانْ نَـدادْ
Ach! dass der Tod ihn nicht verschont hat!

115. Die Perser haben die meisten ihrer Interjectionen
aus dem Arabischen genommen, in welcher Sprache dieselben
sehr zahlreich sind. Sie sind jedoch grösstentheils nicht
Wörter ohne Bedeutung an sich selbst, wie *o! ach! hm!*
he! u. s. w., sondern haben im Gegentheil fast alle eine bestimmte Bedeutung, und manche sind sogar kurze, als Interjectionen gebrauchte Sätze, weil diese eben die Gemüthsbe-
wegungen ausdrücken, welchen der Sprechende Worte geben
will. Auch beschränkt sich ihr Gebrauch nicht hierauf, sondern sie werden auch sonst als Substantive, Adjective, Verba
gebraucht, kurz, als das, was sie an sich sind. Beispiele von
Aehnlichem giebt es auch in den europäischen Sprachen viele.
Was sind z. B. *O Jammer! Schande!* u. s. w. anders als Hauptwörter im Vocativ, die als Interjectionen gebraucht werden?

116. Folgendes ist ein Verzeichniss der hauptsächlichsten
im Persischen gebräuchlichen Interjectionen, welche, mit Ausnahme der mit p bezeichneten, alle arabisch sind. — Sie
drücken aus:

a) Bedauern oder Kummer: حَيْف p دِريغْ p اَفْسُوسْ p *leider!*
Schade! آهْ p *ach!*

b) Angst und Verzweiflung: أَمَانْ, دَخْلْ *Pardon! Schonung!*
فَرِيادْ p *Hülfe!* بِيدادْ p *Ungerechtigkeit!* يا رَبّْ *o Herr Gott!*

c) Abscheu und Widerwillen: مَبادا *Möge es nie sein oder geschehen! Das sei ferne!* نَعُوذُ بِاللَّهْ, عِياذاً بِاللَّهْ *Gott beschütze uns!* أَسْتَغْفِرُ اللَّهْ *Ich bitte Gott um Vergebung!*

d) Klage und Trauer: فُغانْ p أَفْغانْ *o Jammer! O! Ach!* واحَسْرَتا *Verloren! O weh! O Schade!* واوَيْلا, واىْ *O Elend!*

e) Ekel und Verachtung: أُفْ *Pfui!*

f) Lobende Bewunderung, sowohl wirkliche als ironische:
آفَرِينْ p *Bravo!* مَرْحَبا *Willkommen!* اَللَّهْ بارَكَ اللَّهْ, تَبارَكَ *Gott ist voll Macht und Güte!* ما شَاءَ اللَّهْ *Wie Grosses hat Gott gewollt!* p *Schön! Bravo!* وَهْ, بَهْبَهْ, واهْواهْ

g) Aufruf zur Aufmerksamkeit: هِينْ p هانْ p اِينَكَ *Sieh da! Schau auf! Horch!* welchen allen man auch اَىْ *O!* vorsetzen kann.

117. Beispiele dieser Ausrufungswörter in Sätzen:

اَسْبِ شُما دِيرُوزْ ما شاءَ اللَّهْ چه خُوبْ دَوِيدْ
Himmel! wie schön sprengte gestern Ihr Pferd!

بِرادَرِ مَنْ افْسُوسْ كِه بِشِدَّتْ بِيمارْ اَسْت
Mein Bruder ist, leider! sehr ernstlich krank.

آهْ اَزْ آنْ هَمَه مِهْرِبانِيها كِه او با تو كَرْد
Schade um alle die Gefälligkeiten, welche er dir erzeigte!

مَرْحَبا اين صَفْحَه را بِسْيارْ خُوبْ نِوِشْتَهٔ
Wohl dir! du hast diese Seite sehr gut geschrieben!

اُفّ چِه قَدَرْ زَحْمَتِ بیفائِدَه میدَهی

Pfui! wie viel unnütze Noth du einem machst!

اَی وای کِه مَرْدُمِ این شَهْرِ اَزْ گُرْسِنَگی مُرْدَنْد

O Jammer! die Leute dieser Stadt starben vor Hunger.

Von den Verkleinerungswörtern.

Diese Classe der Nennwörter wird in sehr mannich-
facher, mit der sonstigen Einfachheit des Persischen gewisser-
massen in Widerspruch stehender Weise gebraucht. Die zu
ihrer Bildung dienenden vier Anhängesylben ـُکْ , ـَکَه ,
ـَچَه , ـَه , drücken zuweilen einfach *körperliche Kleinheit*
aus, dann aber auch *Zärtlichkeit, Mitleid, Verachtung, Spott,
künstliche Nachahmung der Natur*, u. s. w.

Daher sind diese Anhängesylben nicht ausschliesslich für
eine besondere Art der Verkleinerungswörter bestimmt, sondern
sie wechseln ihre Bedeutung je nach ihrer Anfügung an verschiedene Klassen von Nennwörtern, und ein Ausländer mag
im gehörigen Verständniss der Anwendung dieser Bildungs-
sylben wohl einige Schwierigkeit finden. — Einige Adjectiva
und Adverbia können zu demselben Behufe gebraucht werden,
was auch allgemein von den Persern selbst geschieht.

118. Von den Verkleinerungssylben, welche den
Namen vernünftiger Wesen angehängt werden.

a) Die Sylbe ـُکْ , den Namen vernünftiger Wesen angehängt, kann einfach *Kleinheit* bezeichnen, wie: مَرْدَكْ
kleiner Mann, زَنَكْ *kleine Frau*, پِسَرَكْ *kleiner Knabe*,
دُخْتَرَكْ *kleines Mädchen*. In diesem Sinne wird sie jedoch, ausser im Scherze, selten gebraucht.

b) Soll sie, an ein Hauptwort dieser Klasse gehängt, nicht bloss Kleinheit ausdrücken, so muss, um die Bedeutung zu bestimmen, ein Beiwort hinzugefügt werden, welches jedoch nicht immer ein lobendes ist, z. B.: مَرْدَكِ پارْسا *guter frommer Mann*, aber auch مَرْدَكِ شَرِيرٌ *böser Mann*.

c) Sie kann in *liebkosendem Sinne* gebraucht werden, um *Liebe, Mitleid, Bedauern* u. s. w. auszudrücken, wie: طِفْلَكِ مَنْ بِيمارْسْت *mein Kindchen* (d. h. *armes liebes Kind*) *ist krank*.

d) Wird die Sylbe ه ﹷ an كَ ﹷ gehängt, so dass كَهْ ﹷ daraus wird, so kann dies *Verachtung* ausdrücken, und zwar mit oder ohne Beiwort, wie: أَیْ مَرْدَكَه *du Bursche!* ايِنْ زَنَكَه *dieses Weibsbild*. Es beschränkt sich dieser Gebrauch jedoch auf erwachsene Personen, denn bei einem Knaben oder Mädchen ist das ه ﹷ allein (ebenfalls mit oder ohne Beiwort) vollkommen hinreichend, den Ausdruck verächtlich zu machen, z. B. پِسَرَه *nichtsnutziger Junge*, دُخْتَرَه *nichtsnutziges Mädchen*, oder پِسَرَه هَرْزَه *verworfener Junge*, دُخْتَرَه بِی حَيا *schamloses Mädchen*.

Die Sylbe چَه wird den Namen vernünftiger Wesen niemals angehängt.

119. Von den Verkleinerungssylben, welche den Namen vernunftloser Wesen angehängt werden.

a) Für *kleines Pferd, kleiner Esel* u. s. w. kann man einfach خَرَكْ, أَسْبَكْ u. s. w. sagen, dabei jedoch auch die Beiwörter كُوچِكْ oder خُرْد *klein* hinzufügen, wie: أَسْبَكِ كُوچِكْ ,خَرَكْ خُرْد.

b) Dasselbe ﻚ — kann dieser Klasse von Hauptwörtern auch angehängt werden, um *Mitleid* oder *Bedauern* auszudrücken; aber in dieser Bedeutung wird es gewöhnlich von einem Beiworte begleitet, wie: خَرَكِ مِسْكِين *der arme elende Esel*, گاوَكِ خَسْتَه *der arme müde Ochse*. In diesen beiden Fällen ist es jedoch gebräuchlicher, die die Sylbe ﻚ —, mit oder ohne Beiwort, dem Gattungsnamen حَيْوان oder جانَوَر *Thier* für Vieh, so wie dem Gattungsnamen مُرْغ *Vogel* für Geflügel aller Art anzuhängen, z. B. حَيْوانَكْ *das arme kleine Thier* oder auch blos *das kleine Thier*, مُرْغَكْ *das arme Vögelchen*, oder حَيْوانَكِ خَسْتَه *das arme müde Vieh*, حَيْوانَكِ ضَعِيف *das schwache elende Thier*.

c) Zugleich muss hier bemerkt werden, dass man حَيْوان hauptsächlich von Hausthieren und Fischen, جانَوَر hingegen von wilden Thieren und Gewürm aller Art gebraucht.

Die Sylben كَه —, چَه und ﻪ — werden dieser Klasse von Hauptwörtern niemals angehängt.

120. **Von den Verkleinerungssylben, welche den Namen lebloser Dinge angehängt werden.**

Bei dieser Klasse von Hauptwörtern werden ﻚ — und چَه in sehr ausgedehnter Weise gebraucht:

a) Um *Kleinheit* anzuzeigen, wie: حَوْضَكْ *kleiner Teich*, باغْچَه *Gärtchen*. Am meisten wird jedoch in diesem Sinne چَه gebraucht.

b) Um der Natur nachgeahmte Dinge oder andere Kunstsachen auszudrücken. Hierunter sind Spielsachen und alle

7 *

Dinge begriffen, die zum Zeitvertreibe gemacht werden und einem wirklich nützlichen oder wichtigen Gegenstande ähneln oder eine Beziehung auf einen solchen haben. So bedeutet كاغَذَك einen *Drachen* oder *aus Papier nachgemachten Vogel*, von كاغَذ *Papier*. Am häufigsten wird jedoch die Silbe ك — in solchen Bedeutungen angewendet, wie: آدَمَك *kleines Bild* (dial. *Männel*), von آدَم *Mensch*, صُورَتَك *kleine unbedeutende Malerei*, etwa auf ein Stück Papier geschmiert oder auf eine Wand gepinselt, während تَصْوِير das eigentliche Wort für ein regelrechtes Gemälde ist, beide von dem arabischen صُورَة *Gestalt, Bild*.

c) Die Silbe ك — wird ebenfalls an Hauptwörter gehängt, wenn man die Anwendung des dadurch bezeichneten Dinges zur Verrichtung einer Handlung, die ausser seinem gewöhnlichen Kreise liegt, ausdrücken will, wie چَشْمَك *bedeutungsvoller Augenwink*, دَسْتَك *Händeklatschen aus Fröhlichkeit* oder *zum Beifall*, گُوشَك *verstohlenes Horchen auf das, was vorgeht*, پِشْتَك *Purzelbaum, durch den man auf den Rücken fällt*, von چَشْم, دَسْت, گُوش, پُشْت, *Auge, Hand, Ohr, Rücken*.

121. Das folgende Gespräch zwischen zwei Freunden wird nach allem Vorhergehenden die beste Vorstellung von der Art und Weise geben, wie diese Verkleinerungssylben im Persischen angewendet werden.

آن مَرْدَكه كِيسْت *Wer ist jener Bursche?*

كِرا مِيكُوئى *Wen meinst du?*

آنْكِه صَنْدُوقْچَه زِيرِ بَغَلْ آنْجا ايسْتادَه اَسْت *Den, der mit dem kleinen Kasten unter dem Arme dort steht.*

حَسَن بُزْباز را نَمِیشِناسى أو دَر این شَهْر شُهْرَتَكى دارَدْ
*Kennst du Hasan den Ziegentänzer nicht? er hat einige
Berühmtheit in dieser Stadt.*

مَیْمُونْ‌باز مُكَرَّر شَنِیدَه بُودَمْ أَمَّا بُزْباز بایَدْ كِه چِیزَكِ
تازَهْ باشَدْ *Ich hatte oft von einem Affentänzer gehört, aber
ein Ziegentänzer muss etwas ganz Neues (wörtl. ein
neues Sächelchen) sein.*

اِسْمِ مَیْمُونْ مَبَرْ كه جانْوَرِ مُقَتِیسْت *Sprich nicht den
Namen des Affen aus, denn er ist ein widerliches
Thier.*

مَكُو كِه مُقَلِّدَكِ غَرِیبِیسْت *Sage (das) nicht, denn er ist ein
wundervoller kleiner Comödiant.*

مُنْتَهاش اینَسْت كِه نِیشْكِ وامِیكنَدْ یا چَشْمَكْ مِیزَنَدْ یا
پُشْتَكْ بَرْمِیدارَدْ *Dessen Höchstes darin besteht, dass er
Gesichter schneidet, mit den Augen blinzelt oder
Purzelbäume schiesst.*

مَكَّرْ این بُزِ شُما سِحْر مِیكنَدْ *Treibt etwa diese eure wun-
derbare Ziege Zauberei?*

سِحْر دَرْ كارْ نِیسْت أَمَّا این حَیْوانَكِ بازِیچَهْ چَنْد مِی آرَدْ
كِه بِسْیارْ مُتَعَجِّبَنْد *Zauberei ist nicht bei der Sache;
aber dieses kleine Thier macht einige Stückchen,
die sehr verwunderlich sind.*

یَكَى اَزْ آنْها را تَعْرِیفْ كُنْ بِه بِینِیمْ *Beschreibe eins davon
wir wollen sehen!*

مَثَلاً صاحِبَشْ چَنْد پارْچَهْ چُوبْ دارَدْ مُدَوَّرْ هَمَه بَـیَـكْ
اَنْدازَه وهَرْ یَكْ بَقَدْرِ یَكْوَجَبْ اَوَّلْ یَكَى را مِیگُذارَدْ
بالاى آن صَنْدوِقْچَه روى زَمِین بَرَه مِیجَهَدْ بالایَشْ

آن وَقْت یَکی دیگَرْ بالائ آن میکُذارَدْ باز بُزَه بَرْ
میجَهَدْ بالایَش وَهَمْچِنینْ تا دَه دَوازْدَه پارْچَه چُوبْ
وبُزْبالائ هَمَه ایسْتادَه گاهی ریشَکی میجُنْبانَدْ وَگاهی
سَرَکی حَرَکَتْ میدَهَدْ بَطَوْری کِه اَزْ خَنْدَه آدَمْرا

مِیکُشَدْ *Zum Beispiel: ihr Herr hat mehrere kleine
runde Holzstücken, alle von gleicher Grösse und jedes
ungefähr eine Spanne lang. Erst stellt er eins derselben
oben auf jenes Kästchen, das auf der Erde steht: die
kleine Ziege springt darauf. Dann stellt er ein anderes auf die Spitze des ersten, und wieder springt die
gewandte Ziege auf die Spitze des zweiten, und so
fort bis zu zwölf Holzstückchen, und die Ziege, oben
auf allen stehend, bewegt bald das Bärtchen, bald
schüttelt sie das Köpfchen auf eine Weise, dass sie
einen vor Lachen umbringt.*

بَسْ اَزْ بُزْ ومَیْمُونْ هَرْیَكْ دَرْ این بازیچَها شَیْطانَكِ تَمامیسْت
حالا بِگُو پِسَرَتْ اِمْرُوز چه طَوْرْاَسْت هیچْ بِهْتَرْ اَسْت

*Genug nun von Ziege und Affen! Beide sind in solchen
Spässchen vollkommene kleine Teufel. — Nun sage,
wie befindet sich dein Junge heute? Ist er etwas
besser?*

طِفْلَكِ بُشْتَشْ خَیْلی پُرْدَرْدَسْت دیشَبْ هیچْ نَخَوابِیدْ
*Das arme Kind! Sein Rücken thut ihm sehr weh.
Letzte Nacht hat es gar nicht geschlafen.*

این مُلّا مَكْتَبی بایَدْ ظالِمَكِ غَریبی باشَدْ *Dieser Schul-
meister muss ein sonderbarer kleiner Tyrann sein!*

خُودَش اِنْقَدَرْ بَدْ نیسْت زَنَشْ هَمْ زَنَكِ خُوبییسْت اَمّا آن
نایِبَكِ نادُرُسْتَشْ اَزْ هَرْچِه بِگُوئی بَدْتَرْ اَسْت *Er selbst
ist nicht so schlimm; seine Frau ist auch ein gutes*

Weibchen; aber sein niederträchtiger Substitut
ist schlimmer als alles was du nennen kannst.

اين جَوانَكْ بايَدْ ديوانَه باشَدْ كِه بِاَطْفالْ عَمْچِو رَفْتارْ
ميكَنَدْ *Dieser elende junge Bursche muss wahnsin-*
nig sein, so mit Kindern zu verfahren.

عَمْچِو هَمْ كِه شُما خَيالْ ميكُنِيدْ او ديوانَه نِيسْت اَزْ
تَمْييدَكَشْ خَبَرْ دارى كِه مُرْغَكْهاىْ كُوچِكْرا چِه طَوْر
مِيتَرْسانَدْ كِه نِزدِيكِ باغْچِهاَشْ نَرَوَنْد *Ganz so wahn-*
sinnig, als Ihr Euch einbildet, ist er nicht. Kennst du
seine listige Erfindung, wodurch er die kleinen
Vögel scheucht, dass sie seinem Obstgarten nicht zu
nahe kommen?

هَرْ گِزْ نَشَنِيدَه اَمْ چِكار ميكُنَدْ *Ich habe nie (davon) gehört.*
Was macht er?

چَنْدى اَزْ اِينْ تَصْنِيفَكْهاىْ هَرْزَه بَه بَچِّها يادْ دادَه اَسْت
وَرُوزى چَنْد بارْ بِيرُونْشانْ مِيفِرِسْتَدْ بَباغْچِه وَمِيگُويَدْ
يَكِيتانْ اِينْ شِعْرَكْهارا بُلَنْد بِخَوانَدْ وَباتِى بَهَمانْ
نَوا دَسْتَكْ بِزَنِيدْ بِبِينْ كِه اِينْ اُوْباشَكْ چِه اَخْلاقِى
رَذِيلَه بَطِفْلَكْهِا مِى آمُوزَدْ بَعَلاوهٔ اِينْكِه اَزْ دَرْسِ
مُسْتَمِرّى بازْ مِيدارَدْشانْ *Er hat die Knaben einige*
jener niedrigen Bänkelsängerlieder lernen lassen,
und mehrere Male täglich schickt er sie in den Obstgarten
hinaus, indem er sagt: „Einer von euch singe laut diese
kleinen Verse, während die übrigen im Chor ein-
stimmen und in ihre Hände klatschen.“ Sieh,
was für eine schlechte Moral dieser gemeine Kerl

den armen unschuldigen Kindern lehrt, wobei er
sie noch obendrein vom anhaltenden Schulfleisse abhält.

اَوْباش هَرْچه بِخَواهى اَمّا اين تَدْبير پُوچَشْ هَرْ گِزْ دَلالَت

نَميكُنَد بَرْ اينْكِه او ذَكاوَتى دارَدْ چه يَكْطِفْل بـا

چُوبَكى كِفايَتِ اين مَطْلَبْ ميكُنَدْ وَاَگَرْ اَطْفالْ هَرْيَكْ

بَنَوْبَتِ خُودْ چُوبَكْ بِزَنَدْ هيچْكُدام را اِحْتِياجْ نيسْت

اَزْ كِتابْچه اَشْ فَرامُوشْ كُنَدْ كِه *Gemeiner Kerl so viel*
du willst; aber diese seine plumpe Erfindung beweist
nimmermehr, dass er irgend einige Geistesgewandtheit
besitzt; denn ein Knabe mit eine Vogelklapper (چُوبَكْ
von چُوبْ *Holz) würde zu dem Zwecke hinreichend sein,*
und wenn die Knaben, jeder nach der Reihe, klapper-
ten, so würde keiner sein Büchelchen zu vergessen
brauchen.

آنْچه شُما ميگُوئيد راسْت اَسْت اَمّا شَريرْ بَراىْ يَكْطاسَكِ

آبْ اَگَرْ شَهْرى بِسُوزَدْ پَرْوا نَدارَدْ آنْ چُوبَكْ را بايَدْ

بِخَرَدْ مييابى يانَه *Was Ihr sagt, ist wahr; aber der*
böse Mensch kümmert sich um (der Rettung) einer elen-
den Tasse Wasser willen nicht darum, ob eine (ganze)
Stadt abbrennt. — Jene Klapper müsste er kaufen! Ver-
stehst du, oder nicht?

بِسْيارْ خُوبْ اَمّا اَگَرْ بَچَها وَقْتِ بازى دَرْ باغْچه كاغَـذَكْ

هَوا كُنَنْد هيچْ پَرَنْدَهٔ نَزْديكِ آنْجا نَتَوانَدْ پَريدْ بى

اِخْراجاتى اَزْ طَرَفِ آنْ مُمْسِكَكْ *Sehr wohl; aber wenn*
die Knaben beim Spielen im Garten einen Drachen stei-
gen liessen, würde kein fliegendes Wesen wagen, jenem

Orte zu nahe zu kommen, (und dies) ohne Kosten von Seiten des jämmerlichen Knickers.

اینْ هَمْ راسْت اَسْت اَمّا بازْ خالی اَزْ تَشْویشَکی نیسْت

Auch dies ist wahr, aber wiederum nicht frei von einer kleinen Bedenklichkeit.

تَشْویش اَزْ کُجاسْت *Woher die Bedenklichkeit?*

شایَدْ وَقْتیکِه بازی میکُنَنْد ومیدَوَنْد نَوْچَهْ را بِشْکَنَنْد یا بُوتَهَکی را پامالْ کُنَنْد اَزْ هَمَه بَدْتَرْ مَبادا کِه کّاهْ وَقْتی اَنْگُشْت بِاَنْجیرَکی بَرَنْد یا دَسْت بِسیبَکی رَسانَنْد وهَمْچنین اَمّا وَقْتیکِه هَمَه باهَمْ دَسْتَـکْ میزَنَنْد کارَکی دیگَرْ نَمیتَوانَنْد کَرْد *Vielleicht könnten sie, wenn sie spielen und herumlaufen, einen jungen Baum umbrechen oder auch eine junge Pflanze niedertreten, (oder was) schlimmer als alles (ist), sie könnten, Gott bewahre! dann und wann eine kleine Feige befingern oder ein Aepfelchen angreifen und so fort; wenn sie aber alle zusammen in die Hände klatschen, können sie nicht irgend etwas anderes thun.*

بِاعْتِقادِ مَنْ سَزایِّ این مُلْحِدَکْ نابَکارْ اینَسْت کِه اورا دَرْ باغِ شَهْر بَرْ عَمُودی بَسْتَه بِگْذارَنْد تا هَمْ پَرَنْدَکانْ بِتَرْسَنْد وهَمْ نایِبْ مَکْتَبدارانِ دیگَرْ عِبْرَتْ گّیرَنْد

Nach meiner Ueberzeugung wäre die rechte Strafe für diesen nichtsnutzigen Schuft (eig. Ketzer) die, dass man ihn in dem Stadtgarten an einen Pfahl bände und dort stehen liesse, damit zugleich die Vögel gescheucht würden und andere Schulmeister-Substituten sich (daran) ein Beispiel nähmen.

Zur Syntax.

122. In den folgenden Gesprächen über allgemeine Gegenstände zwischen verschiedenen Personen sind die Regeln der gewöhnlichen prosaischen Syntax in Beispielen so verkörpert und durch Anmerkungen erläutert, dass man sie zugleich mit der ächt persischen Ausdrucksweise sich leicht und sicher aneignen kann. Da eine möglichst wörtliche Uebersetzung dem persischen Originale gegenüber steht, so gewinnt der Lernende sofort eine Menge klar verstandener Mustersätze, welche sich sowohl für den mündlichen als für den schriftlichen Ausdruck anderer verwandter Gegenstände anwenden lassen.

123. Man bemerke, dass, ausgenommen wo es durchaus nöthig ist, die Pronomina *Du*, *Dir* u. s. w., weil für die gewöhnliche Unterhaltung in europäischen Sprachen nicht anwendbar, hier nicht gebraucht sind. Auch in Persien ist das Dutzen nicht häufig, ausser zwischen vertrauten Freunden, oder wenn ein Oberer einen viel tiefer Stehenden oder von ihm Abhängigen anredet. In guter Gesellschaft ist in Persien die Regel für die Anrede kurz diese: Zwischen Personen, die im Range gleich stehen oder demselben Lebenskreise angehören, wird *Ihr* gebraucht; zwischen vertrauten Freunden sowohl *Ihr* als auch *Du*, doch ist das letztere gewöhnlicher; von einem Höhern gegen einen Niedern *Du*; ist aber der Niedere kein von jenem Abhängiger, z. B. ein kleiner Handelsmann, ein armer Nachbar u. dgl., so zeugt es von besserer Erziehung, *Ihr* zu sagen, obgleich *Du* auch nicht unschicklich wäre. Könige werden immer in der dritten Person Singularis angeredet; zu ihnen wird stets gesagt *Seine Majestät*, und nie *Ew. Majestät*. Wenn Souveraine von sich selbst sprechen, sagen sie gleichfalls *Seine Majestät*, und nie *Ich* oder *Wir*, ausgenommen beim Schreiben, wo stets *Wir* gebraucht wird. Hohe Personen, wenn sie nicht auf vertrautem Fusse mit einander stehen, reden sich ebenfalls in der dritten Person Singularis an, wie *Seine Herrlichkeit*, *Seine Gnaden* u. s. w.; dasselbe thun die von ihnen Abhängigen oder dem Range nach unter ihnen Stehenden, wenn sie mit oder von ihnen sprechen. 124. Die persischen Kinder in den Schulen werden stets angehalten, von sich selbst in der ersten Person Pluralis zu reden, z. B. *wir, uns* u. s. w.; vielleicht weil die Lehrer *ich, mir* u. s. w. für Ausdrücke von zu kühnem, entschiedenem Charakter für ein Schulkind halten und zu viel persönliches Selbstgefühl darin finden. 125. Nun zum Inhalte dieser Gespräche selbst. — Ein deutscher Herr (A) wird während seiner Reisen in Persien genau bekannt mit einem Herrn dieses Landes (B), welcher, da er sich einige Zeit in Deutschland aufgehalten, eine ziemliche Kenntniss der deutschen Sprache erlangt hat. Der deutsche Herr spricht fliessend persisch, ist aber nicht gänzlich gesichert gegen jeweilige Missgriffe in Bezug auf Sprachgebrauch und Grammatik. Deshalb hat er seinen persischen Freund gebeten, ihn zu berichtigen, wenn er einen Fehler dieser Art beginge, wobei er ihm versprochen, seine Belehrungen nie übel aufzunehmen, ausser im Falle voreiliger Pedanterei in Gegenwart Anderer, wo solche Aufmerksamkeitsbeweise allerdings nicht gerade angenehm sind.

I. *Gespräch.*

ب

B

اِمْرُوزْ هَوَا بِسْيَارْ لَطِيفْ وَمُلَايِمَسْت نَمِيخَواهِيدْ سَوَارْ شَوِيمْ [1]

Heute ist die Luft sehr sanft und mild; wünschen Sie nicht, dass wir ausreiten?

[1] Im Deutschen und Englischen wird das Zeitwort dadurch interrogativ, dass man es vor das Subject setzt: *That ich? Did I?* u. s. w. Im Persischen giebt es keine solche der Frage eigenthümliche Wortstellung. Das allgemeinste Mittel, eine Frage zu bezeichnen, besteht auch im Persischen darin, das der Sprechende seiner Stimme gegen das Ende des Satzes hin einen höhern Ton und eine eigenthümliche Biegung giebt. Wird die Frage nicht schon durch Anwendung eines interrogativen Nomens oder

A	چِرا مَنْ؟ مَنْ خَیْلی میخواهَمْ چِه
Warum (nicht)? Ich wünsche (es) sehr. Zu welcher Zeit wollen wir ausreiten?	وَقْت سوارْ شَویمْ

B	هَـرْ وَقْت شُـمـا¹ صَـلاحْ
Wann immer es Ihnen gut dünken wird.	بِدانیدْ²

A	دو ساعَتْ بَعْد اَزْ ظُهْر
Zwei Stunden nach Mittag (zwei Uhr)?	

B	بِسْیارْ خوبْ دَرْ این بَیْـن
Sehr wohl; in der Zwischenzeit gehe ich bis zur hohen Schule und kehre wieder zurück.	مَنْ تا مَدْرَسَه میـرَوَمْ وبَـرْ
	میگَرْدَمْ

A	مَنْ هَمْ دُو سِه تا³ کاغَذْ
Auch ich habe zwei (od.) drei	

Adverbiums unzweifelhaft, so kann man sie auch noch dadurch näher bestimmen, dass man an das Ende des Satzes یا نَه *oder nicht* anhängt, z. B. یَکَدِ شُمَا آنْجَا رَفْت یا نَه *Ging Ihr Vater dahin, oder nicht?* شُمَا فارِسی میدانید یا نَه *Können Sie persisch, oder nicht?* — Durch eine sehr gewöhnliche Auslassung steht سوار شویم statt سوار شویم که.

¹ Als Conjunction statt هَرْ وَقْت که.

² Von دانِسْتَنْ, eigentlich *erkennen, wissen.* Allein dieses Zeitwort wird auch häufig gebraucht für *denken, dafürhalten, glauben.*

³ Dieses تا wird häufig mit den Zahlwörtern verbunden; es

دارَم بِنویسَمْ¹ تا آمَدَنِ شُما
مینویسَمْ اَمّا وَقْتیکِه اَسْبِها
آمادَه اَنْد شُما مرا خَبَرْ کُنید

Briefe zu schreiben; bis Sie kommen (wörtl. bis zu Ihrem Kommen) schreibe ich. Aber wann die Pferde bereit sind, benachrichtigen sie mich.

ب

اَلْبَتّه اَمّا اَگَر فَرْمُودَد²
بُودید وَقْتیکِه اَسْب آمادَه
اَسْت بَحُاوَزَه نَزْدیکْتَر بُود

B

Gewiss! Aber wenn Sie gesagt hätten: wann das Pferd bereit ist, würde es dem (persischen) Sprachgebrauche näher gekommen sein.

ا

مَگَر³ لَفْظِ اَسْب مُفْرَد نیست

A

Ist etwa das Wort Pferd kein Singular?

ب

بِلا شَکّ اَمّا لَفْظِ مُفْرَد
همیشَه دَلالَتْ بَرْ وَحْدَتْ
تَنْها نَمیکُنَد

B

Ohne Zweifel; aber das Singularwort bezeichnet nicht immer bloss Einheit.

---

bedeutet *Stück, sächliches Individuum;* also ist die wörtliche Uebersetzung des Ausdrucks دو سِه تا کاغَذ *zwei oder drei Stück Briefe.*

¹ Statt کہ بنویشم *dass ich schreibe (ut scribam).*

² فَرْمودَن bedeutet eigentlich *verordnen, befehlen;* aber in der feinen Umgangssprache wie in Schreiben wird es oft für *zu sagen* oder *zu thun geruhen* gebraucht. Siehe die zusammengesetzten Zeitwörter § 86 u. 87.

³ Die eigentliche Bedeutung dieses Worts ist *wenn nicht, wenn nicht etwa, es müsste denn;* daher *dann vielleicht, etwa;* so in Fragsätzen, wie hier.

ا

اَمّا آنچه مَنْ كُفْتَمْ غَلَطْ
نَمِيتَوانَدْ باشَدْ چِرا كِه اَقَلّا
دو اَسْبها ضَرُورْ داريمْ

A

Aber das, was ich sagte, kann nicht falsch sein; denn wir haben wenigstens zwei Pferde nöthig.

ب

عُذْرِ شُما بَدْتَرْ اَزْ گُناهسْت ¹
آنچه اَوَّلْ فَرْمُودِيدْ هَمِـيـنْ
اَزْ مُحاوَرَتْ بِيرُونْ بُودْ اَمّا
دو اَسْبها كِه حالا مِيفَرْمائِيدْ
بَعَلاوَه مُوافِقِ نَحْوِ هَمْ غَلَطْ
اَسْت

B

Ihre Rechtfertigung ist schlimmer als der Fehltritt. Was Sie erst sagten, lag nur ausserhalb des Sprachgebrauchs; aber دو اَسْبها, was Sie jetzt sagen, ist überdies auch nach der Syntax falsch.

ا

اَگَرْ مَحَبَّتْ بِفَرْمائِيدْ واِينْ
مَعْنِى را بَتَفْصِيلْ بَيانْ كُنِيدْ
مَنْ اَز شُما بِسْيارْ مَمْـنُـونْ
خَواهَمْ شُـدْ

A

Wenn Sie (mir) die Freundschaft erzeigen und diesen Punkt im Einzelnen erklären wollen, werde ich Ihnen sehr verbunden sein (wörtlich: werde ich von Ihnen sehr verpflichtet werden).

ب

بَچَشْمْ ² اَمّا حالا فُرْصَتْ

B

Sehr gern; aber jetzt haben

¹ Dieser sprichwörtliche Ausdruck bedeutet, dass die Rechtfertigung nicht nur ungenügend ist, sondern die Sache selbst noch schlimmer macht.

² بَچَشْم bedeutet an für sich *auf das Auge*, d. h. *auf mein*

نَداریم وَتُنبیکه سَوارَه باهَم

میرَویم اَگَر میخَواهِی دَر این

باب گُفتُگو¹ خَواهیم کَرد

wir keine Zeit (eig. Gelegen-heit); wann wir zusammen ausreiten, werden wir uns, wenn Sie (es) wünschen, über dieses Capitel unterreden.

خوب گُفتِی هَمچو² باشَد

A

Recht so (eig. Du hast wohl gesprochen); so sei es.

II. Gespräch.

A

اَز وَعدَهٔ پیش اَز ظُهر فَرامُوش نَکَردَه اید

Sie haben das vormittägliche Versprechen nicht vergessen.

B

وَعدَهٔ که بَدُوستی مِثلِ شُما شَوَد هَرگِز فَرامُوش نَمیتَوانَد شُد

Ein Versprechen, das einem Freunde wie Sie gegeben wird, kann nie vergessen werden.

A

اَز اَسب واَسبهِا گُفتُگو میکَردیم

Wir unterredeten uns über Pferd und Pferde.

Auge, eine im Persischen oft angewandte bildliche Redensart, um die grösste Bereitwilligkeit auszudrücken; eben so بِسَرِ چَشم *dasselbe*, بَر سَرُ وبَر چَشم *auf den Kopf und auf das Auge*, بِجان *dasselbe*, بِجان ودِلْ مِنَّت *Verpflichtung für die* (d. h. *meine*) *Seele*, *mit Seele und Herz*.

¹ Dieses zusammengesetzte Wort ist, so wie mehrere andere derselben Klasse, erklärt worden § 67.

² In vertraulicher Rede statt عَمچنین.

ب

خوب دَر دَر خاطِرَم اَست حالا

تَتِمّه را بِشْنَو اَوّلا شُما

میدانید کِه¹ لَفظِ اَسْب چِه

جُزْء اَزْ کَلامَسْت

B

Ich erinnere mich dessen wohl (wörtlich: es ist wohl in meinem Gedächtniss). Nun hören Sie den Schluss! Für's Erste wissen Sie, was für ein Redetheil das Wort Pferd ist.

ا

بَلی اِسْمَ اسْت اَمّا اَگَر لُطف

فَرمائید وَدَر نَمساوی بَیان

کُنید مَن بِهْتَر تَوانَم فَهمید

A

Ja, es ist ein Hauptwort. Aber wenn Sie (mir) die Gefälligkeit erzeigen und (die Sache) auf deutsch erklären wollen, werde ich (sie) besser verstehen können.

B

Alle persischen Hauptwörter, einfache und zusammengesetzte, zerfallen in drei Klassen: *individuelle, collective* und *generische.*

Die *individuellen Hauptwörter* bezeichnen Einzelwesen als solche, sind daher an und für sich determinirt und an die Einzahl gebunden. In diese Klasse gehören alle Eigennamen von Personen, Ländern, Städten u. s. w., wie أَحْمَد *Ahmed,* هِنْد *Indien,* كَلْكَتّة *Calcutta* u. s. w. Indeterminirt können sie nur dadurch werden, dass man den Eigennamen einer Person oder Sache unter mehrern, welche denselben Namen führen, zur Bezeichnung dieses Verhältnisses anwendet,

z. B. أَحْمَدى *ein Ahmed,* d. h. eine von mehreren Personen die Ahmed heissen; und dadurch, dass man einen Eigennamen

---

¹ كه dient gewöhnlich zur Einleitung indirecter Fragen.

in der Bedeutung gebraucht: eine Person oder Sache gleich derjenigen, welche den betreffenden Namen allein oder vorzugsweise führt, z. B. رُسْتَمْ *Rustem*, Name eines dem Hercules vergleichbaren altpersischen Helden, für Held überhaupt, in welchem Sinne es dann auch رُسْتَمِى *einen Rustem* und رُسْتَمَانْ *Rustems* giebt. — Die Zeitwörter, deren Subjecte Hauptwörter dieser Art sind, müssen in der Zahl genau mit ihnen übereinstimmen, z. B. اَحْمَدْ آمَدْ *Ahmed kam*, حَسَنْ رَفْتْ *Hasan ging*, اَحْمَدْ وَحَسَنْ مِيرَوَنْدْ *Ahmed und Hasan gehen*.

Die *collectiven Hauptwörter* involviren in ihrer Bedeutung eine Mehrheit von Einzelwesen, z. B. لَشْكَرْ *das Heer*, گَلَه *die Herde*, indeterminirt: لَشْكَرِى *ein Heer*, گَلَهْ *eine Herde*. Die Zeitwörter, deren Subjecte solche Hauptwörter sind, stehen, wenn das Subject in der Einzahl steht, besser, wenn es in der Mehrzahl steht, *nothwendig* in derselben Zahl, z. B. لَشْكَرْ مِى آيَدْ *das Heer kommt*, هَرْدُو مِيرَوَنْدْ *beide Heere gehen*.

Doch giebt es collective Hauptwörter, die, weil sie zugleich als generische gebraucht werden, in jener Bedeutung des Unterschieds wegen immer die Mehrzahl zu sich nehmen, z. B. مَرْدُمْ مِى گُويَنْدْ *die Leute sagen*, مَرْدُمْ مِى گُويَدْ *der Mensch sagt*.

Die *generischen Hauptwörter* sind solche, welche ganze Geschlechter, Arten und Klassen von concreten und abstracten Wesen und Dingen von Seiten der ihnen gemeinschaftlichen Merkmale bezeichnen, z. B. آدَمْ *der Mensch*, اَسْبْ *das Pferd*, دِرَخْتْ *der Baum*, مِهْمَانِى *die Bewirthung*, دَانِشْمَنْدِى *die Gelehrsamkeit*. Sie sind an und für sich entweder geschlechtlich oder individuell bestimmt (s. § 43), z. B. اَسْبْ

das Pferd, kann bedeuten 1) schlechthin die Thiere von der Gattung, welche diesen allgemeinen Namen führt, ohne Berücksichtigung der Anzahl oder irgend eines andern unwesentlichen und zufälligen Umstandes, 2) das bestimmte Individuum der ganzen Gattung, von dem eben die Rede ist oder welches dem Redenden vorschwebt. So, als Ausdruck für das Einzelwesen, hat es eine Form für die unbestimmte Einheit mit وَحْدَتْ وَٱیْ oder یٱی تَنْكِیرْ (s. § 44), und eine für die Mehrzahl: اَسْبِها, gleichsam: das einzelne Pferd mehrmals genommen[1]. Beispiele:

اَسْب اَزْ دَرْیا نَمِیتَوانَدْ گُذَشْت *Das Pferd kann nicht über das Meer gehen.*

was an und für sich zweierlei bedeuten kann: 1) dass die Thiere dieser Gattung vermöge ihrer natürlichen und wesentlichen Beschaffenheit, also auch jedes einzelne Individuum derselben, zum Gange über das Meer unfähig sind, 2) dass das bewusste Pferd, von dem man spricht oder an welches man denkt, dazu unfähig ist.

وَقْتِی اَسْبِی بَدَرْیائِی اُفْتادْ *Einst fiel ein Pferd in ein Meer.*

Alle drei Wörter: دَرْیا, اَسْب, وَقْت, sind hier durch Anfügung des یٱی تَنْكِیرْ indeterminirt.

اَسْب مَنْ اِمْروزْ اَزْ اِین رودْخانَه گُذَشْت *Mein Pferd ging heute durch diesen Fluss.*

Alle drei Wörter, رودْخانَه, روزْ, اَسْب, sind hier durch die Verbindung mit den Fürwörtern مَنْ und اِین zu individueller Bestimmtheit erhoben.

---

[1] In Verbindung mit Cardinalzahlen können generische Hauptwörter indeterminirt oder determinirt stehen:

دَرْ طَویلَهٔ مَنْ دو اَسْب مِیباشَنْد *In meinem Stalle sind zwei Pferde,* oder *die zwei Pferde.*

دَرْ خِدْمَتِ او سِه نَوْكَرْ مِیبودَنْد *In seinem Dienste waren drei Diener,* oder *die drei Diener.*

In Betreff der Uebereinstimmung dieser Klasse von Hauptwörtern mit ihren Zeitwörtern hinsichtlich des Numerus ist
als allgemeine Regel Folgendes aufzustellen: Zwischen Hauptwörtern, welche vernünftige Wesen bezeichnen, und ihren
Zeitwörtern *muss* jene Uebereinstimmung in allen Fällen stattfinden; bei andern lebenden Wesen setzt man zum Hauptworte
in der Mehrzahl *bisweilen* das Zeitwort in der Einzahl, wenn
dieses letztere passivisch ist. Man kann z. B. sagen: چَهَار

اَسْب كُشْتَه شُد wörtlich: *vier Pferde wurde* (statt *wurden*)
getödtet. Jedoch ist diese Ausdrucksweise eine affectirte Neue-
rung, deren Ursprung nicht weit zurück liegt, und räthlicher
ist es, auch hier immer zu sagen: چَهَارْ اَسْب كُشْتَه شُدَنْد.
Spricht man aber von zwei oder mehr Gattungen, so *muss* das
Zeitwort unter allen Umständen in der Mehrzahl stehen, z. B.:

اَسْب وَخَرْ اَزْ يَكْ جِنْس نِيسْتَنْد *Das Pferd und der Esel*
sind nicht von einem und demselben Geschlechte.

اَسْبِى وَخَرِى وَگَاوِى كُشْتَه شُدَنْد *Ein Pferd, ein Esel und*
ein Ochse wurden getödtet.

Die Hauptwörter für leblose Dinge können, gewisse von
der Erfahrung näher zu bezeichnende Fälle ausgenommen, in
der Mehrzahl mit dem Zeitworte in der Einzahl verbunden
werden, obschon die Uebereinstimmung auch hier weder grammatisch falsch, noch völlig gegen den Sprachgebrauch ist. Man
muss in dieser Beziehung auf die Ausdrucksweise der Eingebornen und auf die der Schriftsteller genau Achtung geben, um sich
selbst ein Urtheil zu bilden; denn es lässt sich schwerlich eine
Regel hierüber aufstellen, welche nicht verschiedenen Ausnahmen unterworfen wäre. Alles, was sich hierüber im Allgemeinen
sagen lässt, beschränkt sich darauf, dass man ein Zeitwort
in der Einzahl zu einem Hauptworte in der Mehrzahl zu setzen
nie genöthigt ist, dass dies aber sowohl von ausgezeichneten
Schriftstellern, als von den correctesten Sprechern unter den
gebornen Persern *häufig geschieht*, besonders wenn das Zeitwort im Passivum steht. Man kann z. B. eben so gut sagen:

خَرابُ شُدَنْدْ als خانَهائ مَرْدُمْ خَرابُ شُدْ, *die Häuser
der Leute wurden verödet;* aber bei'm Activum sollte man
in diesem Falle stets die Uebereinstimmung des Numerus vorziehen, z. B. خانَهائ اين شَهْر بِسْيارْ كوچِكَنْدْ *die Häuser
dieser Stadt sind sehr klein,* obschon manche sagen كوچِكَسْت.

Bei einem aus mehrern Hauptwörtern dieser Klasse gebildeten
Subjecte *muss* das Zeitwort in der Mehrzahl stehen, z. B.

آبُ وآتَشْ وخاكْ اَزْ اَضْدادَنْدْ *Wasser, Feuer und Erde
sind entgegengesetzte Dinge;* gehören jedoch die das Subject
bildenden Hauptwörter zu einer und derselben Gattung von
Dingen, so *kann* das Zeitwort mit gleicher Sprachrichtigkeit
in der Ein- und in der Mehrzahl gesetzt werden, z. B.

دَرْ باغِ ما اَنْگُورُ وَاَنْجِيرُ وسِيبْ يافْت نَمِيشَوَدْ oder نَمِيشَوَنْدْ
*In unserem Garten sind Trauben, Feigen und Aepfel nicht
zu finden.*

دَرْ اين مَوْسِمْ بَرْفُ وباران وتَگَرْكُ ورَعْدُ وبَرْق مُكَرَّرْ باهَمْ
مِى آيَدْ oder مِى آيَدْ *In dieser Jahreszeit kommen Schnee,
Regen, Hagel, Donner und Blitz oftmals zusammen.*

Gehören endlich jene Hauptwörter zu der Klasse von
Dingen, die keine körperliche und greifbare Existenz haben,
wie Zeit, Tag, Nacht, Freude, Kummer u. s. w., so *zieht man
insgemein* die Einzahl *vor,* z. B.

سالْهاسْت كِه ما هَمْ مَكْتَبْ مِيبودِيمْ *Es sind (viele) Jahre
her, dass wir Schulgenossen waren.*

غَمْ شادِى وَمَرْگُ زِنَدْگِى هَمَه اَزْ خُدا مِى آيَدْ *Kummer und
Freude, Tod und Leben kommen alle von Gott.*

جَوانْمَرْدِى مُرُوَّتْ چِنِينْ اِقْتِضا مِيكُنَدْ *Edelmuth und Humanität fordern solches.*

Der Grund dieser Ausdrucksweise im Persischen wie in
andern Sprachen liegt nicht auf der Seite des Zeit-, sondern
auf der des Hauptwortes, welches man, insofern es eine Mehr-

heit von Leblosem oder überhaupt von dem, was sich durch
sein Wesen oder seine Form in der Sprache als Sächliches
und Unpersönliches darstellt, eben nur als Ausdruck einer unter-
schiedlosen Masse, als Sammelwort in der Einzahl betrachtet.
Was die Stellung des Zeitwortes im Verhältniss zu seinem
Subjecte betrifft, so wird das letztere stets vor das erstere
gesetzt, wie رَفْتَم مَنْ *ich ging*, آمَدِيك شُما *ihr kamt*, ايشان
كُفْتَنْد *sie sagten*. Doch muss man hier die Poesie ausnehmen,
in welcher des Versmasses willen oft von dieser Regel abge-
wichen wird; ferner Uebersetzungen der heiligen Schriften aus
dem Arabischen, wo eine streng wörtliche Uebertragung, selbst
in Bezug auf die Wortstellung, für unerlässlich gilt.

Generische Hauptwörter werden determinirt auch durch
Anfügung der Partikel را, z. B. ديدى را اَسْب *Sahst du
das Pferd?* und durch Zusammenstellung mit einem Genetiv,
z. B. شُماست اَسْب اَزْ بِهْتَر مَنْ اَسْب *Mein Pferd ist besser
als das Ihrige.*

Wenn Sie nun anfangs zu mir sagten: اَسْبِها وَتَّتِيكِه
كُنِيك خَبَرْ مَرا شُما اَنْك آمَادَه, so bedeutete Ihr Ausdruck:
*Wenn die (bestimmten) Individuen von der Gattung Pferd
bereit sind*, u. s. w. Nun sprachen wir aber nicht von besondern Pferden, auch fand keine Verabredung zwischen uns statt
in Betreff irgend welcher Pferde, auf die der erwähnte Ausdruck sich hätte beziehen können; wir wollten nur *sortir à
cheval*, nicht *sur tels chevaux*, und um jenes auszudrücken,
würde das generische Hauptwort اَسْب völlig hinreichend gewesen sein. Sie verletzten daher den Sprachgebrauch, insofern sie ein *individuell bestimmtes* Hauptwort setzten, wo Sie
ein *generisches* hätten vorziehen sollen. Allein grammatisch
und für sich genommen war Ihr Ausdruck vollkommen richtig,
und Jemand, der unserer Unterhaltung nicht genau gefolgt
wäre, würde darin keinen Verstoss, selbst nicht gegen den
Sprachgebrauch, gefunden haben. In Ihrem zweiten Ausdrucke

hingegen: چرا که ما اِقلّا دو اَسبها را ضَرُورْ داریمْ hatten
Sie sowohl hinsichtlich des Sprachgebrauchs als der Grammatik
Unrecht; denn man verbindet im Persischen die Cardinalzahlen
nicht mit der Mehrzahl der Hauptwörter, und in Verbindung
mit dem Vorhergehenden bedeutete ihr Ausdruck: *denn wir
haben wenigstens die (vorhergenannten) zwei Pferde nöthig.*
Sie hätten sich also begnügen sollen, دو اَسب zu sagen.

ا	A

آمّا ما دَرْ نَمْساوی اِسْمِ
عَدَدْ را بِا لَفْظِ جَمْع
اِسْتِعْمالْ میکُنیمْ

*Aber wir im Deutschen ge-
brauchen die Cardinalzahl in
Verbindung mit der Pluralform.*

ب	B

مَنْ میدانَمْ کِه دَرْ نَمْساوی
میگُویَنْدْ دو اَسبها آمّا هَرْ
زَبانی مُحاوَرَهٔ دارَدْ حالا دیرْ
شُدَه اَسْت بِیا تا بَرْگَرْدیمْ

*Ich weiss, dass man im Deut-
schen sagt z w e i Pferde; aber
eine jede Sprache hat eine (eigenthümliche) Ausdrucksweise.
Es ist nun spät geworden.
Kommen Sie, lassen Sie uns
zurückkehren.*

III. Gespräch.

ا	A

سَلامٌ عَلَیْکُمْ

Heil über Sie! (Guten Morgen!)

ب	B

وَعَلَیْکُمُ اَلسَّلامْ وَرَحْمَةُ اللّهْ

*Und über Sie das Heil und
die Gnade Gottes!*

	A
۱	*Vergangene Nacht hatte ich einen sonderbaren Traum.*
دیـشَـبْ غَـریبْ خَـوابـی میدیدَمْ ۱	

	B
ب	*Möge er zum Guten ausschlagen!* (wörtlich: *Gutes sein!*) *Wovon träumten Sie?*
خَیر باشَـدْ ۲ اَزّ چِـه خَـوابْ میدیدیدْ	

	A
۱	*Ich träumte, dass ich auf einer sehr weiten Ebene voller Pferde stände, und einige Leute zu Fuss, nachdem sie jeder der Reihe nach ein Pferd von jener grossen Herde abgesondert hatten, zeigten es erst einer Person, — anscheinend ihrem Anführer, — die dort in der Nähe stand; und hierauf, nachdem sie auf deren Anweisung dasselbe Pferd vor meinen*
خَوابْ دیدَمْ کِه دَرْ مَیْدانی بِسْیارْ وَسیعْ پُـرْ اَزْ اَسْب ایسْتادَه بُودَمْ وَچَنْد نَـفَرْ پیادَه هَرْیَکْ بَنَوْبَتْ اَسْبی اَزْ آنْ رَمَهٔ بُزُرْکْ جُدا کَرْدَه اَوَّلْ بَشَخْصی ظاهِـرًا رَئیسِیشانْ کِه دَرْ آنْ نَزْدیکی ایسْتادَه	

---

¹ Es giebt kein persisches Wort in gewöhnlichem Gebrauche, das genau dem deutschen *träumen*, *einen Traum haben* entspräche; دَرْ خَوابْ دیدَنْ und خَوابْ دیدَنْ bedeuten beide eigentlich *Traum sehen, im Traume sehen*. — Wenn, wie hier, das Adjectiv dem Substantiv vorausgeht, tritt kein *i* des Anschlusses dazwischen (§ 40).

² Diese optative Interjection gebraucht man bei solchen Gelegenheiten; dann wenn Jemand in Gesellschaft niest; ferner bei Ueberraschungen, wenn ein unerwartetes bängliches Ereigniss eintritt, — etwa als ob man im Deutschen sagte: *Gott, nur kein Unglück!*

بُودْ نِمُودَنْدِى وَبَعْدْ بَاشَارَتِ
او هَمانْ آسْبْ را بَنْظَرِ مَنْ
گُذَرانِيدَه بازْ بَرَمَه سَرْ
مِيدَادَنْدَ تا آنْكِه اَزْ آنْ
مِيانَه اَسْبِى شَرِيرْ چالاكِى
گَرْدَه چِنانْ لَگَّدِى بَرْ مَنْ
زَدْ كِه اَزْ خَوابْ بَرْجَسْتَمْ

Augen vorüber geführt hatten,
entliessen sie (es) wieder zur
Herde, bis dass eins von ihnen,
ein böses Thier (wörtlich: aus
jener Mitte ein böses Pferd),
wild geworden mir einen solchen Hufschlag versetzte, dass
ich aus dem Schlafe auffuhr.

ب

B

وَدِيدِى كِه بَرْ پُشْت اُفْتادَه
بُودِى

Und sahen, dass Sie auf dem
Rücken lagen.

ا

A

رَفِيقْ بَرْجَسْتَمْ مِيگُويَمْ بَرْ
پُشْت چِگُونَه مِيتَوانِسْتَمْ
اُفْتادَه باشَمْ

Freund! — auffuhr, sag' ich.
Wie hätte ich auf dem Rücken
liegen können?

ب

B

پَسْ بِيمْ. اِينْ بُودْ كِه بَرْ رُو
بِيُفْتِى

Dann war zu befürchten (wörtl.
das zu Befürchtende war dies),
dass Sie auf das Gesicht zu
liegen kamen.

ا

A

مِزاحْ بَرْ كَنارْ بِيا وَاَگَرْ

Scherz bei Seite! — Kommen
Sie und, wenn Sie können,

میتَوانی بِگُو تَعْبِیرِ این
خَوابْ چه چیزْ¹ اَسْت

ساگ*sagen Sie: was ist die Deutung dieses Traumes?*

ب

B

شُما میدانیذْ کِه بَنْدَه²
یُوسُفِ پَیْغَمْبَرْ³ نیسْتَم

Sie wissen, dass ich, Ihr gehorsamer Diener, nicht der Prophet Joseph bin.

ا

A

بازْ شوخی میکُنی راسْتی
بِگُو بِه بینَم سَبَبِ این خَواب
چِه تَوانَذْ بُوذْ

Da spassen Sie wieder! Sprechen Sie im Ernste, dass ich erfahre (wörtl. sehe), was die Ursache dieses Traumes sein mag.

ب

B

عَزیزِ مَنْ شوخی اَزْ طَرَفِ
شُما می نِمایَذْ وَگَرْ نَه مَنْ
هَمْچُو⁴ نِمیدانَمْ کِه واقِعی
تُو اَزْ سَبَبِ خَوابَتْ غافِلْ

Mein Theurer, das Spassen scheint auf Ihrer Seite zu sein; wenigstens halte ich nicht dafür, dass Sie wirklich mit der Ursache Ihres Traumes unbekannt wären; denn sie

---

¹ Wörtlich: *was für ein Ding, was für eine Sache*, wie ital. *che cosa*, arab. اَیْش statt اَیُّ شَیْءٍ.

² Wörtlich: *der Knecht, der Sklave*; dient zur bescheidenen Bezeichnung der eigenen Person und kann dann auch mit der ersten Singularperson des Zeitworts verbunden werden.

³ Ein Hauptwort, welchem ein anderes als Apposition beigeordnet ist, wird mit diesem, wie ein Hauptwort mit seinem Beiworte, durch das *i* des Anschlusses verbunden.

⁴ Statt هَمْچُنین; s. Anm. 2 zu S. 111.

باشى چراكِه بِسْيارْ بَدِيهى
مِينمايَد

scheint sehr selbstverständlich
zu sein.

ا

A

با اين هَمَه مَن مِيخَواهَم
كِه اَزْ شُما بِشْنَوَم

Bei alle dem wünsche ich doch,
(sie) von Ihnen zu hören.

ب

B

ما ديروز قَرِيبِ چَهارْ ساعَتْ
باهَمْ سَوارِ اَسْب بودِيمْ پِيشْ اَزْ
سَوارِى دَرْ مِيانِ ما كُفْتُكُوئِى
دَرْخاسْتَه بُودْ كِه اَصْلْ
ومَبْحَثْشْ اَسْب بُودْ دَرْ بَيْنِ
سَوارِى باز بَهَمانْ مُباحَثَه
رُجُوعْ كَرْدِيمْ وَاَسْبْ وَاَسْبها
مُكَرَّرْ بَاَنْواعِ مُخْتَلِف دَرْ اَماثِلِ
نَحْوِيَّهْ ما جارِى بُودَنْد بَعْد
اَزْ اينها هَمَه اَكْرْ خَيالِ اَسْب
هَمِينْ كِه دَرْ خَوابْ بُودِيدْ
باز دَرْ خاطِرِ شُما كُذَشْتَه
باشَدْ ما بايَدْ اَزْ آنْ تَعَجُّبْ
بِكُنِيمْ

Wir ritten gestern beinahe vier
Stunden zusammen. Vor dem
Ritte hatte sich zwischen uns
eine Unterredung entsponnen,
deren Ursprung und Gegen-
stand das Pferd war. Wäh-
rend des Reitens kamen wir
auf ebendieselbe Erörterung
zurück, und Pferd und
Pferde kamen wiederholt auf
verschiedene Arten in unseren
syntaktischen Paradigmen vor.
Wenn nun nach dem allen das
Gedankenbild des Pferdes,
sowie Sie schliefen, wieder
durch Ihre Seele gezogen ist,
dürfen wir uns darüber verwundern?

ا

خَیْر ۱ لیکِن تَعَجُبِ مَن اَز
سایِرِ کَیْفِیّاتْ وَوَقایِعیسْت
کِه بَمُباحَثَهٔ ما هیچْ نِسْبَتی
نَتَوانِسْتَنْد داشْت

A

Nein; aber meine Verwunderung gilt den übrigen Umständen und gewissen Begebenheiten, welche gar keine Beziehung auf unsere Erörterung haben konnten.

ب

رُؤْیاهائ ما هَمیشَه مُرَکَّب اَز
اَجْزائی نیسْتَنْد کِه بَهَمان
هَیْئاتِ مُتَّصِلَه گاهی دَر
حَقیقَتْ واقِعْ شُدَه یا دَر
بیداری بَخَیالِ ما گُذَشْتَه
باشَنْد رَبْطْ وَتَوافُقْ وَتَساوی
وَتَرْتیبْ حَتْماً داخِلِ خَیالاتی

B

Unsere Träume sind nicht immer aus Theilen zusammengesetzt, welche in denselben Verbindungen einmal in der Wirklichkeit stattgefunden haben oder im Wachen durch unsere Einbildungskraft gezogen sind. Zusammenhang, Uebereinstimmung, Gleichförmigkeit und Ordnung sind nicht nothwendig ein Bestandtheil der

---

¹ Die Perser machen in der feinen Umgangssprache selten Gebrauch von der einfachen, entschiedenen Verneinung نَه *nein;* der gewöhnliche Stellvertreter derselben ist خَیْر *gut.* Mehrere andere Ausrufungen werden gleichfalls verneinend gebraucht, wie خُدا نَکُنَدْ *Gott behüte!* (wörtl. *thue nicht!*), اَسْتَغْفِرُ اللَّه *ich bitte Gott um Vergebung,* u. s. w., desgleichen manche an und für sich bejahende, aber durch gewöhnliche Verbindung mit Negationen, wie *du tout* statt *pas tu tout,* selbst negativ gewordene Adverbien, wie مُطْلَقاً, هَرْگِزْ, اَبَداً *nimmermehr, durchaus nicht.* Allein letztere verneinen emphatisch, خَیْر bloss einfach.

نَمِیشَوَنْد كِه دَرْ خَوابِ بِخَاطِرِ

ما مِیگُذَرَنْد با وُجُودِ ایْنْ

ایْنْ خَوابِ شُما مَرْبُوطْتَرِینِ

خَوابْهائِیسْت كِه مَنْ هَرْگِزْ

شَنِیدَه اَمْ چِـرا كِـه دَرْ آنْ

هِیچْ جُزْئِى نِیسْت كِه بَعْد اَزْ

اَنْدَكْ تَأَمُّلِى نِسْبَتَشْ را بِجُزْئِى

مَخْصُوصْ دَرْ آنْ مُبَاحَثَةٌ مـا

نَتَوانْ دِیدْ وَمَنْ اَزْ ایْنْمَعْنِى

خُوشْنُودَمْ چِرا كِه هَمْـیِـر

مِینِمایَدْ كِه تَقْرِیراتِ مَنْ دَرْ

خَاطِرِ شُما تَأْثِیرِى كَرْدَه اَنْد

Gedankenbilder, welche im Schlafe durch unsere Seele ziehen. Trotzdem ist dieser Ihr Traum der zusammenhängendste unter den Träumen, von welchen ich jemals gehört habe; denn es ist durchaus kein Theil darin, dessen Beziehung auf einen besondern Theil jener unserer Erörterung man nicht nach ein wenig Ueberlegung auffinden (wörtl. sehen) könnte. Und ich freue mich über diesen Umstand, weil es so scheint, als ob meine Darstellungen einigen Eindruck auf Ihre Seele gemacht hätten.

١

مِیدانَمْ كِه[1] چِه مِیخَواهِى

بِگُوئِى مُنْتَهاشْ ایْنَسْت كِه

فَرْض كُنَمْ كِه آنْ مَیْدانِ

وَسِیعْ فَصْلِ طَوِیلِى بُودْ كِه

شُما دَرْ نَحْوِ تَقْرِیرْ فَرْمُودِیدْ

A

Ich weiss was Sie sagen wollen. Das Endergebniss davon ist, dass ich annehmen soll, jene wei? Ebene sei das lange Capitel über die Syntax gewesen, welches Sie vortrugen, und der Haufen

---

وَاَنْبُودِ اَسْبِهَا دَرْ آنْ مَيْدَانْ
مِثَالِ اِسْمِ جَمْعْ يَا اَسْبِ
مُطْلَقْ تَوَانَدْ بُودْ اَمَّا چِهْ
جُزْءِ مُبَاحَثَهُ مَا اِشَارَتْ تَوَانَدْ
كَرْدْ بَآنْ اَشْخَاصْ كِهْ بَدَانْ
تَرْتِيبْ اَسْبِهَا رَا بَنَظَرِ مَنْ
مِيكُنَدْرَانِيدَنْدْ

Pferde in jener Ebene möge das Abbild des collectiven Hauptwortes oder des Pferdes schlechthin sein. Aber was für ein Theil unserer Erörterung kann auf jene Personen hindeuten, welche die Pferde in jener Ordnung vor meinen Augen vorüberführten?

ب

B

شَايَدْ عَوَامِلِ مُتَعَدِّدَهْ كِهْ
بَدَانْهَا اِسْمِى رَا اَزْ يَكْحَالَتِ
نَحْوِى بِدِيگَرِى نَقْلْ مِيكُنَنْدْ

Vielleicht die zahlreichen regierenden Partikeln, durch welche man ein Hauptwort aus einem syntaktischen Verhältnisse in ein anderes versetzt.

ا

A

بَدْ مِزَاحْ نَمِيكُنِى اَمَّا هِيچْ
مِيتَوَانِى گُفْتْ كِهْ¹ آنْ شَخْصِ
مُشَارٌ اِلَيْهِ كِهْ اَوَّلْ اَسْبِهَا رَا
بَوَىْ مِينِمُودَنْدْ وَبَعْدْ بِاِشَارَتِ
اُو بَمَنْ چِهْ نِسْبَتْ بِمُبَاحَثَهُ
مَا تَوَانَدْ دَاشْتْ

Sie scherzen nicht übel; aber können Sie irgend sagen, welche Beziehung jene ausgezeichnete Person, welcher man die Pferde zuerst und dann auf ihre Anweisung mir vorführte, zu unserer Erörterung haben mag?

---

¹ S. Anm. 1 zu S. 112.

ب

B

چون می بینَم کِه اَز مِزاحِ
مَن حَظّی میکُنی پَروا نَباشَد
اَکَر بِکویَم کِه آن شَخصِ
مُشارٌ اِلَیه میتَوانِست کِه
بَنْدَهٔ مِسکِین شُما باشَد
کِه اَوَّلْ آن اَمْثِلَه را اِمْتِحانْ
کَرده وسَنْجِیده بَتَرْتِیبْ
مَعْرُوضِ رَأیِ مُبارَکْ[1] میداشت

Da ich sehe, dass Sie an mei-
nem Scherze Vergnügen finden,
so wird nichts zu besorgen
sein, wenn ich sage, dass
jene ausgezeichnete Person
Ihr unterthäniger Diener
(ich selbst) sein könnte, wel-
cher, nachdem er diese Bei-
spiele erst geprüft und erwo-
gen hatte, sie in (gehöriger)
Ordnung der Beurtheilung Ew.
Gnaden vorführte.

ا

A

اِین هَمْ بِسْیارْ بَد نَبُودْ اَما
اَز اِین مُشْکِلْ بِیرُونْ بِرَوی
اَکَرْ میتَوانی بِکُو کِه آنْ
اَسْبِ شَرِیرْ کِه چِنان لَکَدی
سَخْت بَرْ مَن زَدْ چِه تَوانَدْ بُودْ

Auch dies war nicht ganz
übel. Aber aus Folgendem
werden Sie sich nur schwer
herausziehen. Wenn Sie kön-
nen, sagen Sie, was jenes
böse Pferd sein mag, das mir
einen so harten Hufschlag ver-
setzte?

ب

B

سِنُورِ بَرْآشُفْتَهْ کِه بـا سِـه

Das aufgereizte Thier, wel-

---

[1] Eig. *der (von Gott) gesegneten Urtheilskraft.*

ches Sie zuerst mit den drei syntaktischen Fehlern aufstachelten.

غَلَطِ نَحْوِیَهٔ نَخُسْتِین بَرْ او بِهْمِیز هَمِیزَدی

١

A

حَقِ مَطْلَبْ اِینَسْت کِه میخَواسْتَمْ بِه بِینَمْ کِه شُما تا چِه حَدْ بَخَوابْ مُعْتَقِدْ بُودیدْ اَمّا حالا می بِینَمْ کِه شُما هَمْ مِثْلِ خُودَمْ بَخَوابْ هیچْ اِعْتِقادْ نَداریدْ

Der eigentliche Fragpunkt ist der, dass ich zu erfahren wünschte, inwieweit Sie an Träume glaubten; nun aber sehe ich, dass auch Sie, gleich mir selbst, gar nicht an Träume glauben.

ب

B

مَنْ نَمِیفَهْمَمْ کِه اَزْ لَفْظِ اِعْتِقادْ شُما چِه قَصْدْ میکُنیدْ مَنْ اَلْبَتّه مُعْتَقِدَمْ بَرْ اینْکِه وَقایِعی چَنْدْ١ کِه اَکْنُونْ اَزْ آنْها خُوبْ یادْ

Ich verstehe nicht, was Sie mit dem Worte „glauben" sagen wollen. Ich glaube gewiss daran, dass etliche Begebenheiten, deren ich mich jetzt ganz

---

[1] چَنْدْ, *etliche, einige, mehrere,* wird dem Hauptworte im Singular theils vor-, theils nachgestellt; im letztern Falle nimmt das Hauptwort das ی der Unbestimmtheit an (§ 44). Der gebrochene arabische Plural وَقایِع ist seinem Wesen nach und auch für die persische Syntax ein Singular.

میتوانم کرد وقتی که
خوابیده بودم در خیال
من گذشته اند

wohl erinnern kann, durch meine Einbildungskraft gezogen sind, als ich schlief.

ا

A

¹ باز از مطلب تجاهل میکنی
من میخواهم بگویم که بمن
چنین مینماید که شما
معتقد نیستید بر اینکه
وقایعی که ما در خواب می
بینیم دخلی بمستقبل داشته
باشند یا بعبارهٔ اخری² آن
وقایع مارا پیش از وقت
اخبار نمیکنند از آنچه بعد
بر ما واقع تواند شد

Wiederum thun Sie als ob Sie die Frage nicht verständen. Ich will sagen, dass es mir so vorkommt, als ob Sie nicht daran glaubten, dass die Begebenheiten, welche wir träumen, irgend etwas mit der Zukunft zu schaffen haben, oder, mit andern Worten, dass jene Begebenheiten uns nicht in voraus von dem Kunde geben, was uns möglicherweise später begegnen wird.

ب

B

کاش که حقیقت چنین بود

Wäre es doch wirklich so und

---

¹ تَجَاهُل, ein arabisches Verbalsubstantiv, bedeutet *sich un-wissend stellen*, von جَهِلَ *er war unwissend*. Eben so von مَرِض *er war krank*: تَمَارَض *er stellte sich krank*. Die Perser haben Verbalsubstantive dieser Art von den Arabern entlehnt und bilden aus denselben mit den persischen Hülfszeitwörtern Verba.

² Arabisch; wörtlich: *mit einem andern Ausdruck.*

وَآن وَتَابِعِ راسْتى اَزْ آيَنْدَه
خَبَرْ مِيدَادَنْد مَن اَنْوَقْت
هَرْكِزْ اَزْ رَخْتِ خَوابْ[1] بَرْ
نَمِيخَاسْتَمْ مَگَرْ بَاسْتِقْبَالِ
فَرَحى مَوْعُود يَا بَدَفْعِ
مُصِيبَتى وَعِيدْ دَرْ اِينْ دُنْيَا
بِهِشْتى دِيگَرْ نَمِيخَواسْتَمْ

jene Begebenheiten gäben in
Wahrheit Kunde von dem
Künftigen! Ich würde dann
niemals aus dem Bette aufstehen, ausser um einer ver-
heissenen Freude entgegenzu-
gehen, oder um ein ange-
drohtes Unglück abzuwenden.
In dieser Welt würde ich kein
anderes Paradies wünschen.

١

مَنْهَمْ هَمْچِنِينْ اَمَّا مِيتَرْسَمْ
كِه اَن بِهِشْت را بَخُرَّمِئى كِه
حَالَا تَصَوُّرْ مِيكُنِيمْ نَيَابِيمْ
وَبَعْدْ اَزْ دُو سِه خَوابْ دُعَا
كُنِيمْ كِه خَوابْهَامَانْ هَمَه
يَا اَزْ اِمْتِلَآءِ مِعْدَه بَرْخِيزَنْد
يَا اَزْ بَرْ پُشْت اُفْتَادَنْ

A

Auch ich desgleichen; aber ich
fürchte dass wir jenes Paradies so ergötzlich, wie wir uns
jetzt vorstellen, nicht finden
und nach zwei (oder) drei
Träumen Gott bitten würden,
unsere Traumgesichte möchten
alle entweder aus Ueberfül-
lung des Magens, oder von
Liegen auf dem Rücken entspringen.

ب

چِرَا وَاَزْ چِه سَبَبْ

B

Warum und aus was für ei-
nem Grunde?

---

[1] Dieser Ausdruck رَخْتِ خَوابْ ist keiner wörtlichen Uebersetzung fähig. Am nächsten käme etwa *Schlafgeräth*, d. h.
die Bettstelle mit allem Zubehör von Bettzeug.

١	A

از این سبب که اگر در

حقیقت خیری بشما رسیدنی

باشد بی شک که بوقت

خواهد آمد زیاده چه حاصل

اگر پیش از پیش آنرا

بدانید و من بهتر اینکه

ندانم چرا که بقدریکه از

انتظارش لذت برده باشم

بهمان قدر حظ من از

وصولش کمتر خواهد بود

واگر مدت ما بین خواب

و وقوع طولی کشیده باشد

شاید در آن وقت من از

آن هیچ لذت نخواهم داشت

از آن طرف اگر خواب از

مصیبتی یا حادثه خبر

میدهد به بین که پیش از

پیش دانستنش چه رنج

گرانیست وبهمان طور اگر

A

Aus dem Grunde dass, wenn Ihnen wirklich etwas Gutes begegnen soll, es ohne Zweifel zu rechter Zeit kommen wird. Was für ein Gewinn würde sich (daraus) ergeben, wenn Sie es in voraus wüssten? Was mich betrifft, so ist es besser, dass ich (es) nicht weiss; denn in dem Masse als ich mich an der Erwartung desselben vergnügt hätte, in ebendemselben Masse würde mein Glück über das Eintreffen desselben geringer sein. Und wenn der Zeitraum zwischen dem Traume und dessen Verwirklichung sich in die Länge zöge, so würde ich dann vielleicht gar kein Vergnügen daran haben. Wenn von der andern (wörtlich: jener) Seite der Traum von einem Unglück oder einem Unfall Kunde gäbe, bedenken (wörtlich: sehen) Sie, welch schweres Leiden es wäre, es

مُصِيبَتْ عَظِيمْ يا مُدَّتْ
طَوِيلْ باشَدْ شايَدْ كِه دَرْ
اين بَين اَزْ شِدَّتِ اَنْدُوهْ
عَقْلِمان زايِلْ گَرْدَدْ يا خُودْ
بَكُلّى هَلاكْ شَوِيمْ

in voraus zu wissen! Und in gleicher Weise, wenn das Unglück gross oder die Zwischenzeit lang wäre, könnten wir inzwischen durch die Gewalt des Kummers unsern Verstand verlieren oder ganz zu Grunde gehen.

ب

B

تَقْرِيراتِ شُما حَقّ اَنْد اَمّا
حَقايِقى ديگَرْ نِيزْ دَرْ اين
بابْ مِيتَوانْ گُفْت شُما هَمِين
اَزْ مَضارِ اين مَعْنِى بَيان
كَرْدِيدْ وَاَزْ مَنافِعَشْ هِيـچْ
نَگُفْتِيدْ لِيكِنْ چُون مَبْحَثْ
بَالآهِيّاتْ مِيكَشَدْ بِهْتَرْ كِه
زِيادَه دَرْ آنْ خَوْض نَكُنِيمْ

Ihre Darstellungen sind wahr; allein man kann über diesen Gegenstand auch noch andere wahre Dinge sagen. Sie haben bloss von den Nachtheilen der Sache gehandelt und nichts von ihren Vortheilen gesagt. Doch da dieser Gegenstand in die Metaphysik führt, ist es besser, nicht tiefer darauf einzugehen.

ا

A

خاصَه چُون حالا خاطِرَمْ
مِى آيَدْ كِه مَنْ جائى وَعْدَه
دارَمْ وَبايَدْ مُرَخَّصْ شَوَمْ
شُما فَرْدا بَبَنْدَه مَنْزِلْ
تَشْرِيفْ خَواهِيدْ آوَرْدْ

Besonders da ich mich jetzt erinnere, dass ich versprochen habe an einen Ort zu kommen und mich beurlauben muss. Werden Sie morgen meine Wohnung beehren? (wörtlich: der Dienerwohnung Beehrung zubringen?)

<table>
<tr><td>

اِنْشَاءَ اللَّهْ خِدْمَتِ شُـمـا
خَواهَمْ رَسِیدْ

</td><td>

B

Will's Gott, werde ich Ihnen meine Aufwartung machen. (wörtlich: *zu Ihrer Bedienung gelangen*).

</td></tr>
</table>

وَقْتِ نَهارْ¹ وَقْتِ شـامْ یـا هَرْدو	**A** *Zum Mittagessen, zum Abendessen, oder zu beiden?*
شامْرا کِه مَوْعُودَمْ	**B** *Zum Abendessen bin ich versprochen.*

---

[1] نهار und شام bedeuten eigentlich *Tag* und *Abend*, aber die Perser wenden sie auf die beiden Mahlzeiten an, die sie im Laufe des Tages halten. Die allgemeine Lebensweise in Persien ist kurz diese: Die Leute stehen bei Zeiten auf, um bei Sonnenaufgang ihr Gebet zu verrichten. Bald nach dem Gebete geniesst man etwas weniges zum Frühstück, ein Stückchen Zwieback mit einer kleinen Tasse Kaffee, oder auch nur warmes Wasser mit etwas Ingwer und Zucker, u. s. w., und dies nennt man ناشتا شِکَسْتَنْ *die Nüchternheit brechen (to breakfast)*. Weiter zwischen elf und zwölf Uhr nimmt man ein nahrhaftes warmes und kaltes Mahl ein, welches man نَهارْ nennt, jedoch nicht ganz so nahrhaft wie die grosse Abendmahlzeit, شـامْ genannt. Die Zeit dieses Mahles wechselt nach der Jahreszeit, denn es wird nie vor ein oder zwei Stunden nach Sonnenuntergang eingenommen. Dies ist indess nur die Lebensweise der vornehmern Klassen. Kleinhändler, Handwerker, überhaupt Leute, welche früh an ihre Arbeit gehen müssen, nehmen sogleich, bevor sie ihr Geschäft beginnen, jeder nach seinen Mitteln, ein tüchtiges Mahl zu sich, welches sie ناشتا (gleichsam *fast* statt *breakfast*) nennen, ein zweites zu Mittag, welches چاشْت heisst (auch Ausdruck für die Tageszeit), und ein drittes zu Abend, d. i. das شـامْ, welches sie jedoch zeitiger einnehmen, als die höhern Klassen, denen nichts daran liegt, so zeitig zu Bett zu gehen.

۱	A
يَس وَقْتِ نَهَارْ باشَدْ	Dann mag es zum Mittags- essen sein.
ب	B
تَحَبَّتِ شُماكَمْ نَشَوَدْ	Möge Ihre Freundschaft sich nie vermindern!
۱	A
مُشَرَّفْ خَواهِيدْ ساخْت خُدا حافِظْ	Sie werden mir Ehre erweisen (wörtlich: Sie werden geehrt machen, — nämlich mich). Gott erhalte (Sie)!
ب	B
خُدا هَمْراهِ شُما	Gott mit Ihnen! (wörtlich: Ihr Begleiter.)
۱	A
وَقْتِ نَهَارْ مُنْتَظِرْ خَواهَمْ بودْ	Zur Zeit des Mittagsessens werde ich (Sie) erwarten.

IV. Gespräch.

۱	A (seine Diener rufend) Jungen! — Ist keiner da? (wörtl.: Wer ist hier?)
بَچّها اينْجا كِيسْت	
خِدْمَتْكارْ	Diener.
بَلى صاحِب ¹	Ja, Herr!
۱	A
مَن اِمْروزْ وَقْتِ نَهارْ مِيْهْمان دارَمْ خوبْ مُتَوَجّهْ باشِيدْ	Ich habe heute zum Mittagsessen einen Gast. Nehmt euch hübsch zusammen! (wörtl.: Seid — näml. der Sache — gut zugewandt!)

¹ صاحِب der Herr oder Besitzer von etwas. Die Indier wenden diesen Ausdruck auf die Engländer an, und die Perser haben ihn von jenen entlehnt.

خِدْمَتْكَارْ

Diener.

بَلى صاحِبْ چه ميفَرْمائيدْ
دُرُسْت بِكُنيمْ بَعَلاوَهْ
حاضِرى ۱

Ja Herr! — Was befehlen Sie dass wir ausser dem Vorräthigen zurecht machen sollen?

ا

A

پِلاوُ وچِلاوُ هَرْ دو باشَدْ
چَنْدْ تا كَبابْ مُرْغ وبَرَّهْ وَهَرْ
چه ديگَرْ كِه بِخاطِرتانْ
بِرَسَدْ اَمّا باشْ پَزْ بِكُو كِه
دَرْ پُخْتَنى خَيْلى دقَّتْ بِكنَدْ
وخورِشْهاى خوبْ بِسازَدْ ۲

Beides, Piláw und Ćiláw, soll da sein, einige Kebáb's von Geflügel und Lammfleisch, und alles was euch sonst noch einfallen wird. Aber sage dem Koch, dass er in Betreff der Kochsachen recht sorgfältig verfahren und gute Zukostgerichte machen soll.

---

¹ حاضِرى bedeutet etwas *Fertiges* oder *stets Bereites*. In Bezug auf Esswaaren wird es im Gegensatze zu پُخْتَنى *Koch-sachen* gebraucht und bezeichnet alle Arten Eingemachtes, Zuckerwerk, Sahne, Käse, Butter, Früchte u. s. w., da diese stets *bereit* und gleich zu haben sind.

² *Piláw* wird aus Reis mit Fleisch, Butter, Gewürze u. s. w. gemacht, ein an sich vollständiges Gericht, das man gerade wie es zur Tafel gebracht wird isst. *Ćiláw* wird auch aus Reis gemacht, aber nur einfach gekocht und mit خورِش gegessen, d. h. einer mittelst Brühen schmackhaft oder pikant gemachten Speise. In Verbindung mit Brod, — نَان خورِش, durch das hinzugesetzte نَان von dem generischen Ausdrucke خورِش unterschieden, — bedeutet es einfach *Zukost (opsonium)*. Sein Hauptbestandtheil ist *Fleisch* irgend einer Art mit sehr mannigfachen Saucen, ge-

خِدْمَتْكَارْ

Diener.

خَيَّاطْ اينْجاسْت ميگُويَدْ كِه
شُما فَرْمودَه بوديدْ كِه بِيايَدْ

Der Schneider ist da; er sagt,
Sie hätten befohlen, dass er
kommen solle.

ا

ا

بِگُو فَرْدا بَعْدَ اَزْ ظُهْـر
بِيايَدْ اِمْروز فُرْصَتْ نَـدارَمْ

Sage, er möge morgen Nach-
mittag kommen; heute habe
ich keine Zeit.

خِدْمَتْكَارْ

Diener.

دَلَّالْ ١ هَمْ بازْ اِمْروز اينْـجـا
بودْ وَميگُفْت كِه چَنْدْ تـا
اَسْبهائ خوبْ سُراغْ ٢ دارَمْ

Auch der Pferdehändler war
heute wieder da und sagte:
Ich bin etlichen guten Pferden
auf der Spur.

trockneten Früchten, Gewürzen u. s. w. zugerichtet. Jedes solche
Gericht hat seinen besondern Namen; خورش nimmt, kann man
sagen, die Stelle des *Curry* auf der englischen Tafel ein, insofern
es mit einfach gekochtem Reis gegessen wird; doch wird es nie
so heiss gemacht, wie das indische Gericht. كَبابْ bedeutet ge-
bratenes Fleisch, sei es Geflügel oder anderes Fleisch, ja es begreift sogar Fisch in sich. Von كَبابْ werden ebenfalls sehr verschiedene Arten gemacht. Ueber پُخْتَنى siehe die vorige Note.

¹ Dieses arabische Wort bedeutet ursprünglich *Führer, An-*
leiter, daher dann jede Person, welche zwischen Käufer und Ver-
käufer vermittelt und beide einander zuführt, *Mäkler.* Gewöhnlicher wird es jedoch von Händlern mit Schlachtvieh und andern
Thieren gesagt. دَلَّالَه im Femininum gebraucht man auch von
Hausiererinnen und den ältlichen Weibern, welche eine Heirath
durch Unterhandlungen zu Stande zu bringen suchen.

² Dieses Wort bedeutet *Spur, Zeichen, Anzeichen.* Man bemerke hier den Unterschied zwischen dem Persischen und Deutschen

ا

پس چرا مرا خبر نکردید
شما میدانستید که من
یکدو تا اسب خوب ضرور
داشتم

A

*Warum habt ihr mich dann
nicht (davon) benachrichtigt?
Ihr wusstet, dass ich ein (oder)
zwei gute Pferde nöthig hatte.*

خدمتكار

شما هنوز از خواب بر
نخاسته بودید صاحب ما
گفتیمش صبر کن تا صاحب
بیدار شود اما او گفت که
یکجائ دیگر کار دارم وباید
بروم اما اگر صاحب میخواهد
که مرا ببیند هر وقت که
صلاح بداند آدم بفرستد
من زود میایم

Diener.

*Sie waren noch nicht vom
Schlafe aufgestanden, Herr.
Wir sagten zu ihm: Warte,
bis der Herr aufwacht! Er
aber sagte: Ich habe an einem andern Orte zu thun und
muss gehen; aber wenn der
Herr mich zu sehen wünscht,
so mag er, wann immer es
ihm gut dünken wird, Je-
mand schicken; ich komme
(dann) gleich.*

---

hinsichtlich der Art und Weise, das von einem Andern Gesprochene
anzuführen. Im Deutschen bedient man sich dabei gemeiniglich
der dritten Person, z. B. *Er sagte, er wollte in die Stadt gehen;
sie sagten mir, sie wären die ganze Nacht auf gewesen,* u. s. w.
Im Persischen aber wird das von einem Andern Gesagte in der
Regel genau so, wie es gesprochen worden ist, wiederholt, wovon man in den Worten des persischen Dieners verschiedene, mit
Fleiss wörtlich übersetzte Beispiele finden wird.

ا   A

آز شما کسی مَفْرِشَش را میدانَد   *Weiss einer von euch seine Wohnung?*

اِخِدْمَتْکارْ   Diener.

بَلی صاحِبْ مَنْ خانَه اَشْ را بَلَدَمْ¹   *Ja, Herr; ich weiss sein Haus zu finden.*

ا   A

پَسْ زودْ بِرَوْ وَبِگو کِه مَنْ میخواهَمْ بِه بِینَمَشْ اَما چِه   *So geh gleich und sage, dass ich ihn zu sehen wünsche. — Aber was hilft es, Pferde zu*

---

¹ Ein arabisches Wort, eig. *Senkblei* (شاقُل). Im Vulgärpersischen wird es gewöhnlich in dem Sinne gebraucht, welchen der Diener ihm hier beilegt. Es kommen überhaupt in dem, was dieser Mensch spricht, mehrere gemeine Redensarten vor, wie

کَجْخُلْق بودْ , بَاشْ گُفْتَمْ , خانَه اَشْ را بَلَدَمْ , سُراغْ دارَمْ

u. a., welche alle von Personen, die das Persische richtig und zierlich sprechen wollen, zu vermeiden sind. — Im Allgemeinen sprechen Dienstleute, Handwerker und Kleinhändler im grössten Theile von Persien ihre Muttersprache nicht schlecht, was vielleicht dem Umstande zuzuschreiben ist, dass sie von den besser erzogenen Klassen der Gesellschaft nicht in einem so grossen Abstande gehalten werden, wie in manchen andern Ländern. Ihre Sprache, wiewohl natürlich ohne feinen Geschmack und Zierlichkeit, ist doch im Ganzen ziemlich correct. Und wenn man bedenkt, dass dies die Sprache einer sehr zahlreichen Menschenklasse ist, von denen vielleicht die meisten weder schreiben noch lesen können, so muss man sich mehr über die allgemeine Genauigkeit und das richtige Sprachgefühl, womit sie sich ausdrücken, als über ihre gelegentlichen Missgriffe oder ihre rohe Phraseologie wundern. Indessen thut der Fremde jedenfalls besser, sein Persisch nicht von ihnen zu lernen. Deshalb lässt man Leute dieser Art hier nur selten auftreten und, wo es geschieht, wenigstens in Beziehung auf die *Grammatik* immer richtig sprechen.

حاصِلْ اَزْ اَسْب خَریدَنْ تا
این مِهْتَر دَرْ طَویلَهٔ مَنَسْت
مَنْ هَرْگِزْ اَسْب لایِقِ سَواری
نَخَواهَمْ داشْت

kaufen? (wörtl.: Was ist das Ergebniss von dem Pferde-kaufen?) So lange dieser Pferdeknecht in meinem Stalle ist, werde ich nie ein zum Reiten taugliches Pferd haben.

خِدْمَتْكَارْ

Diener.

مَنْ دیروزْ بَاشْ گُفْتَمْ كِه
صاحِبْ خَیْلی كَجْخُلْق بودْ
كِه اَسْب كَهَرْ مِیلَنْگیدْ اَمّا
او قَسَمْ خُورْد كِه تَقْصِیرِ مَنْ
نیسْتْ این اَسْب وَقْتیكِه
صاحِبْ خَریدَشْ شَلْ بودْ

Ich sagte ihm gestern, dass der Herr sehr böse wäre, weil das braune Pferd hinkte; aber er schwur: Es ist nicht meine Schuld; dieses Pferd war ganz lahm, als der Herr es kaufte.

ا

A

بَلی اَمّا نَه بِلَنْگیئ عُذْرِ بَدْتَر
اَزْ گُناهِ او¹ مَنْ اَزْ آنْ مَرْدَكَه²
بِسْیارْ مُتَنَفِّرَمْ چِراكِه صادِقْ
نَمی نِمایَدْ بَهَرْ حالْ مَنْ بَأو
هَرْگِزْ دیگَرْ اِعْتِمادْ نَمیتَوانَمْ
كَرْد كِه هَرْ روزْ یَكْ اَسْبی اَزْ

Ja, aber nicht so lahm wie seine Vertheidigung, die schlimmer als das Vergehen ist. Ich bin diesem Burschen sehr abgeneigt, denn er scheint nicht aufrichtig zu sein. Jedenfalls kann ich ihm nie mehr vertrauen; denn er kann mir alle Tage ein Pferd umbringen.

---

¹ Siehe S. 110, Anm. 1.
² Siehe die Verkleinerungswörter, § 118, d.

براۓ مَن بِكشَد بایَد اَز
طَویلَهٔ مَن بِرَوَد بِرَو وَهَمین
طَور بَاُو بِگُو

Er muss aus meinem Stalle fort. Geh und sag (es) ihm gerade auf diese Weise!

ب

رَفیق رَفیق ۰ صُبْحَت بِخَیر
باد که ۰ خَیر اَز صَباح تُست ۰
کُدام بَد بَخْت باعِث این
تَغَیُّر اَست یا مَگَر باز خَوابی
دیدَهٔ

B (eintretend)

Theurer Freund! (wörtlich: Freund, Freund!) „Möge Ihr Morgen glücklich sein, denn Glück kommt von Ihrem Morgen!" — Welcher Unselige ist die Ursache dieser Aufregung? Oder hat Ihnen etwa wieder etwas geträumt?

ا

خوش آمَدی رَفیق ۰ گُفْتَه
بودَم چو بیائی غَم دِل با
تو بِگُویَم ۰ چِه بِگُویَم که
غَم اَز دِل بِرَوَد چون تو
بیائی[1] ۰ خَواب تازَه نَدیدَه
اَم اَمّا تَعْبیر خَواب کُهْنَه
اَم بَظُهُور آمَدَه اَست چِه
حالا مَعْلُومَست که سِتورِیکه

A

Willkommen, Freund! „Ich hatte beschlossen (wörtl.: gesagt), wenn Du kämest, wollte ich Dir den Kummer des Herzens sagen. (Aber) was werde ich zu sagen haben, da der Kummer aus dem Herzen weichen wird, wenn Du kommst?" Es hat mir nichts Neues geträumt; aber die (richtige) Deutung meines alten Traumes ist zum Vor-

---

[1] Ein schöner Vers von Sa'di.

با لَنگَد مَرا اَزْ خَواب
بَرْخیزانیذْ اَسْبی نَبوذْ کِه
شُما تَعْریفْ فَرْمودیذْ بَلْکِه
این مِهْتَرِ شَریرِ مَنْ کِه
اَسْبَکْهائِ¹ مَرا چِنان شَلْ
کَرْدَه اَسْت کِه بَعْذْ اَزْ این
مَگَرْ دَرْ خَواب دیگَرْ سُمْ اَزْ
زَمین بَرْ نَتَوانَنْذْ داشْت

schein gekommen. Denn es ist nun gewiss, dass das Thier, welches mich mit dem Hufschlage aus dem Schlafe aufweckte, nicht das Pferd war, das Sie bezeichneten, sondern mein schlechter Pferdeknecht da, der meine armen Pferde so gelähmt hat, dass sie künftighin nur noch im Traume² den Huf werden vom Boden erheben können.

ب

سَزایِ کَفْشِ تَنْگْ پا اَزْ آن
بیرونْ کَرْدَنْ وَدَوایِ دَرْدِ
دَنْدانْ کَشیدَ نَسْت چونْ
مِهْتَرْ بَذْ باشَذْ اِخْراجَشْ
بایَذْ کَرْد

B

Das rechte Mittel gegen den engen Schuh ist, den Fuss aus ihm herauszuthun, und die Heilung des Zahnwehs ist, (den Zahn) herauszuziehen. Wenn der Pferdeknecht schlecht ist, muss man ihn fortschicken.

ا

بِبَخْشیذْ کِه مَنْ اَلْحَقّ بِسْیارْ
خَجالَتْ دارَمْ کِه شُما دَرْ

A.

Vergeben Sie! Denn ich bin in Wahrheit sehr beschämt, dass Sie (mich mit Ihrem

---

¹ Siehe die Verkleinerungswörter, § 118, c.
² Der Begriff „nur noch" wird im Persischen gebildet durch (نَتَوانَنْذْ) نَه — دیگَرْ — مَگَرْ : nisi (per somnum) aliter oder amplius — non (non poterunt).

چنین حالتی تشریف
بیاورید با شما بودن و اظهار
نارضامندی کردن سبب هر
چه باشد من مقرم که نهایت
ناسپاسیست لیکن این
خدام بسیار اشرارند

Besuche) beehren, (während ich) in einem solchen Zustande (bin). Mit Ihnen (zusammen) sein und Unzufriedenheit zeigen, sei die Ursache welche sie wolle, ich gestehe, dass dies die höchste Undankbarkeit ist. Aber diese Diener sind sehr Schlechte.

ب

هیچ جای خجالت نیست
ما خودمان هستیم و اکثر
میخواهید زیاده ثابت کنم
که غیری در اینجا نیست
رخصت دهید تا غلط نحویه
در فرموده شما درست کنم

B

Es giebt (hier) keinen Anlass zur Beschämung. Wir sind unter uns (wörtlich: [nur] wir selbst); und wenn Sie wünschen, ich solle noch mehr beweisen, dass kein Anderer hier ist, so erlauben Sie, dass ich einen syntaktischen Fehler in dem von Ihnen Gesagten[1] berichtige.

ا

بنده را بسیار ممنون خواهید
فرمود لطف شما زیاد اما

A

Sie werden mich[2] sehr verpflichten; möge Ihre Güte sich stets bewähren[3]! Aber auf

---

[1] S. Anm. 2 zu S. 109.
[2] S. Anm. 2 zu S. 121.
[3] Wörtl.: möge — (stets) leben! Optativ von زیستن leben: s. § 80.

بكدامِيَك اَزْ غَلَطْهاىِ مَنْ
اِشارَتْ ميفَرْمائِيدْ چِه
ميتَرْسَمْ كِه دَرْ بَيْنِ اين
پَريشانى نامَرْبُوطْ بِسْيارْ
گُفْتَه باشَمْ

welchen meiner Fehler deuten Sie hin? Denn ich fürchte, dass ich während dieser verdriesslichen Stimmung sehr unzusammenhängend gesprochen habe.

ب

B

نَه مَنْ بَيَكْ جُزْئى سَهْوى
بيشْتَرْ مُنْتَقِلْ نَشُدَمْ ¹

Nein, ich habe weiter nichts bemerkt, als ein einziges unbedeutendes Versehen.

ا

A

كُدامْ اَسْت مَحَبَّتْ فَرْمُودَه
بَيانْ كُنيدْ ²

Welches ist es? Seien Sie so gütig, (es) näher zu bezeichnen!

ب

B

هَمينِكِه فَرْمودِيدْ اينْ خُدامْ
بِسْيارْ اَشْرارَنْد

Nur dies, dass Sie sagten: diese Diener sind sehr Schlechte.

ا

A

راسْت ميگوئيدْ اَشْرارْ
صِفَتْ اَسْت وَصِفاتْ دَرْ فارسى
چونْ بِلَفْظِ جَمْع اِسْتِعْمالْ

Sie haben Recht; اَشْرارْ ist ein Eigenschaftswort, Eigenschaftswörter aber, wenn sie im Persischen in der Plural-

---

¹ Wörtl.: *auf ein partielles Versehen — mehr nicht bin ich geführt worden.*
² Participialconstruction; wörtl.: *Freundschaft erzeigt habend erklären Sie!*

شَوَنْد اِفَادَهٔ مَعْنِيئ ذَاتْ
مِيكُنَنْد وَمَعْنِيئ اَشْرَار خُودْ
مَرْدُمَانِ شَرِيرْ اَسْتْ پَسْ
اَگَرْ گُفْتَه بُودَمْ اِينْ خُدَّامْ
بِسْيَارْ شَرِيرَنْد عِبَارَتْ دُرُسْتْ
مِيبُودْ چِه دَرْ آنْ صُورَتْ
صِفَتْ مُفْرَدْ بُودِى لِيكِنْ مَنْ
غَلَطِى اَزْ اِينْ بُزُرْگْتَرْ كَرْدَه
اَمْ وَشُمَا بَدَانْ مُنْتَقِلْ
نِيسْتِينْ چِرَا كِه آنْوَقْت شُمَا
هَنُوزْ تَشْرِيفْ نَيَاوَرْدَه بُودِيدْ

ب
دَرْ خَاطِرِتَانْ هَسْتْ كِه آنْ
چِه بُودْ

ا
بَلِى بِسْيَارْ خُوبْ يَادَمْ اَسْتْ
وَقْتِى كِه دَرْ بَابِ آنْ بِهْنَرِ
بِيكَارَه بَا آنْ نَوْكَرْ دِيگَرْ
گُفْتُگُو مِيكَرْدَمْ گُفْتَمْ مَنْ بَاو

form gebraucht werden, haben die Bedeutung eines persön-lichen Hauptwortes, und die Bedeutung von اَشْرار an sich ist: *schlechte Leute.* Wenn ich daher gesagt hätte: Diese Diener sind schlecht, شَرِير, so wäre der Ausdruck richtig gewesen; denn in diesem Falle würde das Eigenschaftswort im Singular stehen. Aber ich habe einen grössern Fehler als diesen gemacht, was Sie jedoch nicht bemerkt haben, weil Sie da noch nicht gekommen waren (eigentlich: *noch nicht beehrt hatten*).

B

Erinnern Sie sich, was es war?

A

Ja, ich erinnere mich dessen sehr wohl. Als ich mit dem andern Diener da über jenen unnützen Pferdeknecht sprach, sagte ich: Ich kann ihm nie

هَرْگِـزْ دیگّرْ اِعْتِمادْ نَمیتَوانَمْ گّرْد کِه هَرْ روزْ یَکْ اَسْبی اَزْ بَرایٔ مَنْ بِکُشَدْ

mehr vertrauen; denn er kann mir jeden Tag ein Pferd (یَکْ اَسْبی) umbringen.

ب

B

Wo ist der Fehler? Ich meines Theils sehe in diesem Aus-drucke keinen Fehler.

غَلَطْ دَرْ گّجاسْت مَنْکه ۱ دَرْ این عِبارَتْ عَیْبی نَمی بینم

ا

A

Sehen Sie nicht, dass یَکْ اَسْبی *nimmermehr richtig sein kann?*

نَمی بینیدْ یَکْ اَسْبی هَرْگِـزْ دُرُسْت نَتَوانَدْ بودْ

ب

B

Warum (nicht)? Wären doch Ihre Pferde immer so gesund!

چِرا کاشْ کِه اَسْبهایٔ شُـما هَمیشَه بَاینْ دُرُسْتی بودَنْدْ ۲

ا

A

Die Cardinalzahl tritt, sagten

لَفْظِ عَدَدْ شُما فَرْمودیدْ کِه

---

¹ Das einem Worte nachgestellte کِه hebt dasselbe so ge-gensätzlich hervor, wie das lateinische *quidem*; مَنْکه *equidem* (st. *ego quidem*). Vgl. S. 123 شامْ را کِه مَوْعودَمْ *zum Abendessen bin ich versprochen*, d. h. was das *Abendessen* betrifft, so bin ich *dazu* versprochen (nicht so zum *Mittagsessen*).

² d. h. wie dieser Ausdruck richtig ist. Ein Spiel mit der doppelten Bedeutung von دُرُسْت.

بَرْ سَرِ اِسْمِ مَعْروفْ داخِلْ
نمیشَوَدْ وَاَسْبی بایائ وَحْدَتْ
دَرْ آخِرَشْ خودْ اِسْمیسْت
مَعْروفْ

Sie, nicht vor das determinirte Hauptwort, اَسْبی aber, mit dem ī der Einheit am Ende, ist ja eben ein determinirtes Hauptwort.

ب

شُما بی شَكّ حالا غَلَطْ
میکنیدْ چه یائ وَحْدَتْ
اِفادَهٔ تَنْكیرْ میكُنَدْ وَاِسْمِ
مُنَكَّرْ هَرْ گِزْ مَعْروفْ نَتَوانَدْ
بودْ اَسْبی دَلالَتْ میكنَدْ بَرْ
اَسْبِ واحِدْ یا مُفْرَدْ لاَمَحالَه
اَمّا هَرْ اَسْبی كِه باشَدْ لیكِنْ
یَكْ اَسْبی دَلالَتْ میكنَدْ بَرْ
یَكْ اَسْبِ مُعَیَّنْ ومَحْدودْ
وَشُما میدانیدْ کِه اَكَرْ كَسی
اَسْبی را بِكُشَدْ اَسْبْ دَرْ
آنْ حالَتْ مَحْدودْ ومُعَیَّنْ
خواهَدْ بودْ

B

Sie machen ohne Zweifel jetzt einen Fehler; denn das ī der Einheit drückt die Unbestimmtheit aus, das unbestimmte Hauptwort aber kann nie determinirt sein. اَسْبی bedeutet allerdings ein oder ein einzelnes Pferd, aber was es auch immer für ein Pferd sei; یَكْ اَسْبی hingegen bedeutet ein individuell bestimmtes und begränztes Pferd. Nun wissen Sie aber, dass, wenn jemand ein Pferd umbringt, das Pferd in diesem Zustande begränzt und individuell bestimmt sein wird.

ا

این نُكْتَه اَنْدَكْ دَقیقْ اَسْت

A

Dieser Punkt ist etwas subtil.

<table>
<tr><td>

لِيكِن شُما حالا خُوبْ بَرْ

مَنْ واضِحَشْ كَرْدَه ايدْ اَكَرْچِه

مَنْ خَيْلى تَرْجيحْ ميدَهَمْ

كِه اَسْبهائى مَنْ هَميشَه مُنَكَّر

وناَمَحْدُودْ بِمانَنْد تا ايِنْ

اُلاغِ مِهْتَرانْ آنهارا مَعْرُوفْ

وَمَحْدُودْ كَرْدَاذَنْ ¹

</td><td>

aber Sie haben ihn mir jetzt hübsch deutlich gemacht; obgleich ich viel lieber wollte, dass meine Pferde immer unbestimmt und unbeschränkt blieben, als dass dieser Esel von Pferdeknecht (eigentlich: unter den Pferdeknechten) sie bestimmte und beschränkte.

</td></tr>
<tr><td>

ب

هَرْ كِه اَسْبَشْ را بَرائْ سَوارى

ميخَواهَدْ دَرْ اينْ عَقيدَتْ

شَريكِ شُما خَواهَدْ بُودْ ليكِنْ

چُونْ حالا بَرْ سَرِ مَطْلَبيمْ

مَنْ خَيْلى ميخَواهَمْ كِه دو

سِه نُكْتَهٔ ديگَرْ دَرْ بابِ

صِفَتْ ومَوْصُوفْ كِه دَرْ آنْ

رُوزْ تَمَكُّى وَقْت اَزْ بَيانْ مانِعْ

</td><td>

B

Jeder der sein Pferd zum Reiten haben will, wird diese Maxime mit Ihnen theilen (wörtl.: in diesem Glaubensartikel Ihr Genosse sein). — Da wir aber jetzt bei dem Gegenstande sind, möchte ich Ihnen recht gern noch zwei (oder) drei andere Punkte in Betreff des Eigenschaftswortes und des mit einem solchen verbundenen Hauptwortes erklären, welche an jenem

</td></tr>
</table>

---

¹ Dieses scherzhafte Spiel mit grammatischen Kunstwörtern kann nicht genau übersetzt werden; es möge hinreichen, zu bemerken, dass diese technischen Ausdrücke (نا ,تَحْدُود ,مَحْدُود) (مُنَكَّر ,مَعْرُوف) sowohl in der Grammatik als in der Pferdezucht gebraucht werden und daher gute Wortspiele abgeben.

شدْ اَكْنونْ اَزْ بـراىْ شـمـا
بَيانْ كُنَمْ

Tage zu erklären die Be-schränktheit der Zeit (mich) *verhinderte.*

١

A

بِسْيارْ لُطْف ميفَرْمائيذ اَما
اَگَّرْ زَحْمَتْ نَباشَذْ وبَهَـمـانْ
طَوْر بازْ دَرْ تَمْساوى بَـيانْ
فَرْمائيذْ مَزِيدِ مِنَّتْ خَواهَذْ
بوذْ

Sie erzeigen (mir) *viel Güte; wenn es* (Ihnen) *aber nicht lästig ist und Sie die Erklä-rung ebenso* (wie früher) *wie-der auf Deutsch geben wollen, wird dies* (mich) *noch mehr verpflichten* (wörtl.: *ein Zu-wachs von Verpflichtung sein*).

ب

B

زائ زَحْمَـتْ دَرْ مِـيـانِ
دوسْتانِ خالِصْ هَمِيشَه بى
نُقْطَه اَسْت ۱

Das zâ von زحمت *ist unter aufrichtigen Freunden stets ohne Punkt.*

Ein Eigenschaftswort, sei es einfach oder zusammenge-setzt, muss stets in der Einzahl stehen, mag sein Hauptwort in derselben stehen, oder nicht. Was seine richtige Stellung im Verhältniss zum Hauptworte anbelangt, so muss das Ei-genschaftswort, sei das Hauptwort determinirt oder indeter-minirt, wenn es nicht mit den einfachen verbalen Personal-formen (§ 62) verbunden ist, ohne Ausnahme demselben folgen und zum Hauptworte das Anschluss-i (§ 40) hinzugefügt werden, wie مَرّدِ خُوبْ اَزْ خُدا ميتَرْسَذْ *Der gute Mensch*

---

[1] Wenn der erste Buchstabe des Wortes زَحْمَتْ *Ungemach, Beschwerde,* nicht punktirt wird, so verwandelt sich das Wort in رَحْمَتْ *Gnade, Wohlthat.*

fürchtet Gott, اَسْپِ عَرَبى هَمِيشَه لاغَرْ مِيانَسْت *Das ara-*
bische Pferd ist immer dünnleibig, اَسْپ سِياهِ مَنْ دَرْ طَوِيلَه
بُودْ *Mein schwarzes Pferd war im Stalle,* مَرْدانِ دِلاوَرْ اَزْ
جَنْگ باكْ نَدارَنْد *Beherzte Männer haben vor dem Kriege
keine Furcht,* دوسْتانِ مِهْربانِ تو حاضِرْ اَنَد *Deine liebevollen Freunde sind gegenwärtig,* u. s. w. Wenn aber das
Hauptwort mit einer jener Personalformen verbunden ist, kann
das Eigenschaftswort dem Hauptworte sowohl vorausgehen, als
auch folgen, und in beiden Fällen wird das Indeterminations-
ى dem einen oder dem andern angehängt, jedoch gewöhnlich dem, welches unmittelbar vor dem Zeitworte steht; das
Eigenschaftswort aber geht im ersten Falle dem Hauptworte
ohne Anschluss-i voraus; z. B. پِدَرِ تو مَرْدِ خُوبِيسْت oder
پِدَرِ تو خُوبْ مَرْدِيسْت *Dein Vater ist ein guter Mann.*
Wenn aber der Satz grösser und complicirter wird, so muss
grossentheils der Geschmack und das Urtheil des Schreibenden
oder Sprechenden die Anordnung der Worte bestimmen; denn
dann kann das Eigenschaftswort selbst nach dem Zeitworte
stehen, z. B. لُنْدَنْ شَهْرِيسْت بِسْيارْ بُزُرْك oder لُنْدَنْ بُزُرْك
لُنْدَنْ بِسْيارْ بُزُرْك شَهْرِيسْت oder بِسْيارْ شَهْرِ بُزُرْكِيسْت
oder لُنْدَنْ شَهْرِ بِسْيارْ بُزُرْكِيسْت, welche Sätze alle bedeuten:
London ist eine sehr grosse Stadt. Eine Regel jedoch ist
für gewöhnlich hierbei zu beobachten; wenn nämlich das Eigenschaftswort mehr als eine sehr *allgemeine* und *gewöhnliche*
Eigenschaft, wie *gut* oder *schlecht,* ausdrückt, oder wenn es
arabischen Ursprungs oder zusammengesetzt ist, so muss es
nach dem Hauptworte stehen, es mag nun vor oder nach dem
Zeitworte gesetzt werden. Denn man kann sagen: نَوْكَرِ تُو
نَوْكَرِ تُو مَرْدِ بَدِيسْت oder بَدْ مَرْدِيسْت نَوْكَرِ تُو
مَرْدِيسْت بَدْ, was alles bedeutet: *Dein Diener ist ein*

schlechter Mensch; aber wenn ein arabisches Eigenschaftswort,

z. B. شَرِير, statt des persischen بَد gesetzt wird, so kann man zwar sagen: نَوْكَرِ تو مَرْدِ شَرِيرِيسْت oder نَوْكَرِ تو مَرْدِيسْت شَرِير, es würde aber nicht ganz dem Sprachgebrauche angemessen sein, ausser in der Poesie zu sagen: نَوْكَرِ تو شَرِير مَرْدِيسْت. Adverbien, wie خَيْلى, بِسْيارْ, *viel, sehr,* u. s. w., die das Eigenschaftswort näher bestimmen, müssen vor, nie nach demselben stehen; doch kann das zu diesem gehörige Hauptwort zwischen das Adverbium und das Eigenschaftswort kommen, wie: اِنْكْلَنْد مَمْلَكَتِ بِسْيارْ خُوبِيسْت oder اِنْكْلَنْد خَيْلى خُوبْ oder اِنْكْلَنْد بِسْيارْ مَمْلَكَتِ خُوبِيسْت oder اِنْكْلَنْد مَمْلَكَتِيسْت خَيْلى خُوبْ oder مَمْلَكَتِيسْت *England ist ein sehr schönes Land.*

In Bezug auf die Cardinalzahlen müssen die Hauptwörter, zu welchen sie gehören, mögen sie nun mit oder ohne Eigenschaftswort sein, stets in der Einzahl stehen, wie: هَزارِ مَرْد *tausend Männer,* oder يَكْهَزارِ مَرْد *eintausend Männer,* صَدْ كُوسْفَنْد oder يَكْصَدْ كُوسْفَنْد *einhundert Schafe,* nicht كُوسْفَنْدانْ. Eben so بِيسْت مَرْدِ دِلاوَرْ oder مَرْدانْ *zwanzig beherzte Männer,* پانْصَدْ وَدُو اَسْبِ بِسْيارْ خُوبْ *fünfhundert und zwei sehr gute Pferde,* u. s. w. Die Regel von der Setzung des Hauptwortes in der Einzahl findet natürlich keine Anwendung, wenn das Hauptwort Subject und das Zahlwort Prädicat ist, z. B. مَرْدُمانْ دُو هَزارْ بُودَنْد *Der Menschen waren zweitausend,* اَسْبِهائِ سِياهْ چَهارْ بُودَنْد *Der schwarzen Pferde waren vier.*

Was die Ordnung betrifft, in welcher die Zahlen stehen, so wird die grösste Zahl zuerst gesetzt und in derselben Weise folgen die andern nach, z. B. چِهار هَزار وچِهار پَنْجاهْ وَدِويسْت

وَهَفْتَصَدْ وَهَشْتادْ وَسِه گُوسْفَنْدْ zweihundert vier und fünf-
zigtausend siebenhundert und drei und achtzig Schafe. Von
dieser Regel giebt es indess eine Ausnahme; von elf bis neunzehn wird nämlich die kleinere Zahl *immer* zuerst gesetzt, und
von zwanzig bis neun und vierzig *kann* die kleinere Zahl zuerst
gesetzt werden, doch nur beim Rechnen oder Zählen und nie
in der Unterhaltung oder beim Schreiben. Man kann z. B.

sagen: دويسْت, چِهارْسِی, چِهلْ, پَنْج statt: بيسْت ودو

زوئی وچِهار, سِی, چِهلْ وپنج zwei und zwanzig, vier und
dreissig, fünf und vierzig, obwohl die letztere Ausdrucksweise
die bessere ist. Von elf bis neunzehn aber hat man keine
Wahl[1].

V. Gespräch.

١   A

اِمْروزْ هَوا بِسْيارْ گَرْمَسْت   Heute ist es (eig. die Luft)
                      sehr warm.

ب   B

مَنْ تَعَجُّبْ ميكُنَمْ كِه شُما   Ich wundere mich, dass Sie
                      über Hitze klagen.
اَزْ گَرْما شِكايَتْ كُنيد

١   A

چِرا مَكَرْ شُما هَمْچو[2]   Warum? Hielten Sie etwa
                      dafür, dass ich keine körper-
ميدانِسْتيد كِه بَنْدَه حِسِّ   liche Empfindung hätte?
بَدَنی نَداشْتَمْ[3]

---

[1] S. die Zahlwörter S. 9 u. 10.
[2] S. Anm. 2 zu S. 111.
[3] S. Anm. 2 zu S. 108.

ب

نَه هَمْچِنِين لِيكِنْ چُونْ شُما فَرْمُودَه بُودِيدْ كِه دَه سالْ دَرْ هِنْدُوسْتَانْ تَشْرِيفْ مِيدَاشْتِيدْ وَاَغْلَبْ دَرْ بَنْگَالَه مُتَوَقِّفْ مِيبُودِيدْ وَهَوَائَ هِنْدُوسْتَانْ خُصُوصًا بَنْگَالَه اَزْ اِيرانْ بِسْيارْ گَرْمْتَرَسْتْ وَاِمْرُوزْ هَمْ بِخُصُوصَهْ رُوزِ گَرْمِى نَمِيبُودْ مَنْ مُتَحَيِّرْ شُدَمْ كِه شُما اَزْ گَرْما شِكايَتْ كَرْدِيدْ

B

Nicht so; aber da Sie gesagt hatten, dass Sie zehn Jahre Indien mit Ihrer Gegenwart beehrt und sich meistentheils in Bengalen aufgehalten hätten, das Klima von Indien aber, besonders das von Bengalen, viel wärmer als das von Persien und zudem heute insbesondere kein heisser Tag ist, so war ich überrascht, dass Sie über Hitze klagten.

ا

با وُجُودِ اِينْ وُجُوهِ مَعْقُولَه كِه حالْ چِنِينْ نَباشَدْ بَنْدَه حَرارَتِ غَرِيبِى دَرْ بَدَنْ اِحْساسْ مِيكُنَمْ وَبَعْلاوَه عَطَشْ هَمْ بِسْيارْ دارَمْ وَسَرَمْ هَمْ دَرْدْ مِيكُنَدْ

A

Trotz dieser vernünftigen Gründe, weshalb die Sache nicht so sein sollte, fühle ich doch eine sonderbare Hitze im Körper; überdies durstet mich sehr und auch der Kopf thut mir weh.

ب

خُدا كُنَدْ كِه تَبْ نَداشْتَه

B

Gott gebe, dass Sie nicht das

باشی نَبْضَتْرا بِبِینَمْ بِبِینَمْ تَشْوِیشْ

مَکُنْ تَبَکِ ۱ خَفِیفِی داری

اِحْتِیاطْ بِکُنْ اِنْشَآء اللَّه زود

رَفْع مِیشَوَدْ

Fieber haben! Lassen Sie mich Ihren Puls fühlen (wörtl.: sehen). — Sein Sie unbesorgt; Sie haben ein leichtes Fieberchen. Nehmen Sie sich in 'Acht; will's Gott, ist es bald gehoben.

ا

A

مَنْ مِیتَرْسَمْ چاهیدَه باشَمْ

دَهَنَمْ بَدْ مَزَه اَسْتْ وَرَعْشَه

دَرْ پُشْتْ وَپَهْلُو اِحْساسْ

مِیکُنَمْ

Ich fürchte, ich habe mich erkältet; ich habe einen schlechten Geschmack im Munde und fühle einen Schauer in dem Rücken und der Seite.

ب

B

شَکْ نِیسْتْ کِه چاهیدَه ایدْ

اَز مِیوَه مُطْلَقا بایَدْ پَرْهِیزْ

کُنِیدْ دَرْ اِین مَوْسِمْ تَبْ

وَلَرْز دَرْ اِیران عُمُومِی دارَدْ

مَرْدُمْ دَرْ اِین شَبْهائِ کَرْم

اَغْلَبْ بَرْ پُشْتِ بامْها

مِیخَوابَنْدْ وَکاهْ باشَدْ کِه

دَرْ بَیْنِ شَبْ اَنْدَکْ چاهِشی

عارِضْ شُدَه باشَدْ وَشَخْص

Es ist kein Zweifel, dass Sie sich erkältet haben. Des Obstes müssen Sie sich ganz und gar enthalten. In dieser Jahreszeit ist hitziges und kaltes Fieber in Persien allgemein (wörtl.: haben Allgemeinheit). Die Leute schlafen in diesen warmen Nächten meistens auf den Dächern, und da kommt es bisweilen vor, dass (einem) während der Nacht eine Erkältung zugestossen ist und man nichts davon weiss; zu Tages

---

¹ S. die Verkleinerungswörter § 120.

أَزْ آن خُبَرْ نِيسْت وَدَرْ أَوَايِلِ

رُوزْبِى اِحْتِيَاطْ مِيوَه مِيخُورَنْد

وَأَكْثَرْ تَبْ وَلَرْزهَا وُسَايِرِ

أَمْراضى كِه دَرْ اين فَصْلِ

مُتَداوَلَنْد أَزْ اين جِهَاتْ

بَرْ مِيخِيزَنْد

Anfang essen dann die Leute unvorsichtiger Weise Obst, und meistentheils entspringen die hitzigen und kalten Fieber und andern Krankheiten, welche in dieser Jahreszeit umgehen, aus diesen Ursachen.

ا

راسْت مِيگُوئِيدْ مَنْ دِيشَبْ

دُو سِه سَاعَتْ أَزْ نِصْفِ شَبْ

كُذَشْتَه[1] بِيدَارْ شُدَمْ وخَيْلِى

سَرْدَمْ بُودْ دِيدَمْ كِه شَبْ

كُلاةْ أَزْ سَرَمْ أُفْتَادَه بُودْ

وِلِحَافْ هَمْ رُوِيَمْ نَبُودْ دُو سِه

بَارْ هَمْ عَطْسَه كَرْدَمْ شَايَدْ

كِه اِبْتِدَائِى زُكَامِ مَنْ أَزْ آنْ

بَاشَدْ

A

Sie haben Recht (wörtl.: reden wahr). Ich wachte vergangene Nacht um zwei (oder) drei Uhr nach Mitternacht auf und es fror mich sehr. Ich sah, dass mir die Nachtmütze vom Kopfe gefallen war und auch die Bettdecke nicht auf mir lag; ich nieste auch zwei (oder) drei Mal. Vielleicht kommt die erste Entstehung meines Schnupfens daher.

ب

بَا وُجُودِ اين تَنْبِيهَاتِ

مُتَعَلِّدَه هَنُوزْ مِيتَرْسَمْ كِه أَزْ

B

Trotz dieser mehrmaligen Warnungen fürchte ich doch, dass Sie sich der beständigen Ge-

---

[1] Participialconstruction; wörtlich: *deux trois heures depuis minuit étant passées.*

عادَتِ مُسْتَمِرّی پیش اَزْ نَهار
میوَه خوردَنْ پَرهیزْ نَکَرْدَه
باشید

wohnheit, vor dem Mittagsmahle Obst zu essen, nicht entschlagen haben.

۱

A

اَزْ شُما چِه پَنْهان حَقّ
مَطْلَب اینَسْت کِه اِمْروزْ صُبْح
باغْبانِ ایلْچیِ اِنْگِلیس
چَنْد سَبَدْ ¹ میوَهایِ تازَه
وَرَسیدَه اَزْ بَرایِ مَنْ آوَرْد
بی اِغْراق مَنْ هَرْ گِزْ اَنْگُور
وَاَنْجیرْ وخَرْبُزَه بَآنْ خوبی
وَلَطافَت نَدیدَه بودَمْ بَعَلاوَتْ
بَچِه تَنْقیحْ وَنَظافَتِ آنْ
باغْبانِ باسَلیقَتْ آنْهارا با
گُلْ ویاسَمَنْ دَرْ آنْ سَبَدْهایِ

Warum (etwas) *vor Ihnen geheim halten? Das Wahre an der Sache ist, dass heute Morgen der Gärtner des englischen Gesandten mehrere Körbe frische und reife Früchte für mich brachte. Ohne Uebertreibung: ich hatte nie Trauben, Feigen und Melonen von solcher Güte und Feinheit gesehen. — Mit welcher Nettigkeit und Sauberkeit hatte sie überdies jener geschmackvolle Gärtner, zugleich mit Rosen und Jasmin, in den Körben von grüner Myrte zusammengelesen! — Jedenfalls habe ich von je-*

---

¹ Nicht سَبَد mit genetivischem Anschluss-i; denn der Inhalt einer Grösse, eines Gewichtes, Masses oder Gefässes tritt als selbstständige Apposition unvermittelt hinter den Namen der Grösse, des Gewichtes, Masses oder Gefässes: سِه گَرْدَه نان *drei Scheiben Brod,* چَهار پَارَه خاك *vier Stück Erde,* يَكْ *ein Becher Wein,* دو وَقِيّه زَرْنِيح *zwei Unzen* تَلَخ شَراب *Arsenik.*

nen verbotenen Früchten einen Genuss gehabt; nun muss ich freilich die Strafe für die Unenthaltsamkeit im Essen zahlen.

مورِدِ سَبْزِ دَرْهَمْ چیدَه بود بَهَرِ حالْ مَنْ اَزْ آنْ میوَهَائِ مَمْنوعَه لَذَّتى بُرْدَمْ واکنونْ بایَدْ جَریمَتِ ناپَرْهیزئِ خُردْرا بِدِهَمْ

ب

B

Sie müssen nicht die ganze Strafe allein zahlen. Da der Gärtner des Gesandten Sie zum Essen der Früchte verlockt hat, so fordert die Billigkeit, dass der Doctor des Gesandten einen Theil der Strafe in Gestalt von Arznei und Abwartung zahle. Ich habe in der Nähe von des Gesandten Hause ein Geschäft; wenn ich dort vorbeigehe (wörtl.: jenen Weg passire), besuche ich selbst den Herrn Doctor und schicke ihn gleich zum Besuch zu Ihnen.

شُما تَنْها تَمامِ جَریمَتْرا نَبایَدْ بِدِهید چونْ باغْبانِ ایلْچِى شُمارا بُخوردَنِ میوَه تَرْغیبْ کَردَه اَسْت اِنْصافْ مُقْتَضیسْت کِه حَکیمِ ایلْچِى یَکْحِصَّهٔ جَریمَتْ را بَصُورَتِ دَوا وِپَرَسْتارى بِدِهَدْ مَنْ نَزْدیکئِ خانهٔ ایلْچِى کارى دارَمْ چونْ اَزْ آنْ راه میگْذَرَمْ مَنْ خودَمْ حَکیمْ صاحِبْ را مِى بینَمْ وَاورا زودْ بَدیدَنِ شُما میفِرِسْتَمْ

ا

A

مَحَبَّتِ شُما کَمْ نَشَوَدْ اَمّا

Möge Ihre Freundschaft sich

ضَرُورٌ نِیسْت که شُما زَحْمَت بِکْشِیدٌ مَنْ خُودَمْ مِیتَوانَمْ بَحَکِیمْ بِنُویسَمْ وِالْتِماسْ کُنَمْ که بِیایَدٌ

nie vermindern! Aber es ist nicht nöthig, dass Sie sich Ungelegenheit machen (wörtl.: Beschwerde leiden); ich kann selbst an den Doctor schreiben und ihn ersuchen zu kommen.

ب

B

هِیچْ زَحْمَت نِیسْت مَنْ بایَدٌ اَزانْ راهْ بِگْذَرَمْ چِه تَفاوُتْ مِیکُنَدٌ اَگَرْ دُو سِه دَقِیقَه حَکِیمْ را بِبِینَمْ بَعَلاوَتْ مَنْ چُونْ اُورا بِبِینَمْ مِیتَوانَمْ اَحْوالِ شُما را بَیانْ کُنَمْ وَاُو شایَدٌ اَزْکُفْتَه مَنْ اِسْتِنْباطی کَرْدَه اَگَرْ دَوائی ضَرُورْ باشَدٌ یَکْدَفعَه هَمْراهِ خُودْ بِیاوَرَدْ وَبَایِنْ طَوْرْ اَنْدَکی کارْ پِیشْ اُفْتَدٌ

Das ist gar keine Ungelegenheit. Ich muss dort vorbeigehen; welchen Unterschied macht es, wenn ich den Doctor zwei (oder) drei Minuten besuche? — Ueberdies kann ich (ihm), wenn ich ihn besuche, Ihr Befinden näher beschreiben, und vielleicht, wenn er aus dem von mir Gesagten ein Ergebniss gewinnt, bringt er dann, falls eine Arznei nöthig ist, sie gleich mit, und auf diese Weise wird die Sache etwas gefördert.

ا

A

مَنْ اَزْ شُما بِسْیارْ مَمْنُونَمْ اَکَرْچِه ما دَرْ نَمْساوی

Ich bin Ihnen sehr verpflichtet. Obgleich wir im Deutschen sagen: Ich werde ebendasselbe

میکوئیم مَن هَمین قَدْر اَز
بَرائ شما خواهَم کَرْد اَمّا مَن
اُمیدوارَم کِه تَلافِئ این
مِهربانیهارا دَر عَروسِئ شما
بکُنَم نَه دَر بیماریتان

für Sie thun, so hoffe ich doch, diese liebevollen Dienste bei Ihrer Hochzeit und nicht bei einer Krankheit von Ihnen zu vergelten.

ب

B

خُدا اِنْشآء اللّه اوّل بِشُما
شِفا بِدِهَد مَن حالا شُمارا
آرام میگُذارَم وَتا آمَدَنِ
حَکیم اَنْدَکی اِسْتِراحَت بکُنید

Möge es Gott gefallen, Ihnen erst wieder Genesung zu schenken! — Ich will Sie jetzt in Ruhe lassen, und bis der Arzt kommt, ruhen Sie ein wenig aus!

ا

A

عَطَش بِسْیارْ دارَم وآبِ سَرْد
میتَرْسَم بِخورَم۱ مَبادا ضَرَرْ
بکُنَد

Es durstet mich sehr, aber kaltes Wasser zu trinken fürchte ich mich, damit es (mir) nicht etwa schade.

ب

B

مَن بَاشْ پَزْ میگُوئیَمْ تا

Ich will dem Koche sagen,

---

¹ Das Zeitwort خوردَن bedeutet ursprünglich *verschlingen*, daher nicht immer *essen*, sondern auch *trinken*, wie آبْ خوردَن *Wasser trinken*, مَیْ خوردَن *Wein trinken*; auch bildlich: *verschlucken*, *dévorer*, d. h. erdulden, ausstehen, wie کُتَک خوردَن *Stockschläge bekommen*, تازِیانَه خوردَن *die Peitsche bekommen*, تأَسّفْ خوردَن *bekümmert sein*, غَمْ خوردَن *bedauern*.

اَنْدَكِى مَا شَعِيرْ اَزْ بَـرای dass er etwas Gerstenwasser

شُمَا دُرُسْتْ بِكُنَدْ آنْ تَسْكِين für Sie zurecht mache; das stillt den Durst.

عَطَشْ مِيكُنَدْ

ا A

لُطْفْ وشَفْقَتِ شُمَا زِيادْ ¹ Möge Ihre Güte und Fürsorge sich stets bewähren!

ب B

بَچَّها بَچَّها هِيچْكَسْ جَـوابْ Jungen! Jungen! — Keiner

نَمِيدِهَدْ اِينْها هَـمَـه مُـرْدَه giebt Antwort. Die sind alle todt. — Jungen!

آنْد بَچَّها

خِدْمَتْكَارْ Diener.

صاحِبْ بَلى صاحِبْ Herr! Ja, Herr!

ا A

آخِرْ ² شُمَا مى بِينِيدْ كِه مَنْ Ihr seht doch, dass ich krank

بِيمارَمْ چِرا هَمَتانْ باهَمْ گُمْ bin! Warum verlauft ihr euch

مِـيـشَـویـدْ اَزْ بَـرائ خُـدا alle mit einander? Um Gottes

بِگْذاریدْ اَقَلّا یكِتانْ هَمِيشَه Willen, lasst wenigstens einen

اِين نَزْدِيكِيها باشَدْ تَا von euch immer hier in der Nähe sein, damit er, wenn ich rufe, antworten kann. —

---

¹ S. Anm. 3 zu S. 141.
² Eig. am Ende, schliesslich, après tout, zur Bezeichnung von etwas Zweifellosem, gleichsam nach Abzug alles bloss Möglichen als gewiss Uebrigbleibendem.

وَثْتِيكه اواز ميكنَمْ جَواب | Dein bestimmtes Geschäft ist
بِدِهَدْ كارِ مُعَيَّنِ تو اينَسْت | es, immer im Kaffeezimmer zu
كِه هَميشَه دَرْ قَهْوَهخـانَـه [1] | sein. Wohin warst du ge-
باشى كُجا رَفْتَه بودى | gangen?

خِدْمَتْكَارْ | Diener.

مَنْ نُوئ [2] آشْپَزْخانَـه رَفْتَـه | Ich war in die Küche gegan-
بودَمْ كِه ما شَعيرْ كِه آشْـپَـزْ | gen, um das Gerstenwasser,
بَراى شُما ساخْتَه بودْ بِيارَمْ | das der Koch für Sie gemacht
 | hatte, zu holen.

ب | B

خوبْ خاطِرِتانْ باشَدْ كِه | Merkt euch wohl, dass ihr
اِمْروزْ بِغَيْرِ اَزْ حَكيمْ واينْ | heute, mit Ausnahme des Doc-
صاحِبْ كِه حالا بيرونْ رَفْت | tors und des Herrn, der so-
هَرْ كَسى ديگَرْ كِه بِيايَـدْ | eben hinausging, zu jedem
بِگوئيدْ كِه آحْوالَمْ خـوشْ | Andern, der kommt, sagen
نيسْتْ وكَسيرا نَميتَوانَـمْ بِـه | sollt, ich befinde mich nicht
بينَمْ ميفَهْمى يا نَه | wohl und könne niemand sehen.
 | Verstehst du, oder nicht?

خِدْمَتْكَارْ | Diener.

بَلى صاحِبْ بِسْيارْ خوبْ | Ja, Herr, sehr wohl.

ا	A

حالا قَدَرى ما شَعيرٌ[1] بِـيـار
Nun bring etwas Gerstenwas-
آهٔ اين خَيْلى گَرْمَسْت مَـن
ser. — Ach! das ist zu heiss!
نَميتَوانَمْ اينْرا بِخورَمْ[2]
Ich kann das nicht trinken!

خِدْمَتْكارْ	Diener.

خَيْلى وَقْت نيسْت كِـه اَزْ
Es ist nicht lange, dass es
رُوىِ آتَشْ[3] بَرْداشْتَه شُدَسْت
vom Feuer weggenommen wor-
وَهَنوزْ سَرْد نَشُدَه اَسْت
den ist, und es ist noch nicht
kalt geworden.

ا	A

بِرَوْ وَهَمَه را دَرْ يَكْ شيـشَـهٔ
Geh und giess alles in eine
بِريزْ وشيشَه را ميـانِ يَـخْ
Glasflasche und stelle die
بِگُذارْ تا زودْتَرْ سَرْد بِشَوَدْ
Flasche mitten in Eis, damit
مَنْ بِسْيارْ تِشْنَه اَمْ اَمّا تـا
es schneller kalt werde. Ich
خَواهَمْ مَيارْ[4] شايَدْ خَواب
bin sehr durstig! Aber bring
باشَمْ وَنَميخَواهَمْ كَسى
es nicht eher als ich es ver-
بيدارَمْ كُنَدْ
lange; vielleicht schlafe ich
ein, und ich will nicht dass
mich jemand wecke.

---

[1] ما شَعيرْ als Inhaltsbestimmung in Apposition zu der Grössen- oder Massbestimmung قَدَرى; s. die Anm. S. 154.

[2] S. die Anm. S. 157.

[3] Wörtl.: *de dessus le feu, vom Feuer herab*; s. die Präpositionen S. 82.

[4] Im Persischen fordert der Sprachgebrauch die Negativform تا نَخواهَمْ مَيار, eig. *so lange ich (es) nicht verlange, bring (es) nicht*.

دو خِدْمَتْكَارْ با يَكْدِيگَرْ	Zwei Diener mit einander.

١	1. Diener.
صاحِبْ اِمْروزْ چِه خَيْرَشْ اَسْت	*Was macht der Herr heute Gutes?*

ب	2. Diener.
مَنْ چِه ميدانَمْ ميگويَدْ كِه بيمارَمْ[1]	*Was weiss ich? — Er sagt: Ich bin krank.*

١	1. Diener.
اَگَرْ بيمارَسْت كِه[2] بيمارَسْت اَگَرْ بيمارْ نيسْت كِه بيمارْ نيسْت اَمّا توكِه اِنْقَدَرْ تُو ميرَوىْ وبيرونْ مى آئى اَگَرْ خَرْ نَباشى آخِرْ[3] بايَدْ كِه يَكْ چيزى بِدانى	*Wenn er krank ist, ist er eben krank; wenn er nicht krank ist, ist er eben nicht krank; — — aber du, der du so oft hineingehst und herauskommst, wenn du nicht ein Esel bist, musst du doch etwas wissen!*

ب	2. Diener.
اَگَرْ اَزْ مَنْ ميپُرْسى مَنْ بَاتْ ميگويَمْ كِه ايِنْ نَمْساويِها	*Wenn du mich fragst, so sag' ich dir, dass diese Deutschen,*

---

[1] S. die Anm. zu S. 136.

[2] كه elliptisch im Anfange eines sich aus dem Vordersatze von selbst ergebenden, in ihm schon enthaltenen und daher an sich überflüssigen Nachsatzes; etwa soviel als عَيانْ اسْت كِه *so ist es klar dass er* u. s. w.

[3] S. Anm. 2 zu S. 158.

تا وقتیکه یک نَبْضی

ویکساعتی دارند هرگز

چاق ۱ نیستند یکدست

ساعتش را میگیرد ویکدست

نبضشرا همچو ۲ یکخورده

باین نگاه میکند ویکچیزی

پیش خودش میشمارد

ویکمرتبه فریاد میکند که

امان ۳ نود تاست نود

وپنجتاست واوئیلا که صد

تاست ای وای که من بیمارم

حکیم بیارید دوا بسازید

ما شعیر درست بکنید کسی

حرف نزند کسی در نزند

من هیچکس را نمیتوانم

ببینم وچه میدانم که چه

so lange sie einen Puls und eine Uhr haben, nie gesund sind. Mit der einen Hand nimmt er seine Uhr und mit der andern fühlt er an seinen Puls — so! Ein bisschen sieht er auf diese und zählt etwas für sich, und auf einmal ruft er: Barmherzigkeit! neunzig Mal! — fünf und neunzig Mal! — o weh! — hundert Mal!! — Wehe mir! ich bin krank! — Holt den Doctor! — Bereitet Arznei! — Macht Gerstenwasser zurecht! — Dass niemand ein Wort spreche! — Dass niemand an die Thür klopfe! — Ich kann niemand sehen! — und was weiss ich was (noch). Aber Gott sei Dank! Jetzt schläft er. O bliebe doch vor seinem Erwachen seine

---

¹ چاق (im Gazophylacium ling. Pers. unter *Sano* چاك) ist ein aus dem tatarisch-türkischen صاغ, صاق entstandenes persisches Vulgärwort.

² Siehe S. 111, Anm. 2.

³ Wegen dieser und der folgenden Ausrufungen siehe die Interjectionen S. 95—97.

اَمَّا شُكْرِ خُدا كِه حالا
خوابَست كاشكِه پِيشْ اَز
بِيدارْ شُدَنَشْ ساعَتَشْ وا
مى‌اِيستادْ آنْوَقْت هَمَه دُرُسْت
مِيشُدْ

Uhr stehen! Dann käme alles in Ordnung.

۱

1. Diener.

تو خَيْلى چَرَنْدْ مِيگوئى گوِيا
عَقْلَتْرا كُمْ گَرْدَه باشى اَگَرْ
مَرْدَكَه راسْتى بِيمارْ نَبُودْ آن
حَكِيمْ تو هَِيچو مِيدانى مِثْلِ
خُودَتْ يَكْ اَحْمَقى بُودْ كِه
اِينْ هَمَه خُونَشْ بِگِيرَدْ بَراىْ
هِيچْ چِيزْ

Du schwatzest gehörigen Un-sinn! Man sollte meinen, du hättest deinen Verstand ver-loren. Wenn der arme Mann nicht wirklich krank wäre, meinst du denn, der Doctor da wäre ein Dummkopf wie du, dass er ihm wegen nichts das ganze Blut hier abliesse?

ب

2. Diener.

آخِرْ او هَمْ فِرَنْگِى اسْتْ
وِيكْساعتى هَمْ دارَدْ مَگَرْ
چِه كارْ كَرْدْ وَقْتى كِه آمَدْ
اَوَّلِ هَمَه ساعَتَشْ را بِيرونْ
آوَرْدُ وِمِثْلِ صاحِبْ خُودَشْ
بِيَكْدَسْتَشْ گِرِفْتُ وبِيَكْدَسْتْ

Am Ende ist er doch auch ein Europäer und hat auch eine Uhr. Oder was that er denn, als er kam? Zu aller-erst zog er seine Uhr heraus und nahm sie, wie der Herr selbst, in die eine Hand; mit der andern fühlte er an des

دیگَرَش نَبْضِ صاحِبْ را گِرِفْت

وَبَهَمان طَوْر بِنا كَرْد بَشِمُرْدَن

آنْوَقْت یَكْچِیزی بَصاحِبْ

گُفْت وصاحِبْ زَبانَش را

بیرون آوَرْد هَمینْكه بَرْزَبانِ

صاحِبْ نِگاهْ كَرْد دَسْتَش را

تُوِی جَیْبَش اَنْداخْت

ونیشْتَرَش را بیرون آوَرْد

ودانْكْ زَنْ كه بَچّها آفْتابَهُ ولَكَنْ

بِیارِیدْ باقِیشْ مَعْلومَسْت

Herrn Puls und fing an ebenso zu zählen; dann sagte er etwas zu dem Herrn und der Herr steckte seine Zunge heraus. Sowie er auf des Herrn Zunge gesehen hatte, steckte er seine Hand in seine Tasche, zog seine Lanzette heraus und rief: „Jungen! bringt die Wasserkanne und das Becken!" Das Uebrige versteht sich von selbst (wörtl.: ist bekannt).

١

تو میْخْواهی بِگُوئی كِه حَكیمْ

خودَشْ صاحِبْرا خون گِرِفْت

وَپِیِّ دَلّاكْ نَفِرِسْتانْ

1. Diener.

Du willst sagen, der Doctor selbst habe dem Herrn zur Ader gelassen und nicht nach einem Barbier geschickt?

ب

دَلّاكْ اینْها دَلّاكِ خودِشانَنْد

هَرْگِزْ یَكْ فِرَنْگی دیدَهْ كِه

ریشِ خودَشْرا نَتَوانَدْ بِتْراشَدْ

حَكیمهاشان هَمْ هَمْ خون

2. Diener.

Barbier! — Die sind ihre eignen Barbiere. Hast du jemals einen Europäer gesehen, der sich nicht selbst hätte rasiren können? — Auch ihre Doctoren lassen

میکُنَنْد وَ هَم دَنْدانْ میکَشَنْد
بِشِنَوْ یَكْ كَسی دَرْ میزَنَدْ بَلی
بَلی آمَدْ

ebenso zur Ader, wie sie Zähne ausziehen. — Horch! Es klopft jemand an die Thür. — Ja, ja! Man ist schon da!

آدَمی با رُقْعَه

Ein Mann mit einem Billet.

بَرایِ صاحِبْ یَكْ رُقْعَه آوَرْدَه
اَمْ وجَوابَشْ را میخواهَمْ

Ich habe für den Herrn ein Billet gebracht und will Antwort darauf.

خِدْمَتْكارْ

Diener.

صاحِبْ اَحْوالَشْ خوشْ نیسْتْ
وخوابیدَه اَسْت مَنْ نَمیتَوانَمْ
كِه حالا رُقْعَه را باشْ بِدَهَمْ
اَمّا یَواشْ میشْنَوَمْ كِه سُرْفَه
میكُنَدْ مَظَنَّه كِه بیدارْ شَدَه
اَسْت رُقْعَه را بِدَهْ بَمَنْ

Der Herr befindet sich nicht wohl und hat sich niedergelegt; ich kann ihm das Billet nicht gleich jetzt geben. Doch still! Ich höre dass er hustet. Vermuthlich ist er aufgewacht. Gieb mir das Billet!

ا

A

بَچِّها قَدْری آبِ خورْدَنْ
بیاریدْ چِه وَقْتَسْت شَمْع
بیاریدْ بِبینَمْ

Jungen! Bringt (mir) etwas Wasser zum Trinken! — Welche Zeit ist es? Bringt Licht[1], dass ich sehen kann!

---

[1] Arabisch, eig. Wachs, Wachskerze.

خِدْمَتْكارْ / Diener.

بَلى صاحِبْ آمَدِيمْ زودْ باشْ
اينْ شَمْعهارا روشَنْ كُنْ كِه
بازْكَمْ خُلْق مِيشَوَدْ

Ja, Herr! Wir sind schon da. —
(Zu einem andern Diener)
Mach schnell, zünde diese
Kerzen an! Sonst wird er
wieder böse.

خادِمِى دِيكَرْ / Ein anderer Diener.

دُعاتْ مُسْتَجابْ شُدَسْتْ
ساعَتِ صاحِبْ اِيسْتادَه اَسْتْ
نَمى بِينى كِه مِيپُرْسَدْ چِه
وَقْتَسْتْ

Dein Gebet ist erhört worden:
die Uhr des Herrn ist stehn
geblieben. Hörst (wörtlich:
Siehst) du nicht, dass er
fragt: „Welche Zeit ist es?"

خِدْمَتْكارْ / Diener.

چَرَنْد مَكُو شَمْعها را بِدِهْ
بَمَنْ صاحِبْ يَكْ كَسى اِينْ
رُقْعَه را بِراىْ شُما آوَرْدَه اَسْتْ
وجَوابَشْرا مِيخَواهَدْ

Schwatze keinen Unsinn; gieb
mir die Kerzen. — Herr!
Jemand hat dieses Billet für
Sie gebracht und will Antwort darauf.

A. (liest)

دُوسْتِ عَزِيزِ مَنْ ١

Mein theurer Freund!

اَكَرْچِه ياران كِرامِى را دَرْ

Obgleich es nicht die Art liebe-

---

¹ Die Uebersetzung dieses Briefes ist hier und da etwas freier,
weil bei dem Bestreben, alle persischen Höflichkeitsphrasen wörtlich wiederzugeben, das Deutsche manchmal so schlecht, ja so
lächerlich wird, dass es die eigenthümlichen Gedanken- und Aus-
drucksformen des Persischen mehr verdunkelt, als erläutert.

حالَتِ بیماری تَنْها کُذاشْتَنْ

طَریقِ مِهْربانی نیسْت

وَاِنْصافْ خود دَرْ چِنیِنْ

اَحْوالْ غَیْبَت را هیچْ عُذْری

مُوَجَّهْ نَمیشِمارَدْ لیکِنْ بَسَبَبِ

مُهِمّی ضَرُورِ کِه اِنْصِرامَشْ

لابُدَّسْت میتَرسَمْ کِه تا فَرْدا

صُبْح شَرَفِ خِدْمَتْ حاصِلْ

نَتَوانَمْ کَرْد مَگَرْ آنْکِه خُدا

نَکَرْدَه تَکَسُّرِ مِزاجِ مُبارَكْ

بَحَدّی باشَدْ کِه حُضُورِ

مُخْلِصْ را دَرْکارْ دانَنْدْ دَرْ

آنْصُورَتْ پَرَسْتاری آنْجَنابْ

اَلْبَتَّه اَهَمِّ مُهِمّاتْ خَواهَدْ

بود اُمِیدْ کِه حَضْرَتِ واهِبِ

اَلْعَطایا اَزْ رَحْمَتِ بی نِهایَتِ

خود شِفائِ عاجِلْ بَذاتِ

مُبارَكْ عَطا فَرْمایَدْ دوسْتِ

بی رِیا ب

voller Aufmerksamkeit ist, einen geschätzten Freund in krankem Zustande allein zu lassen, und die Billigkeit selbst unter solchen Umständen keine Entschuldigung wegen Abwesenheit als gerechtfertigt anerkennt, so fürchte ich doch, dass ich wegen eines dringlichen Geschäftes, dessen Erledigung unumgänglich nothwendig ist, bis morgen früh nicht werde die Ehre haben können, Ihnen meine Aufwartung zu machen; wenn nicht — was Gott verhüte! — Ihre Unpässlichkeit einen Grad erreichen sollte, dass Sie meine Gegenwart für erforderlich hielten. In diesem Falle wird es natürlich das wichtigste aller Geschäfte (für mich) sein, Ihnen meine Dienste zu widmen. Ich hoffe, dass der höchste Geber aller Gaben nach seiner unendlichen Gnade Ihnen eine schnelle Heilung gewähren wird. Ihr ungeheuchelter Freund B."

اِحْتِیاجْ بَنِوِشْتَنِ جَوابْ نِیسْت

اَزْ مَنْ دُعا وُسَلامْ بِفِرِسْت

وبِگُو کِه اَلْحَمْدُ لِلَّه اِمْشَبْ

اَحْوالَمْ بِسْیارْ بِهْتَرَسْت حکیمْ

دوبارْ عِیادَتْ کَرْدَنْدْ[1] وبَعْد

اَزْ فَصْد دَوا فِرِسْتادَنْد

وتُعالَجاتِشانْ بِسْیارْ مُفِیدْ

اُفْتادَه اَنْد وَاِنْشاءَ اللَّه

اُمِیدْوارَمْ کِه تا فَرْدا دِیگَرْ

هِیچْ ناخوشئ نَماْنْدَه باشَدْ

هَمِینْکِه اِینْ پَیْغامْ را

فِرِسْتادی قَدْری چایْ بِیارْ

Es ist nicht nöthig, eine Antwort zu schreiben. Lass einen schönen Gruss von mir ausrichten (wörtlich: Sende von mir Fürbitte und Gruss) und sage (in meinem Namen): „Gott sei Dank, heute Abend befinde ich mich viel besser. Der Doctor hat (mich) zweimal besucht, und nachdem er (mir) zur Ader gelassen, hat er (mir) Arznei geschickt; seine Mittel haben sich sehr heilsam erwiesen, und ich hoffe, dass bis morgen, will's Gott, keine Unpässlichkeit mehr übrig sein wird.“ — Sobald du diese Botschaft abgeschickt hast, bring (mir) etwas Thee.	

خِدْمَتْگارْ

Diener.

بَلی صاحِبْ هَمْراهِ چایْ
چِیزی نَمیخواهِیدْ بْخورِیدْ

Ja, Herr. Wünschen Sie nicht zum Thee etwas zu essen?

ا

A

نَه هِیچْ نَمیخواهَمْ اَمّا خاطِرَتْ

Nein, ich mag (weiter) nichts.

---

[1] Es ist üblich, von einem geachteten Abwesenden in der dritten Pluralperson zu sprechen.

باشَدْ كِه پِيشْ اَزْ خَوابِيدَنْ	Aber merk es dir, dass du (mir) vor dem Schlafengehen heute Abend etwas warmes Wasser bringst, damit ich mir die Füsse waschen kann; — eine Stunde nach dem Thee ist die (rechte) Zeit (dazu).
اِمْشَبْ قَدَرِى آبِ گَرْم بِياوَرِى	
تا پاهايَمْ را بِشُويَمْ وَيَكْساعَتْ	
بَعْد اَزْ چائِى وَقْتَسْت	

VI. Gespräch.

ب	B
اَى گُلِ بِيخارْ وَاَى يارِ غارِ	O meine dornenlose Rose! O mein Höhlengenosse! Heil über Sie! „Möge Deine Person nie des Eigendünkels der Aerzte bedürfen! Möge Dein zarter Körper nie von Ungemach belästigt werden!" — Hoffentlich sind die uneigennützigen Gebete Ihrer aufrichtigen Freunde in Betreff Ihrer erhört worden und Sie nun gänzlich von Krankheit frei.
مَنْ ¹ سَلامْ عَلَيْكُمْ ٭ تَمَنَّتْ	
بَنازِ طَبِيبانْ نِيازْمَنْدْ مَبادْ ٭	
وُجُودِ نازِكَتْ آزُرْدَهْ گَرْدَدْ	
مَبادْ ² ٭ اُمِيدْ كِه دَعَواتِ بِى	
غَرَضِ دوسْتانِ خالِصِّ دَرْ	
بارَدَاتْ مُسْتَجابْ اُفْتادَهْ ³	
اَكْنُونْ بِالْمَرَّهْ ⁴ اَزْ مَرَضْ آزادِى	

---

¹ Mohammed, auf seiner Flucht von Mekka nach Medina hart verfolgt von seinen Feinden, verbarg sich eine Zeit lang in einer Höhle, wo niemand bei ihm war als sein Begleiter اَبُو بَكْرِ Abábekr (später der erste Chalif), der davon den Ehrennamen يارِ غازْ der Höhlengenosse erhielt. Dieser Ausdruck wird auch jetzt noch zur Bezeichnung eines sehr treuen und bewährten Freundes gebraucht.

² Der Vers ist von Háfiz. Ueber den Optativ بادْ s. § 80.

³ Participialconstruction; vgl. die Anm. zu S. 153.

⁴ Arabisch; eigentlich à la fois, auf ein Mal, alle (alles) zu-

ا

اَلْحَمْدُ لِلّٰهِ اِمْروزْ هیچ
ناخوشئ نَدارَمْ تَبَمْ شِکَسْتَه
اَسْت دَرْدِ سَرَمْ بَکُلّی رَفع
شُدَه اَسْتْ وِاِشْتِهامْ هَمْ بِسْیارْ
خوبَسْت دیگَرْ چه میخْواهی
اَمّا حَقّ اسْت کِه تا کَسی
بیماری نَکَشَدْ قدرِ صِحَّتْ
نَمیدانَدْ وَمَنْ حالا چِه قَدْر
خُدارا شُکْر بایَدْ بِکُنَمْ کِه
نِعْمَتِ صِحَّتْ بَمَنْ عَطا فَرْمودَه
اَسْت لیکِنْ چون حالَتِ
دیروزْرا با اِمْروزَمْ بَرْآوُرْد
میکُنَمْ می بینَمْ کِه مُحالَسْت
کِه خُدارا چنانْکِه بایَدْ
وشایَدْ شُکْر تَوانَمْ کَرْد

ب

شُکْرِ خُدا دَرْ هَرْ آنْ بَرْ ما

Gott sei Dank! Heute fühle ich durchaus keine Unpässlichkeit. Mein Fieber hat sich gelegt (wörtl.: ist gebrochen), mein Kopfschmerz ist gänzlich gehoben, und auch mein Appetit ist sehr gut; was wollen Sie mehr? Aber wahr ist es, dass, so lange jemand an keiner Krankheit leidet, er den Werth der Gesundheit nicht kennt. Wie sehr muss ich jetzt Gott danken, dass er mir die Wohlthat der Gesundheit (wieder) geschenkt hat! Aber wenn ich meinen gestrigen Zustand mit dem heutigen vergleiche, finde ich es undenkbar, dass ich Gott so, wie es sich gehört und gebührt, danken könnte.

B

Es liegt uns in jedem Augen-

---

sammen, zugleich; aber auch im Arabischen selbst für *tout-à-fait, entièrement* gebraucht.

واجِبَ اسْت چه بما نگاهى
نیسْت که اَزْ فَیضِ او خالى
باشیم نِعْمَتِ الٰهى مانَنْدِ
آبَسْت وما چونْ ماهى دَمى
بى آن زِنْدَه نَتَوانیم بوذ
این اَزْ کُفْرانْ وغَفْلَتِماسْت
که هَمین گاهگاهى خُدارا
بِجِهَتِ نِعْمَتى خَصوصْ سِتایِش
میکنیم واِلّا اَلْطافِ عَمیم او
هَرآنى اِقْتِضاىً شُکْرى تازه
میکنَدْ عِبارَتِ سَعْدى
خاطِرَتْ نیسْت

blicke ob, Gott zu danken; denn es giebt keinen Zeittheil, wo wir seines Gnadenergusses entbehrten. Die göttliche Huld ist gleich dem Wasser und wir (sind) wie die Fische; wir können keinen Augenblick ohne dieselbe leben. Von unserer Undankbarkeit und Unachtsamkeit kommt es her, dass wir Gott nur von Zeit zu Zeit wegen irgend einer besondern Huldgabe lobpreisen; eigentlich erfordern seine allumfassenden Wohlthaten jeden Augenblick einen neuen Dank. Erinnern Sie sich nicht der Worte Sa'dis?

١

خَیر بِکُدامْ عِبارَتِ اِشارَتْ
میکنیذ

A

Nein! Auf welche Worte deuten Sie hin?

ب

دَرْ دیباجَهٔ گُلِسْتانِ بى
نَظیرَش دَرْ سِتایِش بارى
تَعالى میگویذْ هَرْ نَفَسى که

B

In der Vorrede seines unvergleichlichen Rosengartens, im Lobpreise des allerhöchsten Schöpfers, sagt er: „Ein jeder Athem, der absteigt,

فُرو میرَوَدْ مُوِتِ حَیاتَـسْت — *führt dem Leben Stoff zu,
und wenn er aufsteigt,
erfreut er das Wesen;
also sind in einem jeden
Athem zwei Huldgaben
enthalten, und für eine
jede Huldgabe liegt ein
Dank ob. Wessen Hand
und Zunge ist vermö-
gend, der Verpflichtung
zum Danke gegen Ihn sich
zu entledigen?"*

وَچونْ بَرْ می آیَدْ مُفَـرِّح
ذاتَـسْت پَسْ دَرْ هَرْ نَفَسـی
دو نِعْمَتْ مَوْجـودْ وَبَـرْ هَـرْ
نِعْمَتی شُکْری واجِبْ ۰۰ اَزْ
دَسْتْ وزَبانِ کِه بَرآیَدْ ۰۰ کَزْ
عُهْدَهٔ شُکْرَشْ بَدَرآیَدْ ۰۰

ا — A

حُسْنِ کُلِّئِ ایِنْ فِقْرات دَرْ — *Die Hauptschönheit dieser Kern-
sätze liegt in den Wahrheiten,
welche sie aussprechen, obschon
die Ausdrücke selbst hinsichtlich der Wohlredenheit ebenfalls vollendet sind.*

تَحْقیقاتیسْت کِه بَیانْ
میکُنَنْد اَگَرْچِه عِبارات خودْ
دَرْ فَصاحَتْ هَمْ تامَّنْد

ب — B

اَزْ راسْت چِه نیکوتَرْ تَوانَـدْ — *Was kann schöner sein, als
Wahrheit? Mein Glaube ist,
dass man den Menschen nicht
wegen des blossen Vermögens
der Rede „das edelste der Geschöpfe" zu nennen hat, sondern deswegen, weil er Wahrheit reden kann.*

بُودْ اِعْتِقادِ مَنْ ایـنْـسْت کِه
اِنْسانْ را بَحَسَبِ نُطْقِ مَحْضْ
اَشْرَفِ مَخْلوقات نَبایَدْ کُفْت
بَلْکِه بَحَسَبِ ایـنْکِه راسْـت
تَنَطُّقْ میتَوانَدْ کَرْدْ

شُما راسْت میگُوئیدْ پَس
شُما اَشرَفِ مَخْلوقاتیدْ لیکِنْ
اَی اَشرَفِ مَخْلوقاتْ ایْنْ
راستیسْت بِسْیارْ قَدیمْ اَگَرْ
تَحْقیقی تازهٔ دَرْ خاطِرِ شَریفْ
باشَدْ مَنْ اَزْ شنیدَنَشْ خَیْلی
مَحْظوظْ خَواهَمْ شُدْ

Sie reden Wahrheit, also sind Sie das edelste der Geschöpfe. Aber, o edelstes der Geschöpfe, dies ist eine sehr alte Wahrheit! Wenn es irgend eine neue Wahrheit in Ihrem Geiste giebt, so werde ich sehr glücklich sein sie zu hören.

شُما هَمچو میدانیدْ کِه
راسْت هَمْ مِثلِ رُسومْ وعاداتِ
طَوایِفْ تازَگی وَکُهنَگی دارَدْ
کِه اِمروزْ این رَنْگْ مَرغوبَسْت
وَفَرْدا آنْ اِمْسالْ ایْن
بُرِشْ مُتعارَفْ بَرای لِباسْ
اَسْتْ وآنْ بُرِشْ سالِ گُذَشْتَه
اَسْتْ وَنامَرْغوبْ وَهَمچِنینْ
بَهَرْ حالْ اَگَرْ واتِعی اِعْتِقادِ
شُما چِنینْ باشَدْ اُمیدْ کِه

Halten Sie denn dafür, dass auch die Wahrheit, gleich den Gebräuchen und Gewohnheiten der Völker, ihre Neuheit und ihr Alter habe? Denn heute ist diese Farbe beliebt und morgen jene; heuer ist dieser Kleiderschnitt Mode, jener aber der vorjährige und nicht mehr beliebt; und so durchaus. Wenn Ihr Glaube wirklich dieser Art ist, so werden Sie hoffentlich an dieser Grenze stehen bleiben und die Analogie nicht auf die Spitze treiben. Denn da Sie in dem einen Falle z. B.

دَرْ اِينْ حَدْ تَوَقُّفْ فَرْمَائِيذْ
وقِياسْ را بَنِهايَتْ نَرَسانِيذْ
چـه چـونْ دَرْ يَكْ صُورَتْ
مِيتَوانِيذْ كُفْت مَثَـلًا اِينْ
قَبا كُهْنَه اَسْت يا رَنْگَشْ
نامَرْغُوبَسْت يا بُـرِشِ اِينْ
شَلْوارْ مُبْتَذَلَسْـتْ ومَرا اَزْ
پُوشِيذَنَشْ عارْ مى آيَذْ دَرْ
صُورَتِ دِيگَرْ هَمْ مِـيبـايَذْ
بِگُوئِيذْ كِه اِينْ راسْت خَيْلى
قَدِيمَسْتْ وهَمَه كَسْ آنْـرا
مِيدانَذْ وَاَكْنُونْ بِـسْـيـارْ
مُبْتَذَلَسْتْ ومَرا اَزْ گُفْتَگُوِيَشْ
شَرْم مى آيَذْ وَعَلَى هٰذَا

sagen können: „Dieser Rock ist alt", oder: „seine Farbe ist unbeliebt", oder: „der Schnitt dieser Hosen ist gemein und ich schäme mich sie anzuziehen," so werden sie auch im andern Falle sagen müssen: „Diese Wahrheit ist sehr alt und jedermann kennt sie; sie ist jetzt sehr gemein und ich schäme mich davon zu reden", — und so weiter.

ا

مَنْ نُطْقِ شُمارا اَزْ مَنْطِقِتانْ
بِهْتَرْ مى پَسَنْدَمْ چِه دَرْ آنْ
فَصاحَتْ بِسْيارْ اَمّا دَرْ اِينْ
فَلْسَفَتْ بِيشِمارَسْت كِى دَرْ
اِينْ عالَمْ بِـغَيْـرِ اَزْ خُودَتْ

A

Mir gefällt Ihre Sprache besser als Ihre Logik; denn in jener ist viel Wohlredenheit, in dieser aber unendlich viel Sophisterei. Wer in aller Welt ausser Ihnen selbst hätte meine unschuldige Aeusserung auf

میتَوانِسْت کِه کُفْتِ سادَهٔ

مَرا بَاِیِن صورَتِ زِشت مُعَوَّج

کَرْدَانَدْ

diese hässliche Weise verdre-
hen können?

ب

B

فَلْسَفَتْ دَرْ کُجَاسْت لُطْف

فَرْمودَه بَیانْ کُنِیذْ[1]

Wo ist die Sophisterei? Sein
Sie so gütig (sie) deutlich zu
bezeichnen!

ا

A

مَنْ کُفْتَمْ کِه اِینْ راسْت

قَدِیمَسْت یَعْنی دِیرْپا وَشُما

آنْرا بَکُهْنَهٔ ومُنْدَرِسْ تَعْبِیرْ

کَرْدِیذْ وَآنْ مَقْصودِ مَنْ

نَبودْ قَصْدِ مَنْ اَزْ قَدِیمْ

نَقِیضِ حادِثْ بُودْ چِنانْکِه

دَرْ مَنْطِقْ مُسْتَعْمَلَسْت یَعْنی

اَزَلی ذَه مُنْدَرِسْ بَعَلاوَتْ

قَدِیمْ یَکی اَزْ صِفاتِ

اِلَهِیسْت یَعْنی بی اِبْتِدا وُبی

اِنْتِها

Ich sagte: „Diese Wahrheit
ist alt", d. h. längst be-
gründet; Sie aber deuteten
es als veraltet und abge-
nutzt, was meine Meinung
nicht war. Ich meinte mit
قَدِیم das gerade Gegentheil
von حادِث (im Laufe der
Zeit entstanden), — wie
es in der Logik gebraucht
wird, in der Bedeutung von
uranfänglich, — nicht ab-
genutzt. Ueberdies ist قَدِیم
eine der göttlichen Eigenschaften, in der Bedeutung von an-
fangs- und endlos.

---

[1] Siehe über diese Construction S. 142 Anm. 2.

شَكّ نِيسْت كِه شُما فَلْسَفَتِى
ثابِتْ كَرْدِيدْ اَمّا مِيتَرْسَمْ كِه
بِيشْتَرْ دَرْ فَرْمُودَهٔ خُودِتان
ذا دَرْ كُفْتَهٔ مَنْ شُما بايَدْ
بِدانِيدْ كِه سِياسَتْ كِه لَفْظِى
دَرْ عِلْمِى يا اِصْطِلاحِى اَزْ
بَراىٔ مَعْنِىٔ مَخْصُوصْ
مَوْضُوعَسْت اَمّا دَرْ مُحاوَراتْ
مَعْنِيَشْ عُمُومِيَّتْ دارَنْ كِه
اَغْلَبْ اَزْ قَراِينِ مَخْدُونْ
مِيكَرْدَدْ شُمانَه هَمِينْ كُفْتِيدْ
كِه اِينْ راسْتِ قَدِيمَ اَسْت
بَلْكِه عَلاوَتْ كَرْدِيدْ كِه اَكْثَرْ
تَحْقِيقِ تازَهٔ دَرْ خاطِرِ شَرِيفْ
باشَدْ وَغَيْرَهٔ پَسْ اَزْ اِينْ
قَراِينْ مَعْلُومَسْت كِه شُما
لَفْظِ قَدِيمَ را دَرْ مُقابِلِ نَوْ
اِسْتِعْمالْ كَرْدِيدْ نَه دَرْ مُقابِلِ
حادِثْ وَمَقْصُودِ شُما اَزْ قَدِيمْ

Es ist kein Zweifel, dass Sie eine Sophisterei constatirt haben; aber ich fürchte, mehr in dem von Ihnen selbst, als in dem von mir Gesagten. Sie müssen wissen, dass es oft der Fall ist, dass ein Wort in einer Wissenschaft oder conventionellen Terminologie zum Ausdrucke einer besondern Bedeutung bestimmt ist, in der gewöhnlichen Unterhaltung aber seine Bedeutung einen allgemeinern Charakter hat, der meistentheils durch den Zusammenhang genauer bestimmt wird. Sie sagten nicht bloss: „Dies ist eine alte Wahrheit", sondern setzten noch hinzu: „Wenn es irgend eine neue Wahrheit in Ihrem Geiste giebt" u. s. w. Aus diesem Zusammenhange ist es daher ganz klar, dass Sie das Wort قديم (alt) im Gegensatze zu نو (neu) und nicht im Gegensatze zu حادث (im Laufe der Zeit entstanden) gebrauchten, und mit dem Worte alt konnten Sie nur meinen

كَيِّنَهُ وَمُبْتَذَلْ ميتَوانِسْت بُودْ
نَه اَزْكِى بَعَلاوَتْ شُما بَبَيانِ
ناقِصِ مَنْ اِسْتِهْزائى فَرْمودِيدْ
وَاِظْهارِ مَلالَتى نِمودِيدْ
وَاينْها نيزْ دَلايِلِ ديگَرَنْدْ
كِه شُما لَفْظِ قَديم را بَاَتْجِ
مَعانِيَشْ اِسْتِعْمالْ فَرْمودِيدْ

veraltet und gemein, nicht uranfänglich (von Ewigkeit her). Ueberdies spotteten Sie etwas über meine mangelhafte Ausdrucksweise und liessen einige Verdriesslichkeit blicken, was ebenfalls weitere Beweise dafür sind, dass Sie das Wort alt in seiner schlechtesten Bedeutung gebrauchten.

ا

مَگَرْ شُما نَميدانيد كِه مَنْ
نَمْساوِيَم وَفارْسى زَبانِ اَصْلى
مَنْ نيسْت چِه عَجَبْ اَگَرْ
لَفْظى را اَنْدَكْ بيجا اِسْتِعْمالْ
كَرْدَه باشَمْ

Λ

Wissen Sie denn etwa nicht, dass ich ein Deutscher bin und das Persische nicht meine Muttersprache ist? Was Wunder, wenn ich ein Wort etwas am unrechten Orte gebraucht habe?

ب

اَگَرْچِه عُذْرَتْ بِسْيارْ
لَنْگَسْت ليكِنْ چونْ تازَه اَزْ
بيمارى بَرْخاسْتَهْ بَخاطِرِ
دوسْتِئِ قَديمِ مَنْ بَرْ تو
سَخْت نِميگيرَمْ

B

Obschon Ihre Entschuldigung sehr lahm ist, will ich doch, da Sie erst neulich von einer Krankheit genesen sind, der alten Freundschaft zu Liebe Sie nicht zu hart behandeln (wörtl.: nicht stark angreifen).

ا

مَحَبَّتِ شُما زِياد لِيكِنِ بـا

اِينْهَمَه مُوالاتْ وِمِـهْـرِبانـی

هَنوزْ می بِينَمْ كِـه اَزْ تَـازَهْ

وَقَدیمْ قَراموشْ نَمِيفَرْمائِـيـدْ

A

*Möge Ihre Freundschaft sich
stets bewähren! Aber bei allem
diesen freundschaftlichen und
liebevollen Verfahren sehe ich
doch, dass Sie das „neu"
und „alt" nicht vergessen.*

ب

اِينْ هَمِينَ اسْتْ كِه بَشْمـا

بِنِمايَمْ كِه اَلْفاظْ چِگُونَه

بَحَسَبِ مُحاوَراتْ وَتَرايِنِ

مَعانِئْ عَدِيدَه می بَخْشَنْـدْ

لِيكِنْ حالا بِگْذارْ مَطْلَبْ را

تَغْيِيرْ دِهِيمْ چِه چِنانْكِه شُما

دَرْ نَمْساوی مِيگُوئِيدْ اِيـنْ

اَنْدَكی اِفْراطْ اسْتْ دَرْ چِيزِ

خُوبْ ما دَرْ فارْسی مِيگُوئِيمْ

حَلْوا بِسْيارْ خُورّدَنْ دِلْسُوزِشْ

می آرَدْ

B

*Dies geschicht bloss um Ihnen
zu zeigen, wie die Wörter
nach Sprachgebrauch und Zusammenhang einen mehrfachen
Sinn geben. — Doch jetzt lassen Sie uns den Gegenstand
(des Gespräches) ändern; denn,
wie Sie im Deutschen sagen:
Dies ist des Guten etwas zu
viel, so sagen wir im Persi-
sischen: Zu viel Zuckerwerk
essen führt Herzbrennen her-
bei.*

ا

حالا خُوبْ يادْ مِيكُنَمْ دو

سِه رُوزْ پِيشْ اَزْ اِينْ با يَكْ

A

*Jetzt besinne ich mich eben:
vor zwei (oder) drei Tagen*

دَلَّالِی ۱ قَرَارْ دَادَهْ بُودَمْ كِه چَنْدْ تَا اَسْبْ خُوبْ بِيَارَدْ تَا مَنْ بِبِينَمْ وَاَگَرْ اَزْ آنْهَا چِيزِی بِه پَسَنْدَمْ بِخَرَمْ اُو دِيرُوزْ آمَدْ اَمَّا مَنْ حَالَمْ خُوشْ نَبُودْ وَگُفْتَمْ وَقْتِ دِيگَرْ بِيَايَدْ اَگَرْ شُمَا مَيْلْ دَارِيدْ مَنْ آدَمْ مِيفِرِسْتَمْ كِه فَرْدَا صُبْح بِيَايَدْ وَاَسْبْهَا رَا هَمْ بِيَاوَرَدْ وَاَگَرْ شُمَا شُغْلِ دِيگَرْ نَدَاشْتَه بَاشِيدْ مَحَبَّتْ فَرْمُودَه ۲ اِينْجَا تَشْرِيفْ بِيَاوَرِيدْ تَا اَسْبْهَا رَا بَاهَمْ بِـه بِبِينِيمْ

hatte ich mit einem Mäkler verabredet, dass er (mir) einige gute Pferde bringen solle, um (sie) zu besehen und, wenn mir eins von ihnen gefiele, (es) zu kaufen. Er kam gestern, aber ich befand mich nicht wohl und sagte, er solle ein ander Mal kommen. Wenn Sie Lust haben, schicke ich jemand hin (und lasse ihm sagen), dass er morgen früh kommen und die Pferde mitbringen soll; und wenn Sie kein anderes Geschäft haben, so sein Sie so gut, (mich) hier (mit Ihrem Besuche) zu behehren, damit wir die Pferde zusammen besehen können.

ب

بِسْيَارْ خُوبْ مَنْ هَمْ حَالَا شُغْلِی دَارَمْ وَمُرَخَّصْ مِيشَوَمْ وَفَرْدَا صُبْح بَازْ اِينْجَا خَواهَمْ بُودْ

B

Sehr wohl! — Auch ich habe jetzt ein Geschäft und will mich beurlauben; aber morgen früh werde ich wieder hier sein.

---

¹ Siehe S. 135, Anm. 1.
² Siehe S. 142, Anm. 2.

	A
خدا همراه شما فردا صبح منتظر شما خواهم بود	Gott mit Ihnen! Morgen früh werde ich Sie erwarten.

VII. Gespräch.

	A
مَنْ¹ اَزْ آنْ اَسْب کَهَرْ خَیْلی خوشَمْ می آیَدْ شما چه میگوئیدْ	Mir gefällt jenes braune Pferd sehr. Was sagen Sie (dazu)?

ب	B
خوب اَسْبیسْت امّا مَنْ آنْ کُرَنْ را بِهْتَرْ می پَسَنْدَمْ چَنْد تا نِشانِ بِسْیارْ خوبْ دارَدْ	Es ist ein schönes Pferd, aber mir gefällt das nussbraune besser; es hat mehrere sehr gute Merkmale.

	A
راسْتَسْت امّا بَسَلیقَهٔ مَنْ اَنْدَکی کوچِکْسْت اَگَرْ آنْ اَسْب نیمْ وَجَبْ بُلَنْدْ تَرْ بود هَرْچه میگُفْتی می اَرْزیدْ	Das ist wahr; aber nach meinem Geschmacke ist es etwas zu klein. Wäre jenes Pferd eine halbe Spanne höher, so wäre es jede Summe werth, die Sie nennen möchten.

¹ مَنْ ist ein an der Spitze des Satzes stehender absoluter Nominativ, auf den sich dann das ـمْ von خوشَمْ in der Bedeutung von مَرا zurückbezieht; wörtlich: *ich — von jenem grauen Pferde kommt mir sehr Angenehmes* (d. h. angenehmer Eindruck).

دَلَّالْ	Mäkler.

صاحِبِ اَسْبِ عَرَبِئ خالِصْ	*Herr, dass ein ächt arabisches Pferd höher wäre als dieses, trifft sich selten (wörtl.:*
كَمْتَرْ اَزْ این بُلَنْد تَرْ اِتِّفاقْ	*das ächt arabische Pferd trifft sich selten höher als dieses).*
می اُفْتَدْ بَسَرِ خودَتْ¹ كِه	*Bei Ihrem Haupte! selbst im Stalle des Prinzen kommt ein*
دَرْ طَویلَهٔ شاهْزادَه هَمْ اَزْ این	*besseres Pferd als dieses nicht*
بِهْتَرْ اَسْب بَهَمْ نَمیرَسَدْ² اَمّا	*vor. Doch was brauche ich*
چِه ضَرُورْ كِه مَنْ تَعْریفَشْ	*es zu beschreiben? Sie selbst*
بِكُنَمْ شُما خودِتان ماشاءَ	*verstehen sich vortrefflich auf*
اللّٰهُ كِه خوبْ اَسْب مـی	*Pferde, und auch Ihr Freund*
شِناسیدْ ورَفیقِتان هَمْ كِه	*ist ein vollkommener Pferdekenner.*
خودَشْ اَسْب شِناسِ تَمامیسْت	

ا	A
تو میگوئیكِه اَسْبِ عَرَبی	*Ihr sagt, es treffe sich selten, dass ein arabisches Pferd*
كَمْتَرْ اَزْ این بُلَنْد تَرْ اِتِّفاقْ	*höher als dieses wäre. Ist denn*
می اُفْتَدْ مَگَرْ آن كَهَرْ عَرَبی	*jener Braune kein Araber?*
نیسْت	

---

¹ Eine unter den Persern gewöhnliche Schwurformel.

² اَسْب ist hier, wie auch im Nächstfolgenden, Gattungswort (s. S. 114, Z. 1 ff.) und از این بهتر gehört zum Zeitworte; eigentlich: *besser als dieses kommt das Pferd nicht zu Stande.*

دَلَّال

Mäkler.

آن اَسْبِ کَهَرْ هَمْ قابِلِيَّتِ

Dieses braune Pferd ist gleich-
falls werth, vom Könige ge-
ritten zu werden (wörtl.: *hat*
die Befähigung zum Ritte des
Königs). *Es ist von gemisch-*
tem Blute (wörtl.: *von zwei*
Adern), *dem arabischen und*
dem turkomanischen; aber mehr
hat es von dem arabischen Blute.

سَوارِئ شاهْ‌را دارَدْ آنْ دُورَڭَه

اَسْت عَرَبِئ وتُرُکْمانِی اَمّا رَڭِ

عَرَبِیشْ بِیشْتَرْ اَسْت

ب

B

اَزْ آنْ اَبْلَقْ چِه مِیکُوئِی بِه

Was sagen Sie zu jener
Schecke? Sehen Sie, was für
einen schönen Kopf und Hals
sie hat!

بِین چِه سَرْ وگَرْدَنِ مَقْبُولِی

دارَدْ

ا

A

اَزْ حَیْثِیَّتِ تَرْکِیبْ بَدْ اَسْبِی

In Betreff des Gliederbaus
scheint es kein schlechtes Pferd
zu sein, obgleich seine Brust
etwas schmal ist; aber ich
weiss nicht, warum mir ein
scheckiges Pferd nie gefällt,
wie gut auch sein Blut sein
mag.

نَمِی نِمایَدْ اَگَرْچِه سِینَه اش

اَنْدَکِی تَنْگَسْت اَمّا نَمِیدانَمْ

چِرا مَنْ اَزْ اَسْبِ اَبْلَقْ هَـرْ

گِزْ خُوشَمْ نَمِی آیَدْ[1] هَرْچَنْد

خُوشْ رَڭّ باشَـدْ

—

ب

آنْ اَمْرِيسْت عَلَى حِدَه' اَمّا اَكَرْ اَسْب خوشْرَگْ وخوشْنِشانْ باشَدْ مَنْ بَرَنْگَشْ كَمْتَرْ نِگاه مِيكُنَمْ

B

Das ist eine Sache für sich. Aber wenn ein Pferd von gutem Blute ist und gute Merkmale hat, so sehe ich selten auf seine Farbe.

ا

بَهَرْ حالْ مَنْ اَزْ اِينْ شَشْ تا اَسْب هَمانْ كَهَرْ وكَرَنْرا مِى پَسَنْدَمْ وبَسْ²

A

Jedenfalls gefällt mir von diesen sechs Pferden nur der Braune und der Nussbraune.

ب

آنْ اَسْبِ سَمَنْد را نَمِى پَسَنْدِى مَنْ خَيْلِى تَعَجُّبْ مِيكُنَمْ بِبِينْ چِه قَدْرِ شَكِيلْ اَسْت دَرْ حُسْنْ ونِشانْ آنْ اَسْبْ بَاِعْتِقادِ مَنْ تَمامَسْت پُشْتِ كُوتاهْ شانَهٔ عَرِيضْ سِينَهٔ وَسِيعْ مِيانِ بارِيكْ شَلْوارِ گُشادَه³ ساقْهاىْ پاكْ

B

Gefällt Ihnen nicht jenes dunkelbraune Pferd? Ich bewundere (es) sehr. Sehen Sie, wie schön gestaltet es ist! In Betreff der Schönheit und der Merkmale ist jenes Pferd nach meiner Ueberzeugung vollkommen. Kurzer Rücken; breites Schulterstück; weite Brust; dünner Leib; gut gespaltene Schenkel; nette, grade

---

¹ Arabisch; nach der Aussprache auch zu علاحده حلاده verbunden. eigentlich: *im Zustande von Vereinzelung, vereinzelt.*

² Ueber dieses وبَسْ s. S. 87 unten.

³ Wörtlich: *ohne Hosen,* d. h. solche, deren Beine beim

وراست پیشانئ پهن

چشمهای سیاه شهلا

گوشهای قلمی ۱ سر و گردن

شکیل دندانهائ سفید

خوش اندام خوش حرکت

همه روئ هم رفته هیچ

نشان خوبی نیست که این

اسب نمیدارد

Beine; breite Stirn; dunkelgraue Augen; spitzige Ohren; schön gestalteter Kopf und Hals; weisse Zähne; von zierlichem Körperbau; zierlich in den Bewegungen. Alles zusammengenommen: es giebt nicht ein einziges gutes Merkmal, das dieses Pferd nicht hätte.

ا

A

مگر اینکه من از آن دو تا

خیلی خوشترم می آید ۲ واگر

صاحبشان سر معاملت

داشته باشد من مضایقت

ندارم که هر دو را بخرم

Mir gefallen jedoch jene beiden viel besser, und wenn ihr Besitzer Lust hat, einen Handel zu machen, so habe ich nichts dawider, beide zu kaufen.

دلال

Mäkler.

خاطر شما از آن بابت جمع

Lassen Sie Ihr Gemüth darüber

Stehen und Gehen nicht zusammenschlagen; — dann in der angegebenen Bedeutung uneigentlich von Pferden gebraucht.

¹ Eig. schreibrohrartig, d. h. der langzugeschnittenen Spitze des morgenländischen Schreibrohrs ähnlich.

² Adversativsatz in Form einer Ausnahme; wörtlich: ausgenommen dies, dass, u. s. w., wie arab. إِلَّا أَنْ.

باشَدْ صاحِبْ شُغْلِ مَنْ اَسْب
فُروخْتَنْ اَسْت وَشَكْ نَدارَمْ
كِه مُشْتَرَى اَزْ شُما بِهْتَرْ هَمْ
يافْت نَميشَوَدْ پَسْ چِرا
مُعامَلَمانْ نَشَوَدْ

ruhig sein, Herr! Mein Ge-schäft ist es, Pferde zu ver-kaufen, und ich zweifle nicht, dass ein besserer Käufer als Sie auch nicht gefunden wer-den kann. Warum sollte also unser Handel nicht zu Stande kommen?

ا

A

بَراىِ يَكْسَبَبْ كُلّى وَآنْ
اينَسْت كِه اَگَرْ قيمَتِشانْرا
خَيلى بِخَواهى آنْوَقْت مُشْكِلْ
باشَدْ كِه مُعامَلَمانْ بِشَوَدْ

Aus einer wichtigen Ursache, und die ist: wenn Ihr als Preis dafür zu viel verlangt, dann wird es schwer halten, dass unser Handel zu Stande kommt.

دَلّالْ

Mäkler.

خُدا خَيْرَتْ بِدِهَدْ صاحِبْ
اينْ چِه حَرْفِهاسْت كِه
ميفَرْمائيدْ مَنْ اَزْ شُما هَرْگِزْ
قيمَتِ زِيادْ نَخَواهَمْ خَواسْت
هَمَه كَسْ مَرا ميشِناسَدْ وَهَمَه
ميدانَنْد كِه هيچْ تاجِرى
اَزْ مَنْ اَرزانْ تَرْ اَسْب نَميتَوانَدْ
بِفُروشَدْ

Gott schenke Ihnen Gutes, Herr! Was sind dies für Worte, die Sie da sprechen? Ich werde von Ihnen nie einen zu hohen Preis verlangen. Jedermann kennt mich, und Alle wissen, dass kein Handelsmann Pferde billiger verkaufen kann, als ich.

ا

آن را اِمتِحانْ بایَدْ کَرْد
خوبْ حالا بِگو اَزْ بَرایِ انْ
اَسْبِ کَهَرْ چَنْدْ میخواهی
قیمَتِ آخِرَشْ را بِگو تا کارْ
کوتاهْ شَوَدْ

A

Das muss man (noch) unter-
suchen. — Gut! Nun sagt,
wie viel verlangt Ihr für jenes braune Pferd? Sagt mir
den äussersten Preis dafür, um
die Sache kurz zu machen
(wörtl.: damit die Sache kurz
werde).

ب

دَلّالْ

قیمَتِ آخِرِ آخِرِ آنْ اَسْبِ کَهَرْ
دُویسْتْ وسی تومانَسْتْ [1]
وقیمَتِ اَسْبِ کَرَنْ دُویسْتْ
وبیسْتْ تومانْ یا هَرْ
دو باهَمْ چَهارْ صَدْ وپَنْجاهْ
تومانْ

B

Mäkler.

Der alleräusserste Preis (wörtl.:
der äusserste Preis des äussersten) für jenes braune Pferd
ist zweihundert und dreissig
Túmán, und der Preis für das
nussbraune zweihundert und
zwanzig Túmán, oder für
beide zusammen vierhundert
und funfzig Túmán.

ا

مَنْ نَگُفتَمْ کِه اَگَرْ زِیادْ
بِپُرسی مُعامَلَمانْ نَمیشَوَدْ
چَهارْ صَدْ وپَنْجاهْ تومانْ
خَیلی زِیادَسْت

A

Sagte ich nicht: wenn Ihr zu
viel fordert, kommt unser Handel nicht zu Stande? Vierhundert und funfzig Túmán
ist viel zu viel.

---

[1] Die grösste in Persien gangbare Goldmünze, ungefähr

دَلَّالٌ — Mäkler.

بَسَرِ خُودَتْ کِه بِسیارْ اَرزانَنْد

اَگَرْ مَنْ اَزْ آن دوتا اَسْب را بَه

بوشِهْرِ بِفِرِسْتَمْ تاجِرْهائ

خُودِتان اَمانِشان نَمیدِهَنْد

وَاَقَلّا شَشْصَدْ تُومانْ

بَرآیِشان میدِهَنْد اَزْ اینْجا

تا بوشِهْرِ اِخْراجاتِ دو تا

اَسْبُ ویَکْ مِهْتَرْ دَهْ تُومانْ

هَمْ نَمیشَوَدْ اَمّا مَنْ حالا

وَجْهِ ضَرورْ دارَمْ وَصَبْرْ

نَمیتَوانَمْ بِکُنَمْ شُما خُودِتان

اَسْب شِناسیدْ وَرَفیقِتان هَمْ

کِه دَرْ این بابْ تَمامَسْت

خُودِتان فِکْر بِکُنیدْ وِبِگوئیدْ

این اَسْبِها بَقیمَتیکِه مَنْ

پُرْسیدَمْ اَرزانَنْد یا نَه

Bei Ihrem Haupte, sie sind sehr billig! Wenn ich die zwei Pferde da nach Básir schicke, so geben Ihre Handelsleute ihnen keine Gnadenfrist [1] und geben zum Wenigsten sechshundert Táman dafür. Von hier bis Básir kommen die Ausgaben für zwei Pferde und einen Pferdeknecht nicht einmal zehn Táman. Aber ich habe jetzt Geld nöthig und kann nicht warten. Sie selbst sind ein Pferdekenner und auch Ihr Freund ist in diesem Fache ganz zu Hause. Denken Sie selbst nach und sagen Sie: sind diese Pferde zu dem Preise, den ich gefordert habe, billig, oder nicht?

---

10 Schilling engl. Geld werth (3⅓ Thaler). Es ist ein türkisches Wort.

[1] D. h. die europäischen Handelsleute kaufen die Pferde vom Platze weg.

١

هَرْ چِه این صاحِبْ بِگُویَـدْ
قَبُولْ میکُنی مَن بَهَرْ قیمَتی
کِه او قَرارْ بِـدِهَـدْ راضی
خَواهَـمْ شُـدْ بِگُـذارْ او دَرْ
مِیانِ ما حَکَمْ باشَدْ

A

Nehmt Ihr alles an, was dieser Herr sagen wird? Ich werde mit jedem Preise, den er bestimmt, zufrieden sein. Lasst ihn Schiedsrichter zwischen uns sein!

دَلَّالْ

أَگَرْچِه مَن هَمْچو نَمیدانَمْ
کِه ایشانْ[1] بَسَبَبِ رَفاقَتِ
شُما اَزْ اِنصافْ بِگُذَرَنْد اَمّا
چونْ این قاعِدهٔ خَریـدْ
وفُروشْ نیسْت مَن نَمیتَوانَمْ
شَرْطْ بِکُنَمْ کِه هَرْ چِه ایشانْ
بِفَرمایَنْد بِگیرَمْ اَمّا هَنُـوزْ
مُضایَقه نیسْت کِه هَرْ چِه
صَلاحْ بِدانَنْد بِفَرمایَنْد
شایَدْ مَن راضی خَواهَمْ شُدْ

Mäkler.

Obgleich ich nicht dafür halte, dass der Herr aus Freundschaft für Sie unbillig handeln (wörtlich: die Billigkeit überschreiten) wird, so kann ich doch, da dies nicht das regelmässige Verfahren bei Kauf und Verkauf ist, nicht bestimmt versprechen, alles was er sagen wird anzunehmen; doch aber steht (von meiner Seite) dem nichts entgegen, dass er sage was er immer für recht hält. Vielleicht werde ich (damit) zufrieden sein können.

---

[1] Ueber diesen Gebrauch des Plurals s. Anm. 1 zu S. 168.

ب

اَگَرْ اَزْ مَنْ میپُرْسیدْ مَنْ
یکدَفْعَه میگویَمْ کِه چِهارْصَدْ
تومانْ بَرایِ هَرْ دو اَسْبْ
خوبْ قیمَتیسْت یَکی بِدِهَدْ
ودیگَری بِگیرَدْ تا مُعامَلَه
خَتْم شَوَدْ مَنْ یَکْ کَلِمَهٔ
دیگَرْ نَدارَمْ کِه بِگویَمْ

B

Wenn Sie mich fragen, so sage ich gleich: vierhundert Túmán für die beiden Pferde ist ein schöner Preis. Der Eine gebe und der Andere nehme, damit der Handel abgeschlossen werde. Ich habe kein einziges Wort weiter zu sagen.

ا

مَنْ هَمْ چونْ بَشُما حَوالَتْ
کَرْدَمْ دیگَرْ هیچْ نَدارَمْ بِگویَمْ
وراضیَمْ کِه چِهارْصَدْ تومانْ را
بِدِهَمْ اَگَرْ میخَواهَدْ بِگیرَدْ
واِلّا خودَشْ بِهْتَرْ میدانَدْ

A

Auch ich habe, da ich (die Sache) Ihnen übertragen, nichts weiter zu sagen und willige ein, die vierhundert Túmán zu geben. Will er, so mag er (sie) nehmen; wo nicht, so sehe er selbst zu (eig. so weiss er besser, nämlich als wir, was er zu thun hat).

دَلّالْ

چِهارْصَدْ تومانْ خَیْلی کَمَسْت
صاحِبْ اَمّا هَمْچو کِه عَرْض
کَرْدَمْ چونْ پُولْ بِسْیارْ ضَرورْ

Mäkler.

Vierhundert Túmán ist sehr wenig, Herr; aber da ich, wie ich (Ihnen) erklärte, Geld sehr nöthig habe, so muss ich

دارَم بایَدْ اَسْبهارا بِفروشَم
چارَه نیسْت ¹

die Pferde verkaufen, — da hilft nichts.

ا

A

بِسْیارْ خوبْ حـالا هَـمَـه
دُرسْتَسْت بِگو کِه چه
مِیخَواهی وَجْه نَقْد یا بَراتْ
بَرای مَن هیچْ تَفاوُتْ نَمِیکُنَدْ

Sehr wohl! Nun ist alles in Ordnung. Sagt, was wollt Ihr: baares Geld, oder Wechsel? — Für mich macht das keinen Unterschied.

دَلّالْ

Mäkler.

اَگَرْ شَفْقَتْ بِقَرْمائِیدْ وِیَکْ
بَراتی بِدِهیدْ کِه دَرْ مَنْبَئی
بَشَریکِ مَن دادَه شَوَدْ مَنْ
اَزْ شُما بِسْیارْ شاکِرْ خَواهَمْ شُدْ

Wenn Sie die Freundlichkeit haben und (mir) einen in Bombay an meinen Compagnon zahlbaren Wechsel geben wollen, so werde ich Ihnen sehr dankbar sein.

ا

A

اَلْبَتَّه هیچْ مُضایَقَه نیسْت
اَگَرْ شُمارا زِیـادَه زَحْـمَـتْ
نَباشَدْ فَرْدا صُبْح بِیائِیدْ یا
کَسی را بِفِرِسْتیدْ بَراتْ آمادَه
خَواهَدْ بودْ

Dem steht durchaus nichts entgegen. Wenn es Euch nicht zu viel Ungelegenheit macht, so kommt morgen früh, oder schickt jemand; der Wechsel soll bereit sein.

---

¹ Wörtlich: da ist kein Mittel, nämlich Gegenmittel, Verhinderungsmittel.

دَلَّالْ

Mäkler.

لُطْفِ شُما كَمْ نَشَوَدْ بَنْـدَه
خُودَمْ خِدْمَتِ شُما مِيرَسَمْ[1]

Möge Ihre Güte sich nie vermindern! Ich selbst werde Ihnen meine Aufwartung machen.

١

A

بَه بِينْ كِه بَراىْ دوتا اَسْب
خَرِيدَنْ چِه قَدَرْ نَـفَـس
ضرورَسْت مَنْ كِه[2] اَلْحَقّ
خَسْتَه شُـدَه اَمْ وَاَگَرْ مَنَّكه
دوتَـا اَسْب بَايَنْ خُـوبِى
خَرِيدَه وَاَزْ سَوَارِيشَانْ اُمِيدِ
لَذَّتِها دارَمْ هَمْچو بِـگُـويَمْ
شُما چِه بايَدْ بِگُوئِيدْ كِه
بِغَيْرِ اَزْ زَحْمَتِ گُفْتَكُو چِيزِ
دِيگَرْ نَداشْتِيدْ

Sehen Sie, wie viel Athem nöthig ist, um ein Paar Pferde
zu kaufen! Ich meines Theils
bin wirklich ermüdet; und
wenn ich, — der ich zwei so
gute Pferde gekauft und das
öftere Vergnügen sie zu reiten
in Aussicht habe, — so sage,
was müssen erst Sie sagen,
der Sie nichts weiter (davon)
gehabt haben, als die Mühe
des Redens?

ب

B

شُما سَهْو مِيفَرْمائِيدْ لَذَّتِ
مَنْ دَرْ اِينْكِه بَشُما خِدْمَتى
كَرْدَهاَمْ بِمَراتِبْ بِيشْتَرْ اَسْت

Sie irren sich! Mein Ver-
gnügen daran, dass ich Ihnen
einen Dienst erwiesen habe,
ist um viele Grade grösser

---

[1] Wörtlich: gelange zu ihrem Dienste.
[2] S. Anm. 1 zu S. 144. Im folgenden مَنَّك hingegen ist كه
Relativpronomen.

أزْ لَذَّتیکِه شُما أزْ سَوارِیِ آنْ
أسبها خَواهیذْ داشت بَعَلاوَه
لَذَّتِ مَنْ دَوامَش بیشْتَرْ ۱
أسْت چِراکِه آنْ بَهَرْ حالْ
تا عُمْرِ مَنْ باشَذْ با مَنْ
خَواهَذْ بوذْ لیکِنْ لَذَّتِ
شُما مُتَعَلِّقْ بَعُمْرِ اسْبهاسْت
کِه اُمیذوارَمْ کِه بَسالْهایْ
بِسْیارْ أزْ عُمْرِ شُما کوتاهْتَرْ
باشَذْ

als das, welches Sie am Reiten dieser Pferde haben werden. Ueberdies ist mein Vergnügen von längerer Dauer, weil es mir auf alle Fälle so lange, als mein Leben währt, bleiben wird, Ihr Vergnügen hingegen von dem Leben der Pferde abhängt, welches, hoff' ich, um viele Jahre kürzer sein wird, als Ihr eigenes.

۱

آنْچِه شُما میفَرْمائیذْ بی
شُبْهَتْ ناشی أَسْت أزْ کَمالِ
مَحَبَّتِ شُما نِسْبَتْ بَبَنْدَه
لیکِنْ چِنینْ مینِمایَذْ کِه
لَذَّاتِ اینْ جِهانی کِه بِالْآخَرَه
زوذْتَرْ یا دیرْتَرْ بِالْمَرَّه

A

Was Sie sagen, entspringt ohne Zweifel aus Ihrer grossen Freundschaft für mich; aber es scheint doch, als ob die Vergnügungen dieser Welt, welche am Ende früher oder später gänzlich vergehen, uns nach Massgabe ihrer Natur und Beschaffenheit anzögen,

---

¹ Absoluter Nominativ, auf welchen sich dann das ش ـَ von دَوامَش zurückbezieht; s. Anm. 1 zu S. 180.

غانيتّد بَحَسَبِ طَبَايعِ
وكَيفِيّاتِ خودْ مارا بَخودِشانْ
اِستِمالَت مِيكُنَنّد نَه مُوافِقِ
دَوامِيكِه هَرَيَكْ نِسْبَتْ
بَدِيگْرانْ مِيدارَدْ وَبَساسْتْ
كِه ما لَذَّتى را كِه مِيدانِيمْ
اَنّدَكْ دَوامَسْتْ تَرْجِيحْ
مِيدِهِيمْ بَرْ آنكِه يَقِينْ
مِيدارِيمْ كِه دَوامَشْ بِمَرّاتْ
بِيشْتَرْ اَسْتْ چِراكِه اِحْتِمالِ
شَعَفْ دَرْ آنْ زِيادَه اَسْتْ اَزْ
دِيگَرى پَسْ قَدْرِ لَذّاتْ را
اَزْ اِمْتِدادِ اَوْقاتِ دَوامِشانْ
نَبايَدْ سَنْجِيدْ بَلْكِه بَرآوَرْدِ
آنْها را بَحَسَبِ نَشَئّاتْ
واَغْراضى كِه اَزْ آنْها اِحْساسْ
مِيكُنِيمْ بايَدْ كَرْدْ

nicht gemäss der Dauer, welche eine jede im Verhältniss zu andern hat. Und gar oft geschieht es, dass wir ein Vergnügen, von dem wir wissen, dass es von kurzer Dauer ist, einem vorziehen, von dem wir überzeugt sind, dass seine Dauer um mehrere Male länger ist, weil die Wahrscheinlichkeit der Lustempfindung bei jenem grösser ist, als bei dem andern. Daher muss man auch den Werth der Vergnügungen nicht nach der Länge ihrer Zeitdauer abwägen, sondern sie vielmehr nach den aus ihnen entspringenden Empfindungen und dem Interesse, das wir an ihnen nehmen, abschätzen.

ب

بِلا شَكْ اَمّا مَذاقِ وطِبَاعِ

B

Ohne Zweifel! Aber der Ge-

ناسْ مُتَفاوتَنْد وَاينْ بَخودِ
شَخْص بَسْتَه اَسْت مُطْلَقا
كه كُدامْ لَذّت را تَرْجيح
دِهَد وَدَرْ كُدامْ غَرَض بيشْتَر
داشْتَه باشَد يا شَعَف
زِيادَتْ تَصَوُّرْ كُنَدْ وَاِلّا دَرْ
دُنْيا هيچْ لَذّتى نيسْت كه
اَزْ آنْ تَوانْ گُفْت اينْ بِنَفْسِه
مُتَضَمِّنِ اينْ مِقْدارْ شَعَفْ
يا آنْ قَدَرْ تَفْريحَسْت وَهَرْ
كَسْ آزْ حُصُولَشْ هَمانْ مَبْلَغ
خوشْنودى ١ اِحْساسْ ميكُنَدْ
وَاَزْ اينْجاسْت كه مُكَرَّرْ مى
بينيمْ كه شَخْصى اَزْ چيزى
لَذّت ميبَرَدْ كه ديگَرانْ را
بَدانْ اِعْتِنائى نيسْت يا
خودْ اَزْ آنْ تَنَفُّرْ دارَنْد پَسْ
اَكْثَرْ مَنْ دَرْ واقِعْ اَزْ خِدْمَتِ

schmack und das Naturell der Menschen sind verschieden, und es hängt durchaus vom Individuum selbst ab, welches Vergnügen es vorziehen und an welchem es mehr Interesse nehmen oder bei welchem es sich die Lustempfindung als grösser vorstellen will. Wenigstens giebt es in dieser Welt kein Vergnügen, von dem man sagen könnte: Dieses schliesst an und für sich so und so viel Lustempfindung oder so und so viel Ergötzung in sich, und jedermann empfindet durch dessen Erlangung dieselbe Summe von Befriedigung. Und daher kommt es, dass wir häufig sehen, wie jemand an einer Sache Vergnügen findet, um die Andere sich nicht bekümmern oder wogegen sie sogar Widerwillen empfinden. Wenn ich also wirklich daran, dass ich Ihnen diene, nur ebensoviel Vergnügen finde, wie

---

¹ Ueber das Appositionsverhältniss zwischen اينْ مِقْدارْ, هَمانْ مَبْلَغْ ,آنْ قَدْرْ und den darauf folgenden Hauptwörtern s. Anm. 1 zu S. 154 und zu S. 160.

شما همان قَدْر لذّت یابِم
وبَسْ که شما از سَواریِ آن
اَسبها هنوز ظنِّ غالِب بَر
اینکه دَوامِ لذّت مَن بیشتَر
از آن شما خَواهَد بود لذّتِ
مَرا بهمان قَدْر بَر لذّتِ
شما باز مزیّت میدِهَد امّا
اَکثَر حقیقةً خودِ لذّتِ مَن
زایِد باشَد یعنی دَر آنی
مَحدود مَن از خِدمَتِ شما
زیادَت مَحظوظ گَردَم که شما
از سَواری آنوقت لذّتِ مَن
بحسَبِ کمیّت نیز از لذّتِ
شما بیشتَر خَواهَد بود

Sie am Reiten jener Pferde, so giebt doch die überwiegende Wahrscheinlichkeit davon, dass die Dauer meines Vergnügens länger sein wird als die des Ihrigen, in eben-dem Masse meinem Vergnügen wiederum den Vorzug vor dem Ihrigen. Wenn aber mein Vergnügen selbst dem Wesen nach grösser ist, d. h. wenn ich in einem bestimmten Zeitraume dadurch, dass ich Ihnen diene, mehr beglückt werde, als Sie durch das Reiten: so wird dann mein Vergnügen auch in Betreff der Quantität grösser sein als das Ihrige.

ا

A

دَلایلِ شما همَه بَر این بَر
میگَردَند که اَسبهایِ مَن
پیش از مَن بِمیرَند چه تَنها
دَر آنصورَت بَعضی از بیانهایِ

Ihre Beweisgründe drehen sich alle darum, dass meine Pferde vor mir sterben werden; denn nur allein in diesem Falle kann sich ein Theil Ihrer Aus-sprüche verwirklichen. Wie

شُما مُحَقَّقْ تَوانَدْ شُدْ وبَسْ ¹

اَمّا چِه اَكْرْ اَسْبِها بَعْدْ اَز

مَنْ بِمانَنْد

aber, wenn die Pferde mich überleben?

ب

B

شُما اَز اين كُفْتَه مُسَلَّمْ

ميداريدْ كِه دَرْ حَياتِ شُما

زَمانى تَوانَدْ بودْ كِه شُما

را لَذَّتِ سَوارِئ آنْ اَسْبِها

مُمْكِنْ نَباشَدْ چِه آنْها شايَدْ

مُرْدَه باشَنْد يا ديكَرى

مالِكِشان شُدَه باشَدْ اَمّا

چون مُمْكِنْ نيسْت كِه

بَنْدَه پيش اَز خودَمْ بِميرَمْ

پَسْ تا زِنْدَه اَمْ لَذَّتِ مَنْ

هَميشَه حاصِل تَوانَدْ بودْ

Sie geben durch diesen Satz zu, dass in Ihrem Leben eine Zeit eintreten kann, wo Ihnen der Genuss des Vergnügens, jene Pferde zu reiten, nicht mehr möglich ist, weil sie vielleicht gestorben sind oder ein Anderer ihr Besitzer geworden ist. Da es aber nicht möglich ist, dass ich vor mir selbst sterbe, so steht mein Vergnügen, so lange ich lebe, (mir) immer zur Verfügung (eig. kann immer zur Stelle sein).

ا

A

اين هَمْ مَنوطَسْت بَرْ آنْكِه

بَنْدَه تا شُما زِنْدَه ايدْ

Auch dies hängt davon ab, dass ich so lange lebe als Sie; aber es ist ja denkbar,

---

¹ Ueber die Verbindung des vorausgehenden تَدْها allein mit dem stets am Ende des Satzes stehenden وبَسْ nur s. S. 88.

زِنْدَه باشَمْ لِيكِنْ مُخْتَمَلَسْت

كِه مَنْ پِيش اَز شُما بِمِيرَمْ

دَرْ آنْحالْ چُون شُمارا چنِين

خُوش آمَدْ كِه فَرْمودِيدْ كِه

لَذَّتِ شُما بَخِدْمَتِ بَنْدَه

بَسْتَه بُودْ دَرْ حَياتِ شُمـا

نِيزْ زَمانى تَوانَدْ شُدْ كِه

لَذَّتِ خِدْمَتِ مَنْ شُمـارا

مُمْكِنْ نَباشَدْ

dass ich vor Ihnen sterbe. In diesem Falle kann, — da es Ihnen zu sagen beliebte, dass Ihr Vergnügen darauf beruhte (wörtlich: daran gebunden wäre), mir zu dienen, — auch in Ihrem Leben eine Zeit eintreten, wo der Genuss des Vergnügens, mir zu dienen, Ihnen nicht (mehr) möglich ist.

ب

مَنْ اَز لَذَّتى گُفْتِگُو مِيكَرْدَمْ

كِه بِنَقْدْ [1] اَز خِدْمَتِ شُمـا

حاصِلْ كَرْدَه بُودَمْ نَه اَز

آنْچِه سِپَس اَز خِدْمَتِ شُما

تَحْصِيلْ مِيتَوانِسْتَمْ كَرْد وَاگَّرْ

اَز خاطِرِ شَرِيفِ شُما نَرَفْتَه

باشَدْ دَرْ اِبْتِداىِ اِين

مُكالَماتْ چُونْ شُما اَز مَنْ

B

Ich sprach von dem Vergnügen, welches ich mir dadurch, dass ich Ihnen diente, bereits verschafft hätte, nicht von demjenigen, welches ich mir ebendadurch künftighin noch verschaffen könnte. Und, wenn es Ihrem Gedächtnisse nicht entfallen ist: im Anfange dieser Unterredung, als Sie mich um Entschuldigung baten, — aus Besorgniss, ich

---

[1] Arabisch; eigentlich in Baarzahlung, in Baarem; daher dann von allem was man wirklich erhält oder erhalten hat.

عُذر خواستید که مَبادا اَز

مَقالاتِ مِیانِ شما وُدَلّالِ

مَلول شُده بودَم جَوابِ مَن

این بود که شما سَهو

میفَرمائید لَذّتِ مَن دَر

اینکه بَشما خِدمَتی کَرده

ام بِمَراتِب بیشتَر اَست اَز

لَذّتیکه شما اَز سَواریِ آن

اَسبها خَواهید داشت پَس

هیچ تَفاوت نمیکُند مَرا که

شما پیش اَز مَن بِمیرید

یا بَعد اَز مَن زِنده مانید

مَنشاء لَذّتِ مَن حاصِل

اَست وبِالفِعل دَر مَن مَوجود

وتا زِنده ام اَز خَیالَش لَذّت

میبَرم

möchte etwa über das Hin- und herreden zwischen Ihnen und dem Rosshändler verdriesslich geworden sein, — war meine Antwort diese: „Sie irren sich! Mein Vergnügen daran, dass ich Ihnen einen Dienst erwiesen habe, ist um viele Grade grösser als das Vergnügen, welches Sie am Reiten dieser Pferde haben werden!" Deshalb macht es mir keinen Unterschied, ob Sie vor mir sterben, oder mich überleben. Der Entstehungsgrund meines Vergnügens ist bereits vorhanden und existirt thatsächlich in mir, und so lange ich lebe, werde ich durch die Vorstellung davon Vergnügen empfinden.

فَرض کُن که مَن واَسبهایَم

هَمه بَعد اَز شُما بِمانیم دَر

آنحال مَن اَز سَواریِ آنها

Λ

Nehmen Sie an, ich und alle meine Pferde überleben Sie. In diesem Falle werde ich das Vergnügen, dieselben zu reiten, zu einer Zeit geniessen, wo Sie nicht mehr am Leben sind, dass Sie durch Ihre Vorstellung Vergnügen empfinden könnten; demzufolge wird mein Vergnügen von längerer Dauer sein als das Ihrige.

لَذَّتْ مِيبَرَمْ دَرْ حالَتى كِه شُما زِنْدَه نِيسْتِيدْ كِه اَزْ خَيالِ خُودْ لَذَّتْ بَرِيدْ پَسْ دَوامِ لَذَّتِ مَنْ اَزْ آنِ شُما زِيادَتْ خَواهَدْ بُودْ

B

Unser Gespräch betraf die Genüsse dieses Lebens; wenn aber jemand nicht in dieser Welt ist, was für eines Genusses kann er verlustig gehen?

ب

گُفْتُگُوئِ ما بَرْ سَرِ لَذَّاتِ اِينْ عُمْر بُودْ اَمَّا چُونْ كَسِى دَرْ اِينْ دُنْيا نَباشَدْ اَزْ چِه لَذَّتْ مَحْرُومْ تَوانَدْ بُودْ

A

Des Genusses der Seligkeit, welches der grösste aller Genüsse ist. Wenn jemand in dieser Welt eines Genusses verlustig geht, so erlangt er vielleicht zu einer andern Zeit denselben wieder, oder einen zum Ersatz, der ihn über den Verlust jenes (erstern) tröstet. Die Genüsse des andern Lebens aber können nicht bloss durch nichts ersetzt werden, sondern ihr Verlust ist für

ا

اَزْ لَذَّتِ رَسْتَگارى كِه مُعْظَمِ لَذَّاتَسْت چُونْ كَسِى دَرْ اِينْ عالَمْ اَزْ لَذَّتى مَحْرُومْ گَرْدَدْ شايَدْ وَقْتى دِيگَرْ هَمانْرا باز يا بَدَلى كِه اورا اَزْ فَوْتِ آنْ تَسَلَّى دِهَدْ دَرْيابَدْ اَمَّا لَذَّاتِ اُخْرَوى نَه هَمِينْ بى بَدَلَنْدْ بَلْكِه فَوْتِ آنْها

مارا عَلامَتِ فَلاکَتِ وعِقابِ اَبَدیسْت

uns auch das Zeichen des ewigen Elends und der ewigen Pein.

ب

بازْ می بینَمْ کِه خَلْطِ مَبْحَثْ میکُنی وَبا اینْهَمَه تَقْوی میخواهی کِه هَرْدو عالَمْ را بَرْهَمْ زَنی پَسْ بِهْتَرَسْت کِه دَرْ اینْجا خَتْمِ سُخَنْ کُنیمْ وآسْمانْ وزَمین را بَجایِ خودْ بِگُذاریمْ

B

Ich sehe wiederum, dass Sie den Fragpunkt verrücken und bei aller dieser Frömmigkeit beide Welten zusammenrühren wollen. Es ist daher besser, wir schliessen hier das Gespräch und lassen Himmel und Erde an ihrem Platze.

VIII. Gespräch.

ا

هَیْ هَیْ عالَمْ بی دیوانَگانْ نَمیگَرْدَدْ بِیا اینْ را بِگْیر وِخوانْ وَبِه بین کِه دَرْ اینْ چِه نِوِشْتَه اَسْت اَگَرْ اینْ مَرْدَکَه دیوانَه نَباشَدْ پَسْ دَرْ تَمامِ دُنْیا دیوانَه یافْت نَمیتوانَدْ شُدْ بُلَنْد بِخَوانْ بُلَنْد بِخَوانْ

A

Ho ho! — Die Welt kann sich ohne Verrückte nicht drehen. Kommen Sie, nehmen Sie dies, lesen Sie es und sehen Sie, was darin geschrieben steht! — Wenn dieser arme Mann nicht verrückt ist, dann ist in der ganzen Welt kein Verrückter zu finden. — Lesen Sie laut! Lesen Sie laut!

ب (رُقْعَهٔ مِیخَوانَدْ)

B. (liest ein Billet)

صاحِبْ.

„Mein Herr!

مُباحَثاتِ دینیَّهٔ کِه دیروز
دَرْ مِیانِ ما گُذَشْت مَرا دَرْ
بابِ اُمُورِ آخِرَتِ شُما بِسیارْ
مُشَوَّشْ گَرْدانیدَه اَنْد

Die religiösen Erörterungen, welche gestern zwischen uns stattfanden, haben mich hinsichtlich der Angelegenheiten Ihres zukünftigen Lebens sehr unruhig gemacht.

یَکی اَزْ قَوانینِ مَرْضِیَّهٔ مِلَّتِ
شَریفِ ماسْت وَمَرْدُمْ دوسْتی
وَآدَمی مَنِشی نیزْ اِقْتِضا
میکُنَنْد کِه ما دَرَجاتِ¹
وَنَجاتِ عُقْبی را نَه هَمین
بِتَقْوٰی وریاضاتْ² اَزْ بَرائِ
خودْ تَحْصیلْ کُنیمْ وبَسْ³
بَلْکِه بِمَواعِظْ ونَصایحْ حَتَّی
الوُسْعِ⁴ نیزْ ساعی گَرْدیمْ تا
آنانیرا هَمْ کِه بِوَساوِسِ

Es ist eine der gottwohlgefälligen Grundregeln unserer heiligen Religion, und auch Menschenliebe und Humanität fordern es, dass wir die Seligkeit und das Heil des zukünftigen Lebens nicht bloss durch Gottesfurcht und Tugendübung für uns selbst zu erlangen suchen, sondern auch durch Ermahnungen und wohlgemeinte Rathschläge, so weit es in unserem Vermögen steht, streben sollen, auch diejenigen, welche, durch satanische Einflüsterungen vom rechten Pfade

---

¹ Arabisch; eigentlich *die Stufen*, d. h. die verschiedenen Grade der Seligkeit.

² Arabisch; eig. *die Uebungen* überhaupt, dann, wie ἄσκησις, besonders in geistlichem Sinne.

³ Siehe S. 87 und 88.

⁴ Arabisch; eig. *bis zu Ende des Kraftbereichs*.

شَیْطانی اَزْ راهِ راسْت بیرون
رَفْتَه دَرْ بادِیَهٔ هَوْلْناكِ ضَلالَت
سَرْگَشْتَهٔ طَریقِ شَقاوَتَنْد
بَسَرْمَنْزِلِ نَجاتْ دَلالَتْ كُنَیْم

abgekommen, in der schreck-
lichen Wüste des Irrthums
auf dem Wege der Verdamm-
niss einhertaumeln, zum Wohn-
sitze der Seligkeit zu leiten.

وَدَرْ حَدیثِ صَحیحٌ¹ وارِدْ
شُدَه اَسْت اَمّا چون مَظَنّهٔ
شُما عَرَبی نَمیدانیدْ مَنْ
تَرْجُمَهٔ حَدیثِ نَبَوی را دَرْ
فارْسی اَزْ بَرایِ شُما میفِرِسْتَمْ
دَرْ حَدیثْ اَسْت كِه اَطْفالْ
هَمَه اَزْ پِیِّ مِلَّتِ اِسْلامْ مُتَوَلِّدْ
میگَرْدَنْدْ لیكِنْ پَدَرْ
ومادَرِشان ایشانْرا یَهودْ
ونَصاری وَّگَبوسْ میگَرْدانَنْدْ
لِهٰذا اُمیدْوارْ چِنانَمْ كِه چون
اَكْنون تَوْفیقِ اِلٰهی شُمارا
بَبِلادِ اِسْلامْ هِدایَتْ كَرْدَه

Und in den ächten Aus-
sprüchen des Propheten kommt
vor — (doch da Sie vermuthlich nicht arabisch verstehen,
so sende ich Ihnen (hier) eine
Uebersetzung des prophetischen
Ausspruchs ins Persische) —
in jenen Aussprüchen steht,
dass alle Kinder für die Religion des Islám geboren werden, aber ihre Eltern sie zu
Juden, Christen und Magiern
(d. h. zoroastrischen Parsen)
machen. Darum hoffe ich,
dass, da die göttliche Hülfe
Sie jetzt in das Land des
Islám geführt hat, die
Ermahnungen gottesfürchtiger

---

¹ Das حَدیث حكیم ist eine Sammlung von Aussprüchen
des Propheten Muhammad, die man in Betreff der Authenticität
dem Korán gleichstellt.

است مواعظ اهلِ تقوی نیز

شمارا بسرمنزل نجات دلالت

کند یکی از نصایح بی

غرض این خیرخواه شمارا

اینست که مادامیکه در

ایرانید با این صوفیهای

ملعون معاشرت نکنید که

ایشان نه همین خود تنها

بجهنم میروند وبس [2] بلکه

مصاحبان خودرا نیز بی

شک خواهی خواهی [3] با خود

باسفل السافلین [4] خواهند

برد آه که چگونه از برای

جانت میلرزم مانند درختی

بید در مقابل باد صرصر

از سلسله اشرار خودرا ازاد

Leute Sie ebenfalls zum Wohn-
sitze der Seligkeit leiten werden. Einer der uneigennützi-
gen Rathschläge dieses [1] Ihnen
wohlwollenden Freundes ist
der, dass, so lange Sie in
Persien sind, Sie nicht mit
jenen verfluchten Sûfis umgehen; denn sie kommen nicht
nur selbst in die Hölle, sondern werden auch ohne Zweifel ihre Genossen, mögen diese
wollen, oder nicht, mit sich
in die tiefste Verdammniss
führen. Ach, wie zittre ich
für Ihre Seele, gleich dem
Weidenbaum vor dem Sturm-
wind! — Befreien Sie sich
aus der Verkettung der Bösen
und treten Sie ein in den Kreis
der Frommen des Islâm, damit Sie in Gesellschaft derselben in das Paradies kom-

---

[1] D. h. des hier zu Ihnen sprechenden.

[2] Siehe S. 88 oben.

[3] Eig. *velis nolis*, die zweite Person in allgemeinem Sinne: *mag man wollen, oder nicht*.

[4] Ein koranischer Ausdruck; wörtlich: *zu den Niedrigsten der Niedrigen*.

men. *Und Heil über den, welcher der rechten Leitung folgt!"*

گُرْدانْ وَدَرْ حَلْقَهٔ صُلَحَـائِ
اِسْلامْ داخِلْ شَوْتابَمُصاحَبَتِ
ایشانْ داخِلِ بِهِشْت گَرْدِی
وَالسَّلامُ عَلَی مَنْ تَبِعَ آلْهُدَی

Was ist dies? Und von wem ist es? Und was bedeutet es? Es hat weder Siegel noch Unterschrift, dass man erkennen könnte, wer (es) geschrieben hat.

اینْ چِه چیزْ اَسْتُ وَاَزْ کِیسْتْ
وچِه مَعْنی دارَدْ نَه مُهْـری
دارَدْ وَنَه نِشانِی کِه کَسـی
بِدانَدْ کِی نِوِشْتَه اَسْت

A

مَنْ حالا هَمَه اَشْ¹ را اَزْ بَراتْ
میگُویَمْ مَنْ میدانَـمْ کَسی
نِوِشْتَه اَسْتَش

Ich will Ihnen jetzt das alles sagen. Ich weiss, wer es geschrieben hat.

دیروزْ چونْ شُما اَزْ اینْـجـا
رَفْتِیدْ مَنْهَمْ بَبازْدیدِ وَزیـرِ
اُمورِ خارِجَه رَفْتَمْ چونْ دَرْ
مَجْلِسِ وَزیرْ نِشَسْتَه بُودَمْ
وَجَمْعی هَمْ حاضِـرْ بُودَنْـد

Gestern, als Sie von hier weggegangen waren, ging auch ich einen Besuch des Ministers der auswärtigen Angelegenheiten zu erwiedern. Während ich in dem Gesellschaftszimmer des Ministers sass und

---

¹ هَمَه als Hauptwort mit angehängtem Genetivpronomen der dritten Person, eig. *das Ganze davon.*

يَك مُلّائى داخِل شُدْ ظاهِرًا

بَنسِنّ شَسْت ويَكُّدو سالُ

اَمّا مَن تا آنْوَقْت هَرْكِز

هَمْچو هَيْئَتِ غَرِيبى نَدِيدَه

بودَم مَنْدِيل سَفِيدْ لِباسِ

سَفِيدْ رِدائ سَفِيدْ خُلاصَه

اَزْ سَرْ تا پا بِغَيْرِ اَزْ رِيشَش

كِه بَضَرْبِ رَنْك ١ اَزْ شَبَه سِياه

تَرْ مى نِمودْ مِثْلِ بَرْفى مى

مانِستْ كِه تازَه بَرْ سَرِ كوهْ

اُفْتادَه باشَدْ اَزْ حَمّامْ تازَه

بِيرُون آمَدَه با سَرْ وگَرْدَنى

مِثْلِ اَنْدَرُونِ صَدَفْ صافْ

ويِبان تِراشِيدَه با رِيشى دَر

كَمالِ دِقّتْ تِيمارْكَرْدَه ومُدَوَّر

شَبِيهِ نِيمَهٔ ماهى مُخالِفِ عادَتِ

طَبِيعَتْ گوئى دَرْ خُسُوفِ

auch mehrere (andere) *Leute* zugegen waren, trat ein *Mulla* (Geistlicher) ein, dem *Aeussern* nach im Alter von ein (oder) zwei und sechzig Jahren; aber noch nie hatte ich eine so sonderbare *Figur* gesehen! — *Weisser Kopfbund, weisser Leibrock, weisser Mantel!* — kurz, von *Kopf* zu *Fuss*, seinen Bart ausgenommen, der durch *Färben* schwärzer als *Gagat* (schwarzer Agtstein) aussah, glich er dem Schnee, der frisch auf Bergesspitze gefallen ist. *Er war frisch aus dem Bade gekommen, mit einem Kopf und Nacken gleich dem Innern einer Perlmutter,* (so) glatt und rein rasirt; mit einem Barte, der mit der äussersten Sorgfalt zugestutzt und einem Halbmonde ähnlich — gleichsam im Gegensatze zu dem gewöhnlichen Laufe der Natur: bei völliger Verfinsterung — abgerundet

---

[1] رَنْك bedeutet eigentlich Farbe überhaupt; aber insbesondere wird es von den fein gestossenen und zu einem Teige gekneteten Blättern der Indigopflanze gebraucht, mit welchen man den Bart färbt.

war; — sein Schnurrbart bis zur Höhe der Oberlippe abgeschnitten und seine Lippen beschäftigt, Andachtsformeln zu murmeln, während er näher kam; — einen sehr netten Stab in der einen Hand und einen Rosenkranz mit grossen Körnern in der andern; — alles zusammengenommen, sah er aus wie die personifizirte Gottesfurcht und Ascetik. Als er eintrat, standen die im Gesellschaftszimmer Anwesenden alle demüthig auf, und das Zimmer selbst wurde durch seinen Eintritt mit dem Dufte von Rosenessenz erfüllt. Der Minister eilte baarfuss bis an die Thüre des Kaffeezimmers hinaus ihm entgegen, führte ihn hochachtungs- und verehrungsvoll herein und liess ihn auf den Ehrenplatz niedersitzen, er selbst aber, einen leeren Raum weit genug für zwei (oder) drei Personen (d. h. zwischen

تَمَام شَارِبَش تا مُحَاذِیِ لَب
بَالا مِقْراض کَرْدَه وَلَبْهَاش
مَشْغُولِ هَمْهَمَهٔ ذِکْرِ چُون
نَزْدِیک میآمَد عَصاى بِسیار
مُنَقَّشى بَیَکْدَسْت وَتَسْبیحى
با دانَهَاىِ بُزُرْک بَدَسْتِ دیگَر
وَهَمَه رُوى هَم رَفْتَه خُودِ
شَخْصِ تَقْوى[1] وَریاضَت می
نمُود چُون داخِل میشُد
اَهْلِ مَجْلِس هَمَه بَتَواضُع
بَر خاسْتَنْد وَمَجْلِس خُودْ
اَز دُخُولَش اَز بُوى عِطْرِ
کُل پُر شُد وَزیرْ تا دَر
قَهْوَه خانَه[2] بَاسْتِقْبالَش پا
بِرَهْنَه بیرون دَوید وبَاعْزاز
واِحْتِرامِ تَمامْ اورا آوَرْد وبَرْ
صَدْرِ نِشانیْد وَخُودْ بَفاصِلَهٔ
دو سِه کَس حَریمى[3] فیمابَیْن

---

[1] Wörtlich: *das Selbst der Person der Gottesfurcht.*
[2] Siehe S. 159, Anm. 1.
[3] حَریمْ ursprünglich im Allgemeinen *ein abgeschlossener*

وَاَكُذَاشْتَه پائِیـنْ تَـرْ اَزّ اُو ذِشَسْت

sich und ihm) *lassend, setzte sich unter ihn* (wörtl.: *tiefer als er*).

ب

B

آهْ شُما چـه قَـدْر تَفْصِیلَشْ مِیدَهِیدْ یَکْمَرْتَبَه بِگُو کِه اِسْمَـشْ چه بـوذْ اَگَـرْچِه حَدْسِ مَـنْ اِیـنَـسْـتْ کِه مِیدانَمْ اَزْ کِی مِیگُوئی

O welche Umständlichkeit geben Sie der Geschichte! Sagen Sie kurzweg (wörtl.: *auf einmal*) *wie sein Name war; obwohl ich die Vermuthung hege, dass ich schon weiss, von wem Sie sprechen.*

ا

A

اُورا جَناب حاجی مُلّا زَیـنْ الْعابِدِین خِطابْ مِیکَرْدَنْد

Man redete ihn an: Se. Ehrw. Ḥáği Mullá Zein-ul-'Ábidin.

ب

B

حالا فارغَمْ کَرْدِی¹ هَمانَسْت هَـمَـه کَسْ اُورا مِیشِناسَـدْ اُو اَزْ مَشاهِیرِ خُشْکِهاسْت

Nun haben Sie mir das Herz erleichtert (d. h. meine gespannte Neugierde befriedigt). — *Es ist derselbe* (den ich im Sinne hatte). *Jedermann kennt ihn; er gehört zu den berühmtesten Ḥuśks.*

---

unzugänglicher oder nicht allgemein zugänglicher Ort; hier: *der leere Raum, den jemand aus Achtung für einen Andern zwischen sich und ihm lässt.* Die vorhergehenden Worte zur Bezeichnung der Grösse desselben bedeuten eigentlich: *mit einem Abstande für zwei drei Mann.*

¹ فَارغ, arab., *leer*, in besonderer Bedeutung soviel als فَارِغ

ا	A

خُشْك چِه چِيزَ اسْتُ وچِـه مَعْنى دارَدْ

Was ist Ḥuṣk und was be-deutet es?

ب	B

خُشْك يَعْنى يابِسْ وسَخْت مِثْلِ چوبِ خُشْكى كِه بَهيچْ طَرَفْ خَمْ نَميشَوَدْ وَدَرْفارْسى كِنايَتَ اسْت اَزْ مَـرْدُمانِ وَسْواسِئ كِه دَرْ بابِ دينْ بى بَصيرَتْ مُحْتاطْ اِنْـد وَايشانْرا خَرْصالِـحْ نـيـزْ ميكوينْدْ

Ḥuṣk bedeutet *trocken* und *hart* wie ein trockner Stock, der sich nach keiner Rich-tung hin biegt; es ist aber im Persischen der metonymische Ausdruck für die abergläu-bischen Leute, welche in Be-treff der Religion unvernünftig ängstlich sind. Man nennt sie auch Ḥer-ṣáleḥ.

ا	A

مَعْنِئ خَرْصالِـحْ را هَمْ نـيـزْ كَحبَّتْ فَرْمودَه بَيانْ نِمائِيدْ كِه اينْ لَفْظ هَمْ مِثْلِ خُشْك اَزْ بَـرائ مَنْ تـازَگْـى دارَدْ

Sein Sie so gütig, auch die Bedeutung von Ḥer-ṣáleḥ zu erklären; denn dieses Wort ist eben so wie Ḥuṣk für mich etwas Neues.

فَارِغُ ٱلْقَلْبُ oder فَارِغُ ٱلْبَال, *einer dessen Herz von Beklemmung, Kummer und Sorgen frei ist.*

ب

خۆرصالِح یَعْنى حِـمــار

پَرهیزْگار وَاین نیز دَر فارسی

کنایَتِنیسْت دیگَر مَر کۆدَنیرا

که دَرْوَى مَعْنِئ¹ حَماقَت با

صورَتِ عِبادَت مُجْتَمِع باشَد

یَعْنى حُمْقَش ذاتِى وواقِـعـى

باشَد وَلیکِن صَـلاحَـش

مَحْضِ تَقْلیدُ وتَعَصُّبْ بى

اِمْتِیاز وبَصیرَت دَر اَفْـعـالى

که آدَمى را حَقیقَةً مُـوَرِّع

ومَقْبولِ خُـدا میکُرْدانَـنْد

وَچِنین اَشْخاصْ دَرْ هَرْ قَوْمْ

وهَرْ مِلَّتْ یافْت مـیـشَـوَنْد

چنانْچِه دَرْ نَمْساوى شـمـا

ایشانْرا بیگْتْ میکُوئیدْ

B

Her-ṣáleḥ bedeutet einen *frommen* (eig. Verbotenes meidenden, streng enthaltsamen) *Esel*. Auch dies ist im Persischen eine andere Metonymie für einen Einfaltspinsel, bei welchem sich die Wirklichkeit der Dummheit mit dem Scheine der Gottseligkeit verbindet, das heisst, dessen Dummheit wesentlich und thatsächlich, dessen Frömmigkeit aber blosse blinde Nachahmung und fanatischer Eifer ist, ohne Urtheil und vernünftige Einsicht in Betreff der Handlungen, welche den Menschen wahrhaft fromm und gottwohlgefällig machen. Und solche Personen sind unter jedem Volke und in jeder Religionsgemeinschaft zu finden; im Deutschen z. B. nennt ihr sie *bigott*.

---

¹ مَعْنى in philosophischer Bedeutung die ἰδέα Plato's im Gegensatze zu صُورَت, εἴδωλον: jenes das ewige, geistige, vollkommene Urbild, dieses das zeitliche, sinnliche, unvollkommene Abbild eines Dinges; daher jenes überhaupt *wesenhafte Wirklichkeit*, dieses *äusserer Schein, Scheinwesen*.

ا

خۇرصالِح یا خۇشك یا هَردو
هَرچه بِخُواهى امّا او بَنَظَر
مَن كَم عَقل نَمى نِمودْ چه
دَلایلْ وبَراهینَش بِسْیارى
سَنْجیدَہ ومُسْتَحْسَن مِـى
نِمودَنْد

A

(Sei er) Her-sáleh, oder Husk, oder beides, was Sie immer wollen, — aber er erschien mir nicht als verstandesschwach; denn seine Beweise und Argumente schienen grossentheils wohl erwogen und beifallswerth.

ب

هیچ اَزْ آنها دَرْ خاطِرِتـان
ماندَه اَنْد چه میگُفْت وآزْ
چه بَحْث میكَرد

B

Sind etwa einige davon in Ihrem Gedächtnisse zurückgeblieben? Was sagte er und worüber disputirte er?

ا

مُباحَثَه بَرْ سَرِ دینْ ومَذْهَبْ
بودْ كِه آیا مِلَّتِ مُحَمَّدى
بَـرْ حَقّ اسْت یا دیـنِ
عیسوى مَن گُـفْـتَمْ كِـه
چونْ اَهْلِ اسْلامْ مُعْتَقِدَنْد
بَرْ اینْكِه عیسى فِرِسْتادَہ
خُدا بودْ ودینَش بَرْ حَقّ

A

Das Streitgespräch betraf Religion und Glaubenslehre, — ob die muhammedanische oder die christliche Religion die wahre sei. — Ich sagte: „Da die Anhänger des Islám glauben, dass Jesus von Gott gesandt war und seine Religion wahr ist, so ist für uns Christen dies allein schon zur Bestätigung der Wahrheit un-

serer Religion hinreichend, da
kein Beweis besser sein kann,
als die unterwürfige Aner-
kennung des Gegners selbst.
Daher ist es nun an den
Muslims, die Wahrheit ihrer
Religion zu bestätigen und zu
zeigen, dass Muḥammed als
Gottes Gesandter und als derjenige (in die Welt) kam, welcher
auf Seinen Befehl die Religion
Jesu aufheben sollte."

ما عیسویانرا هَمین بَر
اِثباتِ حَقیقتِ دینِ مان
کافیست چه هیچ دَلیلْ اَز
اِذعانِ خودِ خَصم بِهتَر
نمیتواندْ بودْ پَس اَکنون
اَهلِ اِسلامْ راسْت که راستیِ
دینِ خودْرا ثابِتْ کُنَنْدْ
وبِنمایَنْد که مُحَمَّدْ رَسولِ
خُدا وَبَاَمْرِ او ناسِخِ دینِ
عیسی آمَدْ

.

Er antwortete: „Dieselben Beweise und Argumente, welche
uns die Wahrheit der christlichen Religion lehren, d. h.
der Ḳorán und die Aussprüche
des Propheten, dieselben geben
uns auch von der Wahrheit
der muḥammedanischen Religion Kunde."

جَوابْ دادْ که هَمان دَلایِلْ
وبَراهینی که حَقیقَتِ دینِ
عیسوی را بَما تَعْلیمْ میکنَنْد
یَعْنی قُرآنْ وآحادیثْ هَمانْها
نیزْ مارا اَزْ راسْتیِ دینِ
مُحَمَّدی می آگاهانَنْد

Ich sagte: „Da wir Christen
nicht dafür halten, dass Muḥammed die Wahrheit gesagt

مَنْ کُفْتَمْ که چون ما
عیسویانْ مُحَمَّدْرا صادِقِ

نَمِیدَانِیمْ بَقُرْاَنْ وَاَحَادِیتْ
مُعْتَقِدْ نَمِیتَوَانِیمْ بُودْ چِهْ
مُحَمَّدْ خُودْ مَنْشَاءِ آنْهَاسْت
پَسْ دَرْ اِثْبَاتِ حَقِیقَتِ دِینِ
اِسْلَامْ مَارَا اِحْتِیَاجِ بَبَرَاهِینْ
وَاَدِلَّهٔ دِیگَرَ اسْت

habe, so können wir auch nicht
an den Korán und jene Aus-
sprüche glauben; denn Mu-
hammed selbst ist der Ur-
heber derselben. Daher be-
darf es, um die Wahrheit der
Religion des Islâm zu bestätigen, für uns anderer Argumente und Beweise."

جَوَابْ گُفْت کِهْ حَالْ اَزْ اِینْ
دُو بِیرُونْ نِیسْتْ مُحَمَّدْ یَا
صَادِقْ بُودْ یَا کَاذِبْ اَگَرْ
مَا اورَا صَادِقْ دَانِیمْ بَایَدْ
بَتَمَامِ گُفْتَهَائِ وَیْ مُعْتَقِدْ
بَاشِیمْ وَاَگَرْ نَهْ بَایَدْ کِهْ
دَرْ تَمَامِئ اَقْوَالْ وَاَفْعَالِ او
بَتَشْکِیکْ بِنْگَرِیمْ یَاخُودْ هَمَهْ
رَا بَکُلّی رَدْ کُنِیمْ وَنَمِیشَوَدْ
کِهْ پَارَهٔ رَا رَاسْت دَانِیمْ وِپَارَهٔ
رَا دُرُوغْ چِنَانْچِهْ دَرْ بَعْضِی
یَقِینِ کَامِلْ کُنِیمْ وَبَعْضِی رَا
چُونْ کِذْبْ تَحْضْ رَدْ نِمَائِیمْ

Er antwortete: „Es sind nur
folgende zwei Fälle möglich
(wörtl.: die Sachlage ist nicht
ausserhalb dieser zwei): Muhammed sagte entweder die
Wahrheit, oder er log. Wenn
wir dafür halten, dass er die
Wahrheit gesagt habe, so
müssen wir an die Gesammtheit seiner Aussprüche glauben; wo nicht, so müssen wir
die Gesammtheit seiner Reden
und Handlungen als zweifelhaft betrachten oder sie alle
gänzlich verwerfen. Es geht
nicht an, dass wir einen
Theil für wahr und einen
andern für falsch halten, so
dass wir uns von Einigem

مَثَلًا شما مُتَوَقّع نَمِيتَوانِيدْ
بُودْ كِه اَهْلِ اِسْلامْ اَزْ مُحَمّدْ
باوَرْ كُنَنْدْ وَقْتى كِه مِيگوِيَدْ
عيسى اَزْ جانِبِ خُدا مَبْعُوثْ
بُودْ وَاورا كاذِبْ شِمَرَنْدْ چون
مِيگوِيَدْ كِه خُودَشْ هَمْ نِيزْ
اَزْ جانِبِ خُدا مَبْعُوثْ بُودْ
مَنْ جَوابْ گُفْتَمْ كِه اِعْتِقادِ
شَخْصى يا قَوْمى دَرْ اَمْرى
مُسْتَلْزِمِ اِعْتِقادِ دِيگَرانْ
نِيسْت وَهَمِينكِه اَهْلِ اِسْلامْ
مُحَمّدْ را دَرْ شَهــادَتَــشْ
بَرِسالَتِ عيسى صادِقْ
مِيدانَنْدْ عيسَويانْ راكافِيسْت
كِه بِگوِيَنْدْ كِه مارا اِحْتِياجْ
نِيسْت كِه رِسالَتِ مَسِيحْ را
بَاَدِلّهٔ دِيگَرْ اَزْ بَرائ شُما
ثابِتْ كُنِيمْ چِه اَكْثَرْ مَقْصُودِ
اَزْ حُجّتْ ثُبُوتِ حَقّى باشَدْ
شُما خُودْ بِالْفِعْلْ بَآنْ مُعْتَقِدْ

vollkommen überzeugt hielten und Anderes als reine Unwahrheit verwürfen. Ihr könnt z. B. nicht erwarten, dass die Muslims Muhammed glauben sollen, wenn er sagt: „Jesus war von Seiten Gottes gesandt", und ihn für einen Lügner halten, wenn er sagt, dass auch er selbst gleichfalls von Seiten Gottes gesandt war."

Ich antwortete: „Der Glaube einer Person oder eines Volkes an eine Sache macht es nicht nothwendig, dass Andere auch daran glauben; und der Umstand allein, dass die Muslims dafür halten, Muhammed habe mit seinem Zeugnisse von der Sendung Jesu die Wahrheit gesagt, ist für die Christen hinreichend um zu sagen: „Wir haben nicht nöthig, die (göttliche) Sendung des Messias durch andere Beweise für euch zu bestätigen; denn wenn das mit der Beweisführung Bezweckte die Gewissheit einer Wahrheit ist, so glaubt und bekennt ihr diese ja selbst schon. Und

da ihr dafür haltet, dass Muhammed in diesem seinen Ausspruche die Wahrheit gesagt
habe, so mögt ihr auch glauben, dass er dasselbe in dem
gethan habe, was er in Bezug auf seine eigene Sendung
gesagt hat; aber nimmermehr
liegt uns Christen ob, in diesem Glauben mit euch über-
einzustimmen, da wir von
dem, was euer Prophet in
Betreff der Sendung des Messias gesagt hat, keinen Gebrauch machen und unser
Glaube an unsere eigene Religion nicht von seinem Zeugnisse über die Sendung des
Messias abhängig ist.“

Er sagte: „Die Christen müssen in ihren Disputationen
mit den Muslims, besonders
wenn sie diese zur (Annahme
der) christlichen Religion auf-
fordern, die Sendung des Messias und die Wahrheit und

ومُقِرّيدٌ وَچونْ شُما مُحَمَّدْ را
دَرْ اِينْ گُفْتَهُ او صادِقْ
میداند ید مِیتَوانید که اورا
نیز دَرْ آنچِه نِسْبَتْ بَرِسالَتِ
خود هَمْ گُفْتَه باشَدْ صادِقْ
پِنْداريد لیکِنْ هَرْگِزْ بَرْ ما
مَسیحیان لازِمْ نیست که دَرْ
اِين اِعْتِقادْ با شُما مُوافَقَتْ
کنیمْ چِه ما اَزْ آنچِه پِیْغَمْبَرْ
شُما دَرْ باب رِسالَتِ مَسیحْ
گُفْتَه اَسْتْ بَهْرَهْ نمیگِیریمْ
وَاِعْتِقادِ ما دَرْ دِينِ خُودْ
مَنوط بِگْواهِئِ وَیْ دَرْ باب
رِسالَتِ مَسیحا نیست
او گُفْتْ که بَرْ عِیسَسُویانْ
لازِمَسْتْ که دَرْ مُباحَثاتِ
خُودْ با مُسَلْمانانْ خاصَه
چون ایشانْرا بِمِلَّتِ عیسَوی
دَعْوَتْ میکُنَنْدْ رِسالَتِ مَسیحْ

وَحَقِيقَتْ وَدَوَامِ مَذْهَبِ اورا
بَدَلَائِلِ وَبَرَاعِينِ دِيكَرْ غَيْرِ
آنْچَه مُحَمَّدْ دَرْ آنْ بَابْ
كُفْتَه اَسْت ثَابِتْ كُنَنْد چَه
فَرْض كُنْ كِه مَنْ تَرْكِ دِينِ
اِسْلَامْ كَرْدَه عِيسَوِى شُدَمْ
بَسَبَبِ اِينْكِه مُحَمَّدْ رَا دَرْ
كُوَاهِيشْ نِسْبَتْ بَرِسَالَتِ
مَسِيحَا صَادِقْ مِيدَانَمْ اَمَّا
بَمُجَرَّدِ اِينْكِه مَنْ عِيسَوِى
شُدَمْ يَكِى اَزْ اُصُولِ دِينِ
مَنْ مِيكَرْدَدْ كِه بَرْ كَرْدَمْ
وَمُحَمَّدْ رَا كَاذِبْ دَانَمْ لِهٰذَا
مَرا بَايَدْ كِه مُحَمَّدْ رَا صَادِقْ
دَانَمْ تَا اورا كَاذِبْ ثَابِتْ كُنَمْ
وَعِيسَوِى كَرْدَمْ بَكُوَاهِىِ
شَخْصِى كِه خُودِ عِيسَوِيَّتْ
مَرا تَعْلِيمْ مِيكُنَدْ كِه وَيْرا
بَاوَرْ نَكُنَمْ

stete Gültigkeit seiner Glaubenslehre nothwendig mit andern Beweisen und Argumen-
ten bestätigen, als mit dem,
was Muhammed darüber ge-
sagt hat. Denn setzen Sie
den Fall, ich verliesse die
Religion des Islám und würde
ein Christ, weil ich dafür
halte, dass Muhammed in Betreff seines Zeugnisses hinsichtlich der Sendung des Messias die Wahrheit gesagt hat,
so würde es nun aber durch
den blossen Umstand, dass
ich ein Christ geworden wäre,
einer der Grundsätze mei-
ner Religion werden, hinwie-
derum Muhammed für einen
Lügner zu halten (wörtlich.:
dass ich mich umwendete und
Muhammed für einen Lügner
hielte). Also müsste ich annehmen, Muhammed habe die
Wahrheit gesagt, um ihn (dann)
für einen Lügner zu erklären,
und ein Christ werden auf das
Zeugniss einer Person hin,
welcher nicht zu glauben das
Christenthum selbst mich lehrt."

ب

ها می بینَمْ کِه نُـرِ اَخْـفَـش
بَمَنْطِقْ هَمْ سَری می جُنْبانَدْ

B

Aha! Ich sehe, dass die Ziege des Ahfaś auch zur Logik den Kopf schüttelt!

ا

بُزِ اَخْفَشْ اين چه مَعْـنـی
دارَدْ اين عِبارَتْ هَمْ اَزْ بَرایِ
مَنْ تازَه اَسْت

A

Die Ziege des Ahfaś? Was bedeutet dies? Auch dieser Ausdruck ist mir neu.

ب

اَخْفَشْ یَکی اَزْ مَشاهیـرِ
نَحْویِّهٔ عَرَبَسْت گویَنْد کِه دَرْ
مَبادیِ تَحْصیلَشْ بَسَبَبْ آنْکِه
تَقْریری بَدْ داشْت یا آنْکِه
هَنوزْ عِلْمی کِه لایِقِ تَقْریرْ
باشَدْ نَمیداشْـت یا هَـرْدو
خُدا بِهْتَر میدانَدْ اَمّا اين
مُعَیَّن اَسْت کِه دَرْ آنْـوَقْت
تَلْمیذی نَمیتَوانِسْت یافْت کِه
آنْچِه بِاسْتِفادَه ¹ یا مُطالَعَه

B

Ahfaś ist einer der berühmtesten unter den Grammatikern der Araber. Man sagt, im Anfange seiner Studien, weil er einen schlechten Vortrag oder noch keine Kenntnisse hatte, die des Vortragens werth gewesen wären, oder beides, — Gott weiss es am besten! — so viel ist ausgemacht, dass er zu jener Zeit keinen Schüler finden konnte, welchem er das, was er durch den Besuch öffentlicher Vorlesungen oder durch Privat-

---

¹ اِسْتِفادَه, ein arabisches Wort, bedeutet für sich Nutzen oder Belehrung suchen od. gewinnen (profitiren); seine conventionelle

حاصِلْ هَمِيكَردِى بَوَىْ تَكْرَارْ
نِمُودِى وَبَدِين وَسِيلَتْ فَهْم
خُودْرَا تِيزْ گَرْدَانِيدِى وَشُما
اِين را بايَدْ بِدَانِيدْ كِه دَرْ
بِلادِ مَشْرِقِيَّه دَرْ مِيانِ طَّلابْ
تَكْرَارِ آنْچِه اَزْ مُدَرِّسْ اِقْتِبَاسْ
كَرْدَه اَنْد بَا يَكْدِيگَرْ يا
بَتَلامِيذِ دِيگَرْ اَهَمّ اسْتْ اَزْ
اِصْغَا نِمُودَنِ بَمُدَرِّسْ وَايِنْ
مَثَلِ عَرَبِى دَرْ مِيانِشَانْ
مَشْهُورْ اَسْتْ كِه الدَّرْسُ حَرْفٌ
وَالتَّكْرَارُ اَلْفٌ بَهَرْ حالْ اَخْفَشْ
مِسْكِين مُدَّتى مَدِيدْ اَفْسُرْدَه
وَمَهْمُومْ مِيبُودْ وَمُتَحَيِّرْ كِه
تَلافِىِّ عَدَمِ تَلْمِيذْ را چگُونَه
نِمايَدْ بِالْاَخَرَه خَيالَشْ
بَايِين تَمْهِيدْ بَرْ خُوزْدْ يَكْ

studium erlernte, hätte wiederholen und durch dieses Mittel seinen eigenen Verstand schärfen können. Sie müssen nämlich wissen, dass in den östlichen Ländern unter den Studirenden das Wiederholen dessen, was sie von dem Professor gelernt haben, unter einander oder mit andern Schülern, für wichtiger gilt, als das Anhören des Professors. Und folgendes arabische Sprüchwort ist unter ihnen wohlbekannt: „Die Vorlesung ist ein Wort, aber die Wiederholung tausend." Jedenfalls war der arme Ahfaś lange Zeit ganz niedergedrückt und bekümmert, und in Verlegenheit, wie er den Schülermangel ersetzen sollte. Endlich verfiel er (wörtlich: seine Einbildungskraft) auf folgenden Kunstgriff: er kaufte ein

Bedeutung aber ist *öffentliche Vorlesungen hören*. Ebenso bedeutet مُطالَعَه, auch ein arabisches Wort, an sich *aufmerksam in etwas hineinsehen*, besonders *Geschriebenes oder Bücher lesen*; im Gegensatze zum erstern aber *Privatlectüre, Privatstudium*.

بُزْغالَهٔ کوچکی خَرید وَدَر
کوچِکی آنرا آموخْت تا آنکِه
بَتَدْریج دَر آنچِه اَخْفَش
اَزْ آن مَنْظور داشت که بَعَمَل
آوَرَد کامِل گَرْدید وَان اِیـن
بود که تا اَخْفَش کِتابی را
باز گَـرْدی وپیـیـش خـود
نِهادی بُزَك نیز بِالْـفَـوْر۱ دَر
آنْطَرَف کِتاب بَر جَسْتَنی وَدَر
مُقابِل اَخْفَش هَـرْد وَدَسْت
خَم کَرْدَه بَر زانو می اِیسْتاد
وهَرْد وَ چَشْم بَر روی مُعَلِّم
نَصْب کَرْدَه دَر کَمالِ تَوَجُّه
میماند اَخْفَش بِنایِٔ اِفـادَه
میکَرْد وَهَرْگاه بَآخِرِ مَسْئَلَهٔ
یا بُوَقْفی رَسـیـدی رو بَـبُـز
کَرْدی وَبِآوازی بُلَـنْـد تَـر
پُرسیدی کِه فَهْمیدی وَبُز

kleines Zickelchen und, so
lange es noch klein war,
richtete er es ab, bis es nach
und nach (eig. mit Abstufung,
stufenweise) in der Leistung,
deren Ausführung Aḥfaš von
ihm erwartete, ganz taktfest
wurde. Dieselbe bestand in
Folgendem: Sobald Aḥfaš ein
Buch aufschlug und es vor
sich hinlegte, sprang auch die
kleine Ziege sogleich auf die
andere Seite des Buches, legte
sich, Aḥfaš gegenüber, beide
Vorderbeine beugend, auf die
Kniee nieder und verharrte
so, beide Augen auf das Gesicht des Lehrers gerichtet, in
grösster Aufmerksamkeit. Aḥfaš begann die Vorlesung, und
so oft er an das Ende eines
Lehrsatzes oder an eine Pause
kam, sah er die Ziege an und
fragte mit lauterer Stimme:

---

¹ Arabisch; eig. *in der Aufwallung*, ursprünglich von einer noch im Sieden begriffenen Flüssigkeit, vor ihrer Abkühlung; dann auf lebende Wesen übergetragen, die etwas *primo impetu* thun, ehe die innere oder äussere Anregung ihre erste Kraft verliert.

كوئى در جواب سه بار سرِ
خود را جنبانيدى وكويا
كفتى بلى

„Hast du verstanden?" worauf die Ziege, wie zur Antwort, dreimal ihren Kopf schüttelte und gleichsam sagte: Ja!

وبز اخفش از آن وقت
كنايت شده است مر
اشخاص ساده لوحى١ را كه
در سر خود خود مغزى گرم٢
تر از بز اخفش ندارند
وماننند همان جانور نيز
چون در مناظراتِ عقليّة
كه از آن مطلقا خبرى
ندارند بحثى ميرود سر
وريشى ميجنبانند يعنى كه
ما هم مى فهميم

Seitdem ist „die Ziege des Ahfaś" die metonymische Bezeichnung für einfältige Personen geworden, welche in ihrem Kopfe nicht mehr Gehirn haben, als die Ziege des Ahfaś, und auch gleich demselben Thiere, wenn bei Unterredungen über intellectuelle Gegenstände, von welchen sie durchaus keine Kenntniss haben, eine Untersuchung im Gange ist, Kopf und Bart schütteln, was bedeuten soll: Auch wir verstehen (die Sache).

ا

A

شما بر جناب حاجى ملّا

Sie behandeln Se. Ehrw. Hági

---

¹ Fig.: deren Verstandestafel (لَوح) leer, unbeschrieben ist.

² Wörtlich: warmes, d. h. lebenswarmes und geistig thätiges, Gehirn (d. engl. Uebersetzung: active brains). Das Gegentheil ist مَغز سَرد, kaltes. gleichsam nur eine todte Masse bildendes Gehirn. Auch im Arabischen gebraucht man بارد. kalt, frostig, für albern, urtheils- und geschmacklos, abgeschmackt.

زَيْنُ الْعَابِدِينَ زِيادَتْ

سَخْت میگیرید¹ میترسم که

سَبَبِ دیگر باعِثَ اسْت

شُمارا بَرْ تَعْیِیبِ او مَنْ

میدانَمْ که او با صوفِیانْ

دوستیئِ چَنْدانْ نَدارَدْ

Mullâ Zein-ul-'Âbidîn zu hart! Ich fürchte, dass eine andere Ursache Sie antreibt, ihn schlecht zu machen. Er hegt, wie ich weiss, nicht eben viel Freundschaft für die Sûfis.

ب

شایَدْ که دَرْ ایِنْ هَمْ

چیزَکی باشَدْ² لیکِنْ رَفیقْ

بِساعَتِ مَنْ نِگاهْ کُنْ بِحِسابِ

ایرانِیانْ اَکنونْ یَکْساعَتْ

بَعْد اَزْ نِصْفِ شَبَسْتْ وبِقاعِدَهٔ

تَمساوِیانْ ساعَتِ یَكْ اَزْ صُبْحِ

خَوابْ لازِمَسْت شَبِ شُما

خوشْ بادْ وخُدا حافِظْ شُما

B

Es mag auch hieran etwas Wahres (wörtl.: ein Sächelchen) sein. — Aber, Freund, sehen Sie auf meine Uhr! Nach persischer Rechnung ist es jetzt ein Uhr nach Mitternacht und nach deutscher Art ein Uhr des Morgens. — Schlaf ist nöthig; gute Nacht und Gott behüte Sie!

---

¹ Vgl. S. 177, die letzte Zeile.

² Dieses halbe Geständniss bestätigt das, was sich schon aus allem Vorhergehenden ergiebt: dass der Verfasser dieser Gespräche selbst ein Sûfî und als solcher ein Verächter der muhammedanischen Scholastik und Werkheiligkeit war.

Alphabetisches Verzeichniss

arabisch-persischer Schulwörter [1].

١

اَبْنِيَه Plur. v. بِنَاء.

اَبْوَابْ Plur. v. بَابْ.

اِبْهَامْ unbestimmte, vage Ausdrucksweise, solcher Ausdruck selbst.

اَدْبِيَاتْ Plur. v. دَبِيَّت.

---

[1] Im Originale: Alphabetical List of the English and Persian terms of Grammar, was einerseits durch den Gebrauch des bestimmten Artikels zu weit, andererseits, im Verhältniss zum wirklichen Inhalte, zu eng ist, da man doch z. B. die Schulferien, تَعْطِيل, nicht zur Grammatik rechnen kann. Nach der vom Verfasser beliebten Ordnung — englisch-persisch — und manchen Artikeln wie „Ablative", „Gerund" u. dgl. sollte dieses Verzeichniss mehr eine Anleitung zur Wiedergebung abendländischer Schulwörter im Persischen, als zum Verständnisse morgenländischer Schulwörter selbst sein. Da der letztere Zweck für uns offenbar der bei weitem näher liegende und wichtigere ist, so habe ich die Ordnung umgekehrt und die ungenügenden Arabisirungen grammatischer Kunstwörter, für welche dem Morgenländer die entsprechenden Gegenstände fehlen, unterdrückt, dagegen Einiges hinzugesetzt und Anderes berichtigt, ohne jedoch etwas wesentlich Vollständigeres und Besseres geben zu wollen. Zum richtigen und genauen Verständnisse des Einzelnen kann freilich nur das Studium des Arabischen und des morgenländischen Triviums überhaupt verhelfen; doch als Noth- und Hülfsbüchlein für den ersten Anfang mag dieses Verzeichniss immerhin nicht ohne Nutzen sein.

اِثْبات Affirmation, Bejahung × نَفْى Negation, Verneinung.

اَجْزَآء Plur. v. جُزْء.

اَجْناس Plur. v. جِنْس.

اَحْوالٌ Plur. v. حالٌ.

اَخْبارٌ Plur. v. خَبَرٌ.

اِخْتِيارٌ freie Wahl, freier Wille.

اِخْتِيارى in freie Wahl gestellt, vom freien Willen abhängig, freiwillig, willkürlich.

اَداتٌ (eig. Apparat, Rüstzeug, Werkzeug) Hülfswort, Partikel, im Gegensatz zu selbständigen Wörtern. Auch speciell Präposition, gleichbedeutend mit حَرْف جَر. Plur. اَدَواتٌ.

اَدَبٌ die Humaniora, die drei Humanitäts-Wissenschaften des Triviums: Grammatik, Rhetorik und Dialektik; s. رِياضَه.

اَدَبى sich darauf beziehend, humanistisch.

اَدْعِيَه Plur. v. دُعآء.

اِسْتِثْنآء Ausnahme, Beschränkung des Gesagten durch Ausnahme-, Adversativ- und Bedingungssätze.

اِسْتِعارَتْ Metapher.

اِسْتِفْهامٌ Frage.

اِسْتِفْهامى interrogativ.

اِسْتِمْرارٌ fortwährende Dauer.

اِسْتِمْرارى auf fortwährende Dauer bezüglich, dieselbe bezeichnend; s. ماضئ اِسْتِمْرارى.

اِسْم Name, Titel, اِسْم كِتابٌ Buchtitel; gramm. Nomen.

اِسْم اِسْتِفْهامٌ Nomen (Pronomen) interrogativum.

اِسْم اِشَارَ Nomen (Pronomen) demonstrativum.

اِسْم أَصْلِى Nomen primitivum (non derivatum).

اِسْم آلَت Nomen instrumenti.

اِسْم بَسِيط Nomen simplex (non compositum).

اِسْم ثُلاثِى Nomen triliterum.

اِسْم ثُنائِى Nomen biliterum.

اِسْم جامِد = اِسْم أَصْلِى (eig. stärker: unorganisches
Nomen, d. h. welches weder aus andern hervorge-
wachsen ist, noch andere aus sich hervorwachsen lässt).

اِسْم جَمْع Nomen collectivum.

اِسْم جِنْس Nomen genericum, Nomen appellativum.

اِسْم خُماسِى Nomen quinqueliterum.

اِسْم ذاتَ Nomen substantivum.

اِسْم رُباعِى Nomen quadriliterum.

اِسْم زَمان Nomen temporis.

اِسْم عَدَد Nomen numerale, zunächst Numerus cardinalis

اِسْم غَيْر مُنْصَرِف Nomen indeclinabile.

اِسْم فاعِل Nomen agentis, d. h. Participium Activi.

اِسْم مَأْخوذ Nomen derivatum.

اِسْم مَأْخوذ = اِسْم مُشْتَقّ.

اِسْم مُفْرَد Nomen simplex (non compositum); Nomen
singulare (× Nomen plurale); Nomen ἅπαξ λεγόμενον.

اِسْم مَفْعول Nomen patientis, d. h. Participium Passivi.

اِسْم مَكان Nomen loci.

اِسْم مُنْصَرِف Nomen declinabile.

اِسْم مَوْصوف und مَوْصوف schlechthin, Nomen qualificatum oder qualificabile, d. h. Nomen, welches ein Adjectivum oder etwas dessen Stelle Vertretendes (صِفَتْ, وَصْف) bei sich hat oder haben kann, insofern es den allgemeinsten Substantivbegriff Ens (Person oder Ding) in sich trägt.

اِسْم مَوْصول und مَوْصول schlechthin, Nomen conjunctum, d. h. Pronomen relativum.

اَسْمَآء Plur. v. اِسْم.

اِسْنَادْ Beziehung des Prädicats auf das Subject; s. مُسْنَدْ.

اِشَارَه Hinweisung, Hindeutung; s. اِسْم اِشَارَه.

اِشْتِقَاقْ Derivation, Ableitung.

اَشْعَارْ Plur. v. شِعْر.

اَشْخَاصْ Plur. v. شَخْص.

اَشْكَالْ Plur. v. شَكْل.

اِصْطِلاح (eig. gütlicher Vertrag, Uebereinkunft) conventionelle Sprache, conventioneller Ausdruck, Kunst- oder Schulsprache, Kunst- oder Schulwort, terminus technicus ✕ لُغَتْ.

اِصْطِلاحاتِ حُكَمَآء oder اِصْطِلاحاتِ حِكْمَتْ philosophische Kunstwörter.

اِصْطِلاحاتِ رياضِيَّه mathematische Kunstwörter.

اِصْطِلاحاتِ صَرْفِيَّه وَنَحْوِيَّه grammatische Kunstwörter.

اِصْطِلاحاتِ فَلاسِفَه oder اِصْطِلاحاتِ فَلْسَفَه = اِصْطِلاحاتِ حُكَمَآء oder اِصْطِلاحاتِ حِكْمَتْ.

اِصْطِلاحاتِ مَنْطِقِيَّه logische Kunstwörter.

اَصْل (eig. Stammende, Wurzelstock) das Wurzelhafte, Primi-
tive, Ursprüngliche, in Hinsicht auf Stoff, Form und Bedeutung der Wörter.

اَصْلی wurzelhaft, primitiv, ursprünglich.

اَصْواتْ Plur. v. صَوْت.

اُصولْ Plur. v. اَصْل.

اِضافَه Annexion, Status constructus, d. h. Genetivanziehung,
Genetivverhältniss.

اَضْدادْ Plur. v. ضِدْ.

اَعْدادْ Plur. v. عَدَدْ.

اِعْرابْ Bestimmung des syntaktischen Verhältnisses der fle-
xionsfähigen Wörter im Satze durch wirkliche oder ge-
dachte Abwandlung ihrer Endungen.

اَعْلامْ Plur. v. عَلَمْ.

اَعْمالْ Plur. v. عَمَلْ.

اَعْيانْ Plur. v. عَيْن.

اَفْرادْ Plur. v. فَرْد.

اِفْرادْ Singularbildung, Singularsetzung, Singular.

اَفْعالْ Plur. v. فِعْل.

اَلْقابْ Plur. v. لَقَبْ.

آلَتْ Werkzeug, Instrument, Organ.

اِلْحاقْ Hinzufügung, Anhängung, z. B. der Bildungsbuchstaben zum Stamme, der Affixa an das Wort; Hinzuziehung
zu einer Kategorie, Subsumtion, Stellung unter ein Geschlecht oder eine Art.

اَمْثِلَه Plur. v. مِثالْ.

اَمْر Imperativ × نَهْی.

226

أَنْوَاعٌ‎ Plur. v. ‎نَوْعٌ‎.

أَوَامِرٌ‎ Plur. v. ‎أَمْرٌ‎.

أَوْزَانٌ‎ Plur. v. ‎وَزْنٌ‎.

أَوْصَافٌ‎ Plur. v. ‎وَصْفٌ‎.

إِيجَابٌ‎ assertorisches Urtheil, assertorische Aussage.

إِيهَامٌ‎ Doppelsinn, Zwei- oder Mehrdeutigkeit, Amphibolie; Allegorie.

ب

بَابٌ‎ (eig. Pforte) Kategorie, Classe, Abtheilung; Capitel: Materie, Gegenstand.

بَاسْمَه‎ (türkisch, ‎بَصْمَه‎, v. ‎بَصْمَق‎ drucken) Buchdruck.

بَحْر‎ Versmass. Plur. ‎بُحُورٌ‎.

بَدَلٌ‎ (eig. was an die Stelle eines Andern tritt) Permutativ, Apposition.

بَدِيعٌ‎ (eig. Neuhervorgebrachtes, Originelles) die Wort- und Gedankenfiguren, als dritter Theil der Rhetorik.

بَسِيطٌ‎ einfach × ‎مُرَكَّبٌ‎ zusammengesetzt.

بَعِيدٌ‎ fern, entfernt; s. ‎مَاضِى‎.

بِنَا‎ Wortbildung, Wortform.

بَيَانٌ‎ die Elocution; als t. techn. der zweite Theil der Rhetorik, von dem Ausdrucke eines Gedankens auf verschiedene, seinem Gehalte theils direct, theils indirect entsprechende Weisen.

بَيْت‎ Vers, aus zwei Hemistichen zusammengesetztes Distichon.

ت

تَأْكِيدٌ‎ Bestätigung, Verstärkung des Sinnes.

تَأْلِيف Zusammensetzung; schriftstellerische Composition, Schrift, Werk.

تَالِى Subsequens, — log. Prädicat; Nachsatz (apodosis); Untersatz des Schlusses (propositio minor) × مُقَدَّم.

تَام vollständig, vollkommen × نَاقِص.

تَثْنِيَه Dualbildung, Dualsetzung, Dual.

تَحْوِيل Abwandlung, Formenveränderung im allgemeinsten Sinne.

تَرْجَمَه (eig. تَرْجَمَه) Dolmetschung, Uebersetzung.

تَرْدِيد Disjunction, disjunctive Satzbildung mit oder —, entweder — oder —.

تَشْبِيه Vergleichung.

تَصْرِيف Abwandlung, Formenveränderung der Wörter durch Derivation, Declination und Conjugation, besonders durch die letzte und die Bildung aller vom Verbum herkommenden Nomina.

تَصْغِير Deminutivbildung, Deminutiv.

تَصْنِيف = تَأْلِيف.

تَعْرِيف gramm. Determination × تَنْكِير; log. Definition = حَد.

تَعْطِيل (eig. ausser Thätigkeit setzen) Schulferien.

تَعَلُّق Abhängigkeit, z. B. der Theile eines Satzes von einander.

تَغْيِير Veränderung, تَغْيِيرَاتِ اِعْرَابِى syntaktische Veränderungen, s. اِعْرَاب.

تَفْسِير Erklärung, Interpretation, Exegese, bes. Koranexegese, Korancommentar.

تَفْضِيل Comparativ- und Superlativbildung, Comparativ und Superlativ.

تَقْطِيع Abtheilen und Scandiren der Versfüsse.

تَلَفُّظ Aussprache.

تَمَنِّى Wunsch, حَرْفِ تَمَنِّى Optativpartikel.

تَمْيِيزٌ, تَمَيُّزٌ Unterscheidung; gramm. nähere Bestimmung des Allgemeinen durch Hinzufügung eines Accusativs der Beziehung.

تَنْكِيرٌ Indetermination × تَعْرِيفٌ.

تَوَافُقْ Uebereinstimmung.

تَوْصِيفْ Qualificirung, s. اِسْم مَوْصُوفْ.

تَهَجِّى Buchstabiren, حُرُوفِ تَهَجِّى (the letters of spelling) das Alphabet.

ث

ثَقِيلْ (eig. schwer) in der Aussprache zu verdoppeln, von Consonanten × خَفِيفْ.

ثُلَاثِى dreibuchstabig.

ثُنَائِى zweibuchstabig.

ج

جَامِدْ unorganisch; daher اِسْم جَامِدْ, s. unter اِسْم.

جَرْ Genetivsetzung, Genetiv.

جُزْءْ Theil, جُزْءِ كَلَامْ Redetheil.

جَزْم apodiktische Aussage.

جِلْدْ (eig. Leder) Band eines Buches. Plur. جُلُودْ.

جَمْع Pluralbildung, Pluralsetzung, Plural; begreift in allgemeiner Bedeutung auch das Collectivum in sich, daher اِسْم جَمْع Nomen collectivum. Plur. جُمُوعْ.

جُمْلَه Redesatz, z. B. جُمْلَهْ شَرْطِيَّهْ Bedingungssatz, جُمْلَهْ مُعْتَرِضَه parenthetischer Satz. Plur. جُمَلْ.

جِنْس Geschlecht, Genus.

چ

چاپْ Buchdruck = باسْمَه, طَبْع.

ح

حَاشِيَه Randbemerkung.

حَاصِلْ Ergebniss.

حَاصِلِ كَلامْ der sich aus den Worten ergebende Sinn.

حَاصِلِ مَصْدَرْ das Verbalnomen, insofern es den Sinn des Infinitivs, مصدر, als Thatsache gefasst darstellt, wie رَوِشْ der Gang = رَفْتَنْ gehen, das Gehen.

حَاصِلِ مَعْنى der kurz zusammengefasste wesentliche Sinn.

حَاضِرْ (eig. der Anwesende) gramm. die zweite Person.

حَالْ (eig. wandelbarer Zustand, Umstand) gramm. Umstands-ausdruck, terminus circumstantialis, ein wirklich oder virtuell im Accusativ stehendes Wort oder ein ganzer Satz zum Aus-drucke eines in die Zeitsphäre des übergeordneten Satzes fallenden oder in ihr vorbereiteten Umstandes; Präsens.

حَدّ Definition. Plur. حُدُودْ.

حَرْف Buchstabe, d. h. Consonant; einzelnes Wort; Partikel. Plur. حُرُوفْ.

حَرْفِ ايجابْ Affirmationspartikel = حَرْفِ اِثْباتْ Asser-tionspartikel.

حَرْفِ تَأْكِيدٌ Bestätigungspartikel.

حَرْفِ تَرْدِيدٌ Disjunctivpartikel.

حَرْفِ تَشْبِيهٌ Vergleichungspartikel.

حَرْفِ تَعْرِيفٌ bestimmter Artikel (führt den Namen حَرْف,
weil er im Arabischen unveränderlich ist).

حَرْفِ تَفْسِيرٌ Erklärungspartikel.

حُرُوفِ تَهَجِّى , s. تَهَجِّى.

حَرْفِ جَرّ (eig. Partikel der Genetivanziehung, weil die Präpositionen im Arabischen den Genetiv regieren) Präposition.

حَرْفِ رَبْط Partikel zur Verbindung der Satztheile.

حُرُوفِ مُلْحَقَاتْ oder حُرُوفِ زَوَايِدْ , auch زَوَايِدْ und
مُلْحَقَاتْ schlechthin, Zusatzbuchstaben, d. h. zu dem
Wortstamme hinzukommende Bildungsbuchstaben.

حَرْفِ عَطْف coordinirende Verbindungspartikel.

حَرْفِ قَسَمْ Schwurpartikel.

حَرْفِ نِدَا Vocativpartikel.

حَرْفِ نَفْى Verneinungspartikel.

حَرَكَتْ (eig. Bewegung) Vocal.

حِكْمَتْ Weisheit; Philosophie.

حَكِيمٌ Weiser; Philosoph.; Plur. حُكَمَا.

حَوَاشِى Plur. v. حَاشِيَه.

خ

خَاتِمَه Schluss einer Rede oder Schrift. Plur. خَوَاتِمْ.

خَاصِيَّتْ Eigenthümlichkeit, besondere Eigenschaft.

خَبَرٌ Prädicat: kategorische Aussage.

خُطْبَة Rede, bes. Kunstprosa, in ihr Geschriebenes oder Gesprochenes.

‫.خَرٌّ = خَفْضٌ

خَفِيفٌ (eig. leicht) einfach auszusprechen, von einem Consonanten × ثَقِيلٌ‪.‬

خُماسى fünfbuchstabig.

د

دُعاءٌ Anrufung Gottes, daher Anwünschung von etwas Gutem oder Bösem.

ديباجَة in Kunstprosa geschriebene Vorrede, mit oder ohne eingemischte Verse.

ذ

ذاتٌ Wesen × صِفَتٌ, صِفاتٌ Eigenschaft, Eigenschaften; daher اِسْمُ ذاتٍ Substantivum × صِفَتٌ Adjectivum.

ر

‫.حَرْفٌ رَبْطٍ = رابِطَه

رُباعى vierbuchstabig.

رِسالَة Sendschreiben, Brief; kleinere Abhandlung. Plur. رَسايِلُ‪.‬

رَبْطٌ Verbindung der Satztheile, theils innere, durch syntaktische Formen und Verhältnisse, theils äussere, durch Partikeln bewirkte.

رُتْبَه Stufe, Grad, Rang. Plur. رُتَبٌ‪.‬

رَفْعٌ Nominativsetzung, Nominativ.

رَوَابِطُ Plur. v. رَابِطَة.

رِيَاضَة Uebung. Plur. رِيَاضَاتٌ die vier mathematischen Wissenschaften des Quadrivium's: Arithmetik, Geometrie, Astronomie und Musik; s. أَدَبٌ.

رِيَاضِى darauf bezüglich, mathematisch.

ز

زَمَانٌ Zeit.

زَوَايِدُ, vollständig حُرُوفِ زَوَايِدُ, s. unter حَرْفٌ.

س

سَاكِنٌ ruhend, d. h. vocallos, von einem Consonanten.

سَجْع Reim oder Assonanz am Ende der Parallelglieder der Kunstprosa.

سَرْلَوْح oder سَرْصَفْحَة Titelseite.

سَمَاعِى (eig. nur auf das Hören, سَمَاعٌ, d. h. den aus dem Munde Eingeborener vernommenen Sprachgebrauch gegründet) unregelmässig × قِيَاسِى.

ش

شَاذٌ vereinzelt, selten vorkommend, ungewöhnlich, — der höhere Grad von سَمَاعِى.

شَخْص Individuum, Person.

شَرْح Auslegung, Erklärungsschrift, Commentar. Plur. شُرُوحٌ.

شَرْط Bedingung. Plur. شُرُوطٌ.

شَرْطِى conditionell.

شِعْر Dichtung, Dichtkunst; Gedicht, Versstück.

شَكْل Figur, — log. Schlussfigur; geometr. Figur und Lehrsatz, zu dessen Beweise jene dient.

ص

صَرْف = تَصْرِيف, besonders Declination. صَرْف وَنَحْو Formenlehre und Syntax, d. h. Grammatik.

صِفَت Qualität, Beschaffenheit; Adjectivum, Beschaffenheitswort oder etwas in derselben Coordination mit dem Substantivum die Stelle des Adjectivums Vertretendes, z. B. ein Nomen mit einer Präposition, wie رَجُلٌ عَلَى حِدَةٍ ein Mann für sich; ein Verbum, wie رَجُلٌ ذَهَبَ ein Mann der fortgegangen ist, u. s. w. Plur. صِفَاتٌ.

صَوْت (eig. Stimme, Ruf) Interjection.

صِيغَه Wortbildung, Wortform.

ض

ضِدّ Widerstreitendes, oppositum contrarium; s. نَقِيض.

ضَمِير Pronomen, bloss von dem persönlichen Pronomen. Plur. ضَمَايِر.

ضَمِير مُتَّصِل Pronomen conjunctum, d. h. affixum oder suffixum.

ضَمِير مُنْفَصِل Pronomen separatum.

ط

طَبْع Buchdruck = چاپ, باسْمَه.

ظ

ظَرْف Adverbium des Ortes und der Zeit. Plur. ظُروف.

ظَرْفِ زَمان Zeitadverbium.

ظَرْفِ مَكان Ortsadverbium.

ع

عامِل syntaktisches Regens. Plur. عَوامِل.

عِبارَت Ausdruck; Ausdrucksweise, Sprech- und Schreibart.

عَدَد Zahl.

عَروض Metrik.

عَطْف coordinirende Wort- und Satzverbindung.

عَلامَت Zeichen, z. B. حَرْفِ تَعْريف = عَلامَتِ تَعْريف.

عَلَم Eigenname.

عَمَل syntaktische Rection.

كُفْتارِ عَوام oder عَوامُ النّاس عَوام das gemeine Volk, عَوام مُحاوَراتِ عَوام gemeiner Ausdruck oder Sprachgebrauch.

عَيْن selbstständiges (persönliches oder sächliches) concretes Wesen × مَعْنى.

غ

غايِب (eig. der Abwesende) gramm. die dritte Person.

غَيْرِ مُنْصَرِف nicht abwandlungsfähig, indeclinabel.

ف

غايِدَه Nutzen; lehrreiche Notiz; Sinn, der sich aus etwas ergiebt, حاصِلِ كَلام = غايِدَةِ بَيان.

فَاعِلٌ Agens, Subject des activen Verbums. اِسْمِ فَاعِلٌ, s. unter اِسْم.

فَحْوَى فَحْوَائِ كَلَامٌ Ziel, Absicht, das worauf die Worte hinzielen.

فَرْد Einzelnes, sächliches oder persönliches Einzelwesen, Individuum.

فَصْل Abschnitt, Section. Plur. فُصُولٌ.

فِعْل That, Handlung; gramm. Verbum.

فِعْل تَامٌّ vollständiges, nicht defectives Verbum.

فِعْل ثَلَاثِي dreibuchstabiges Verbum.

فِعْل رُبَاعِي vierbuchstabiges Verbum.

فِعْل لَازِمٌ intransitives Verbum.

فِعْل مُتَعَدَّى transitives Verbum.

فِعْل مُثْبَت (eig. bejahte Handlung) affirmatives, nicht mit einer Verneinungspartikel verbundenes Verbum.

فِعْل تَجْبُورٌ (eig. gezwungene Handlung, d. h. Verbum, welches ausdrückt, dass das Object zu einer Handlung oder einem Zustande genöthigt wird) causatives Verbum.

فِعْل تَجْهُولٌ, فِعْل تَجْهُولٌ فَاعِلُهُ passives Verbum, vollst. Verbum, dessen Agens unbekannt bleibt.

فِعْل مَعْرُوفٌ, فِعْل مَعْرُوفٌ فَاعِلُهُ actives Verbum, vollst. Verbum, dessen Agens durch ein hinzugesetztes Nomen oder durch das im Verbum selbst liegende Pronomen bekannt wird.

فِعْل مَنْفِي (eig. verneinte Handlung) negatives Verbum.

فِعْل نَاقِصٌ defectives Verbum.

فَقَرَه (ursprünglich فَقَرَة) Redesatz, Satzglied; Paragraph, Abschnitt.

فَلْسَفَه Philosophie; im schlimmen Sinne: Sophistik; Frei-
geisterei.

فَيْلَسُوف Philosoph. Plur. فَلاسِفَه.

فِهْرِسْت Verzeichniss; Index.

ق

قَافِيَه Versreim.

قَرِيب nah; s. ماضى.

قَرِينَه mit einem Andern Verbundenes, Nebenumstand; mit
einem andern verbundenes Satzglied, ein ganzer solcher
Satz oder mehrere. Plur. قَرايِن.

قَسَم Schwur.

قَوافى Plur. v. قَافِيَه.

قُوَّه Kraft, Vermögen, قُوَّهٔ ناطِقَه Sprachvermögen. Plur. قُوَى.

قِياس Analogie; auf durchgehende Analogie gegründete Regel; Schluss, Syllogismus.

قِياسى der Analogie gemäss, regelmässig × سَماعى.

ك

كَلام Rede, zu einem oder mehreren Sätzen verbundene Worte.

كَلِمَه Wort. Plur. كَلِم, كَلِمات.

كِنايَت ein für ein anderes stehendes Wort, Metonymie;
Pronomen.

ل

لاحِق Hinzugetretenes, Anhang. Plur. لَواحِق Anhänge; zu
den Wörtern hinzutretende Bildungsbuchstaben und Affixa.

لازِمْ haftend, an der Stelle haftend, unbeweglich; daher

فِعْلِ لازِمْ, s. unter فِعْل.

لُغَتْ die Sprache, wie sie hinsichtlich der Materie, Form und Bedeutung der Wörter sich von selbst ausgebildet hat und ursprünglich gesprochen worden ist, lingua nativa ✕

اِصْطِلاحْ; Wort, welches dieser Sprache angehört, dictio nativa; Lexikon, welches diese Wörter enthält, vollst.

كِتابِ لُغَتْ oder كِتابِ لُغاتْ.

لَفْظْ Aussprechen, Aussprache; Ausdruck, Wort, Wortlaut ✕

مَعْنى. لَفْظًا بِلَفْظٍ Wort für Wort.

لَقَبْ Beiname, sowohl Ehrenname, Ehrentitel, als Spott- und Schimpfname.

لَهْجَتْ Aussprache, Sprachweise.

م

مَأْخوذْ abgeleitet.

مُؤَنَّثْ Femininum ✕ مُذَكَّرْ.

ماضى Praeteritum, Perfectum, das erste Tempus der semitischen Sprachen ✕ مُضارِعْ.

ماضئ اِسْتِمْراري (eig. fortwährende Dauer ausdrückendes Praeteritum) historisches Imperfectum.

ماضئ قَريبْ (eig. nahes Praeteritum) Perfectum im engern Sinne.

ماضئ بَعيدْ (eig. entferntes Praeteritum) Plusquamperfectum.

مُبْتَدَا (eig. مُبْتَدَأ بِهِ das womit angefangen wird, weil es ursprünglich im Anfange des Satzes steht) Subject des Nominalsatzes.

مَبْنَى = بِنَا.

مُبْهَم unbestimmt, vag.

مُتَّصِل verbunden × مُنْفَصِل; s. ضَمِير.

مُتَعَدَّى übergehend, weiterschreitend: daher فِعْل مُتَعَدَّى, s. unter فِعْل.

مُتَكَلِّم (eig. der Redende) gramm. die erste Person.

مَتْن Text, im Gegensatze zu Randbemerkungen oder Commentar.

مِثَال Beispiel, Muster, Paradigma.

مُثْبَت bejaht; s. فِعْل مُثْبَت.

مُثَقَّل (eig. beschwert) = ثَقِيل.

مَجْبُور gezwungen, genöthigt; daher فِعْل مَجْبُور, s. unter فِعْل.

مُجَرَّد abgestreift, entblösst, entäussert, daher: von allem Ausserwesentlichen abgetrennt, an und für sich dargestellt; gramm. bloss die Stammbuchstaben enthaltend × مَزِيد.

مَجْزُوم apodiktisch ausgesagt.

مَجْهُول passiv; s. فِعْل مَجْهُول.

مُحَاوَرَت Wechselrede, Unterredung; Ausdrucksweise der Umgangssprache, Sprachgebrauch.

مُحَرَّك bewegt, d. h. mit einem Vocale versehen, von einem Consonanten × سَاكِن.

مُخَاطَب (eig. der Angeredete) gramm. die zweite Person.

مُخْتَصَر kurzgefasster Auszug, Compendium.

مُخَفَّف (eig. leicht gemacht) = خَفِيف.

مُذَكَّر Masculinum × مُؤَنَّث.

مَرْبُوط verbunden; s. رَبَط.

مَرْتَبَه Stufe, Grad, Rang. Plur. مَرَاتِب.

مُرَكَّب zusammengesetzt × بَسِيط, مُفْرَد.

مَزِيد oder مَزِيدٌ فِيهِ vermehrt; gramm. einen oder mehrere Bildungsbuchstaben enthaltend × مُجَرَّدٌ. Vgl. زَوَائِدُ حُرُوفِ unter حَرْف.

مُسْتَقْبَل Futurum.

مُسْنَد (eig. an eine Stütze angelehnt) prädicirt, Prädicat im Verhältniss zum Subject.

مُسْنَدٌ اِلَيْه (eig. woran angelehnt ist) Subject im Verhältniss zum Prädicat.

مُشْتَرَك mehrern gemein, daher Homonyme, mehrere Dinge bezeichnendes Wort.

مُشْتَقّ abgeleitet.

مَشْرُوط bedingt, hypothetisch.

مَشْكُوك bezweifelt, zweifelhaft, dubitativ.

مَصْدَر abstractes Verbalnomen, Infinitiv.

مِصْرَاع Halbvers, Hemistich.

مُضَارِع Imperfectum, das zweite Tempus der semitischen Sprachen × مَاضِى.

مُضَاف das den Genetiv regierende Wort.

مُضَافٌ اِلَيْه das im Genetiv stehende Wort.

مَضْمُون Inhalt.

مَطْلَب Gegenstand der Untersuchung, der Unterredung.

مُطْلَق uneingeschränkt, unbedingt, schlechthinnig, absolut × مُقَيَّد.

مَظْنُون vermeint, vermeintlich, putativ.

مُعْتَرِض parenthetisch, جُمْلَة مُعْتَرِضَة parenthetischer Satz.

مَعْرِفَة determinirtes Nomen × نَكِرَة.

مَعْرُوف activ; s. فِعْل مَعْرُوف.

مَعْمُول syntaktisch regirt.

مَعْنًى Intention, Sinn, Bedeutung × لَفْظ; Idee, unselbst-
ständiges Abstractum × عَيْن. Plur. مَعَانِى die Inten-
tionen, der erste Theil der Rhetorik, von den nach Beschaffenheit des Gedankens verschiedenen Arten des einfachen Satzes. مَعَانِى وبَيان die Rhetorik.

مُفْرَد einfach × مُرَكَّب; in der Einzahl gesetzt, Singular;
nur einmal gesetzt, ἅπαξ λεγόμενον.

مَفْعُول Patiens, Object des Verbums. إِسْم مَفْعُول, s. unter اِسْم.

مَفْهُوم das zu Verstehende, bei den Worten zu Denkende,
bes. das nur indirect durch sie bezeichnete oder zu ihnen
Hinzuzudenkende × مَلْفُوظ.

مُقَدَّر was zu subintelligiren oder zu suppliren ist.

مُقَدَّم Praemissum, Antecedens, — log. Subject; Vordersatz
(protasis); Obersatz des Schlusses (propositio major) ×
تالى.

مُقَدَّمَة Prooemium, Vorrede, Einleitung.

مُقَيَّد eingeschränkt, bedingt, relativ × مُطْلَق.

مَكَان Ort.

مُلْحَق angehängt, Angehängtes. Plur. مُلْحَقَات = لَوَاحِق.

مَلْفُوظ das direct Ausgesprochene × مَفْهُوم.

مُمْكِن möglich, potentiell, problematisch × وَاجِب.

مُنَادَى (eig. Gerufenes) im Vocativ stehendes Nomen.

مَنْشَأ das woraus etwas entsteht, Entstehungsgrund, Ursprung.

مُنْصَرِفٌ abwandlungsfähig, declinabel.

مَنْطِقٌ Logik.

مَنْطِقِى logisch.

مُنْفَصِلٌ abgetrennt × مُتَّصِلٌ; s. ضَمِيرٌ.

مَنْفِى verneint; s. فِعْلِ مَنْفِى.

مَوازِينُ Plur. v. مِيزانٌ.

مُوافَقَتْ = تَوافُقْ.

مَوْصُوفٌ qualificirt; s. اِسْم مَوْصُوفٌ.

مَوْصُولٌ verbunden; s. اِسْم مَوْصُولٌ.

مُوهِمٌ doppelsinnig, zwei- und mehrdeutig.

مِيزانٌ (eig. Wage) Paradigma der Wortform und Sylbenquantität.

ن

نادِرٌ selten, ungewöhnlich.

ناقِصٌ defectiv × تامٌ.

نَتِيجَة Folge, Ergebniss, Resultat. Plur. نَتايِجُ.

نَثْرٌ Prosa × نَظْم.

نَحْوٌ Syntax; s. صَرْفٌ.

نِدا (eig. Ruf) Vocativ.

نِسْبَتْ Beziehung des Einen auf das Andere, Verhältniss;
Beziehung eines Dinges auf seine Eigenschaft, des Subjects auf das Prädicat; Relativnomen.

نَصْب Accusativsetzung, Accusativ.

نُطْق Rede, Sprache, Sprachvermögen.

نَظْم gebundene Rede × نَثْر.

242

نَفْى Verneinung × اِثْبَاتٌ.

نَقِيضٌ Widersprechendes, oppositum contradictorium; s. ضِدّ.

نَـكِـرَه indeterminirtes Nomen × مَعْرِفَه.

نَوْع Art, Species.

نَهْى Prohibition, die verbietende Form des Verbums × أَمْر.
Plur. نَوَاهِى.

و

وَاجِبٌ nothwendig, assertorisch gesetzt × مُمْكِنٌ.

وَاحِدٌ Einer; gramm. Singular.

وَزْن Wortform und Sylbenquantität.

وَصْف = تَوْصِيفٌ und صِفَتٌ.

وَاضِحٌ klar, deutlich.

Anhang

Da das heutige Persisch so sehr mit Arabischem vermischt ist, so ist es für das Studium der erstern Sprache fast unerlässlich, sich wenigstens einige Kenntniss von den Anfangsgründen der letztern zu erwerben. Abgesehen von Citaten und ganzen arabischen Phrasen und Sätzen, welche bei den persischen Schriftstellern in Ueberfluss vorkommen, giebt es kaum eine persische Zeile oder einen Satz, welcher nicht mehrere entweder rein arabische oder aus dem Arabischen abgeleitete Wörter enthielte. Trotz dieses grossen Andranges fremder Wörter aber bleibt der Geist der persischen Sprache unverändert. Die Fremdlinge sind, insofern sie nicht ganze arabische Phrasen und Sätze bilden, alle den nämlichen Regeln unterworfen, als wenn sie Eingeborene wären. Die arabischen Nomina lassen die Vorsetzung derselben Partikeln und die Anhängung derselben Endungen zu, mit deren Hülfe die persischen Nomina declinirt und abgeleitet werden; die arabischen Infinitive und Participien werden ohne irgend eine Aenderung durch alle Tempora, Modi, Numeri und Personen den persischen Zeitwörtern einfach vorgesetzt [1].

Die von den Persern gebrauchten arabischen Wörter gehören hauptsächlich zu folgenden Klassen:

---

[1] S. die zusammengesetzten Zeitwörter § 85—87.

16 *

Die gewöhnlichsten Infinitive oder abstracten
Verbalnomina des dreibuchstabigen Stammzeitwortes [1].

مَصادِرِ اَفْعالِ ثُلاثى مُجَرَّدْ

Formparadigma.	Beispiel.	Bedeutung.
1. فَعْل	قَتْل	*Tödten.*
2. فِعْل	فِسْق	*Gottlosigkeit.*
3. فُعْل	شُغْل	*Beschäftigung.*
4. [2] فَعْلَة	رَأْفَة	*Gnade.*
5. فِعْلَة	حِكْمَة	*Weisheit.*
6. فُعْلَة	قُدْرَة	*Macht.*
7. فَعَل	طَلَب	*Suchen.*
8. فَعِل	كَذِب	*Lüge.*
9. فَعَلَة	غَلَبَة	*Ueberwältigung.*
10. فِعَلَة	سَرِقَة	*Diebstahl.*
11. فِعَل	صِغَر	*Kleinheit.*
12. فُعَل	هُدَى	*Leitung.*
13. فَعال	ذَهاب	*Weggang.*
14. فِعال	قِيام	*Stehen.*
15. فُعال	سُؤال	*Fragen, bitten.*

---

[1] Es erscheinen hier und in dem Folgenden nur regelmässige
Formen, daher auch von unregelmässigen Zeitwörtern so weit als
möglich nur solche, welche der Analogie des regelmässigen Zeitwortes folgen.

[2] So im Original hier durchgängig nach arabischer Weise; im
Persischen verwandelt sich das ة in ت oder in ein stummes ه.

16.	فَعالَة	عَداوَة	Feindschaft.
17.	فِعالَة	عِبادَة	Gottesdienst.
18.	فَعيلٌ	صَهيلٌ	Wiehern.
19.	فَعولٌ	قَبولٌ	Annahme.
20.	فُعولٌ	دُخولٌ	Eintritt.
21.	فُعولَة	بُرودَة	Kälte.
22.	فِعْلانٌ	كِتْمانٌ	Verheimlichen.
23.	فُعْلانٌ	خُسْرانٌ	Einbüssen.
24.[1]	فَعَلانٌ	دَوَرانٌ	Kreisen.
25.	مَفْعَلَة	مَرْحَمَة	Erbarmen.
26.	مَفْعِلَة	مَغْفِرَة	Verzeihung.

Die gewöhnlichsten Infinitive der vom dreibuchstabigen Stammzeitworte abgeleiteten Formen[2].

$$ مَصادِرِ اَفْعالِ ثُلاثى مَزيدٌ $$

Formparadigma.		Beispiel.	Bedeutung.
1.	اِفْعالٌ (4)	اِخْراجٌ	Herausführen.
2.	تَفْعيلٌ (2)	تَرْتيبٌ	Anordnen.
3.	تَفَعُّلٌ (5)	تَعَلُّمٌ	Lernen.

---

[1] Diese Form wird von den Persern, wie im Vulgärarabischen,
in فَعْلانٌ verkürzt, z. B. دَوَرانٌ *kreisen,* سَيَبْرانٌ *lustwandeln,*
جَرَيانٌ *laufen.*
[2] Auch hier geht die Aufzählung der Formen nicht weiter,
als das gewöhnliche Bedürfniss reicht. Die Ordnung des Originals

Formparadigma.		Beispiel.	Bedeutung.
4.	مُفَاعَلَةٌ (3)	مُقَاتَلَةٌ	*Kämpfen.*
5.	تَفَاعُلْ (6)	تَجَاهُلْ	*Sich unwissend stellen.*
6.	اِفْتِعَالْ (8)	اِجْتِنَابٌ	*Vermeiden.*
7.	اِسْتِفْعَالْ (10)	اِسْتِنْصَارٌ	*Um Hülfe bitten.*
8.	اِنْفِعَالْ (7)	اِنْكِسَارٌ	*Sich brechen lassen,*

Bruch erleiden, gebrochen werden.

Die Infinitive der ersten und zweiten Form des vierbuchstabigen Zeitwortes.

Formparadigma.	Beispiel.	Bedeutung.
1. فَعْلَلَةٌ	بَعْثَرَةٌ	*Aufwühlen.*
2. تَفَعْلُلْ	تَسَرْبُلْ	*Ein Gewand anziehen.*

Die Participia Act. und Pass. oder concreten Verbalnomina des dreibuchstabigen Stammzeitwortes und der davon abgeleiteten Formen.

Partic. Act.

Formparadigma.	Beispiel.	Bedeutung.
1. فَاعِلْ (1)	كَاتِبٌ	*Schreiber.*
2. مُفْعِلْ (4)	مُسْلِمٌ	*Gottergebener.*
3. مُفَعِّلْ (2)	مُنَجِّمٌ	*Sternkundiger.*
4. مُتَفَعِّلْ (5)	مُتَوَلِّى	*Verwalter.*

---

ist, nur mit Umstellung der 3. und 6. Form, beibehalten, aber durch Ziffern in Parenthese sind die Formen bezeichnet, zu welchen die Infinitive nach der bei uns hergebrachten Zählung gehören.

5. (3) مُفَاعِلٌ   مُبَاشِرٌ   *Geschäftsbesorger.*

6. (6) مُتَفَاعِلٌ   مُتَشَابِهٌ   *Einander ähnlich.*

7. (8) مُفْتَعِلٌ   مُشْتَرِى   *Käufer.*

8. (10) مُسْتَفْعِلٌ   مُسْتَأْمِنٌ   *Schutzverwandter.*

9. (7) مُنْفَعِلٌ   مُنْكَشِفٌ   *Sich enthüllend od. enthüllen lassend, enthüllt.*

Partic. Pass.

Formparadigma.	Beispiel.	Bedeutung.
1. (1) مَفْعُولٌ	مَقْصُودٌ	*Beabsichtigt.*
2. (4) مُفْعَلٌ	مُضْمَرٌ	*Im Sinne behalten.*
3. (2) مُفَعَّلٌ	مُشَرَّفٌ	*Geehrt.*
4. (5) مُتَفَعَّلٌ	مُتَخَيَّلٌ	*Eingebildet.*
5. (3) مُفَاعَلٌ	مُبَارَكٌ	*Gesegnet.*
6. (6) مُتَفَاعَلٌ	مُتَوَارَثٌ	*Von Einem auf den Andern vererbt.*
7. (8) مُفْتَعَلٌ	مُبْتَلَى	*Mit einem Uebel behaftet.*
8. (10) مُسْتَفْعَلٌ	مُسْتَحْسَنٌ	*Mit Beifall aufgenommen, beifallswürdig.*
9. (7) مُنْفَعَلٌ	[1] مُنْقَطَعٌ بِهِ	*Dem die Hülfsmittel abgeschnitten sind.*

[1] Die 7. Form kann ihrer Natur nach nur ein unpersönliches Passivum haben, welches erst durch eine Präposition mit dem von ihr regierten Nomen wieder persönlich wird, daher auch das Participium Pass. dieser Form als solches immer nur so vorkommt wie oben.

Die Participia Act. und Pass. der ersten und zweiten Form
des vierbuchstabigen Zeitwortes.

Partic. Act.

Formparadigma.	Beispiel.	Bedeutung.
1. مُفَعْلِلٌ	مُتَرْجِمٌ	*Dolmetschend.*
2. مُتَفَعْلِلٌ	مُتَبَرْقِعٌ	*Sich verschleiernd.*

Partic. Pass.

Formparadigma.	Beispiel.	Bedeutung.
1. مُفَعْلَلٌ	مُزَخْرَفٌ	*Aufgeputzt.*
2. مُتَفَعْلَلٌ	مُتَبَخْتَرٌ فِيهِ [1]	*Worin man stolz ein-herschreitet.*

Concrete Verbalnomina von activen transitiven
dreibuchstabigen Stammzeitwörtern mit Intension
der Bedeutung des Partic. Act. [2].

أَسْمَاءُ مُبَالَغَه

Formparadigma.	Beispiel.	Bedeutung.
1. فَعِلٌ	حَذِرٌ	*Sich sehr hütend.*
2. فَعِيلٌ	عَلِيمٌ	*Vielwissend.*
3. فَعُولٌ	ضَرُوبٌ	*Stark schlagend.*

---

[1] Von diesem Part. Pass. gilt dasselbe wie oben von dem der
7. Form des dreibuchstabigen Stammzeitwortes.

[2] Diese Intension besteht theils in quantitativer oder qualita-
tiver Verstärkung der durch das Participium ausgedrückten Handlung, theils in deren Erhebung zur Handlungsweise und bleibenden
Eigenschaft.

Formparadigma.	Beispiel.	Bedeutung.
4. فَاعُولٌ	غَارُوقٌ	Scharf scheidend.
5. فَعَّالٌ	أَكَّالٌ	Vielessend.
6. فِعِّيلٌ	شِرِّيبٌ	Vieltrinkend.
7. فَعْلَانٌ	هَيْبَانٌ	Sich sehr scheuend, furchtsam.

Am gewöhnlichsten sind فَعَّالٌ, فَعُولٌ, فَعِيلٌ und فَعْلَانٌ. Andere häufig vorkommende Beispiele dieser Formen:

خَلَّاقٌ *Allschaffend.*

رَزَّاقٌ *Allversorgend.*

عَلَّامٌ *Allwissend.*

غَفُورٌ *Leicht oder viel vergebend.*

رَحْمٰنٌ [1] *Erbarmungsvoll.*

رَحِيمٌ *Dass.*

بَصِيرٌ *Allsehend.*

سَمِيعٌ *Allhörend.*

خَبِيرٌ *Allkundig.*

} Eigenschaften Gottes.

صَبُورٌ *Sehr geduldig.*

ظَلُومٌ *Sehr ungerecht.*

شَكُورٌ *Sehr dankbar.*

جَهُولٌ *Sehr unwissend.*

نَمَّامٌ *Ohrenbläser.*

---

[1] So alterthümlich-defectiv wird dieses Wort nach dem Vorgange des Korâns allgemein geschrieben statt رَحْمَانٌ.

Concrete Verbalnomina von activen transitiven dreibuchstabigen Stammzeitwörtern mit der Bedeutung des Part. Pass.

Formparadigma.	Beispiel.	Bedeutung.
1. فَعِيلٌ	جَرِيحٌ	*Verwundet.*
2. فَعُولٌ	رَسُولٌ	*Gesandter.*

Andere häufig vorkommende Beispiele der erstern Form:

شَهِيرٌ *Berühmt.*

حَبِيبٌ *Geliebt.*

ذَمِيمٌ *Getadelt, tadelnswerth.*

طَرِيدٌ *Vertrieben.*

رَجِيمٌ *Gesteinigt.*

قَتِيلٌ *Getödtet.*

ذَبِيحٌ *Geopfert.*

Concrete Verbalnomina von activen intransitiven dreibuchstabigen Stammzeitwörtern mit Intension der Bedeutung des Partic. Act.[1]

صِفَاتٍ مُشَبَّهَةٌ

Formparadigma.	Beispiel.	Bedeutung.
1. فَعْلٌ	صَعْبٌ	*Rauh, schwer.*
2. فِعْلٌ	صِفْرٌ	*Leer.*

---

[1] Die Intension besteht hier gewöhnlich in der Erhebung des durch das Participium ausgedrückten vorübergehenden Zustandes zum anhaltenden Habitus und zur bleibenden Eigenschaft.

Formparadigma.	Beispiel.	Bedeutung.
3. فُعْل	صُلْب	*Hart.*
4. فَعَل	حَسَن	*Schön, gut.*
5. فَعِل	فَرِح	*Freudig.*
6. فُعُل	جُنُب	*Gesetzlich verunreinigt.*
7. فَعَال	جَبَان	*Feig.*
8. [1] فَعِيل	كَرِيم	*Edel.*
9. فَعُول	غَيُور	*Eifrig, eifersüchtig.*
10. فُعَال	شُجَاع	*Tapfer.*
11. فَعَّال	بَرَّاق	*Blitzend.*
12. [2] أَفْعَل	أَحْمَر	*Roth.*
13. فَعْلَان	عَطْشَان	*Durstig.*
14. فُعْلَان	عُرْيَان	*Nackt.*

Comparativ und Superlativ.

اِسْم تَفْضِيل

Für beide Vergleichungsgrade gilt die Form أَفْعَل, mit dem Femininum فُعْلَى für den Superlativ, z. B. أَكْبَر *grösser,* *grössest,* Fem. كُبْرَى *grösste.*

---

[1] Von Zeitwörtern, deren mittler Stammbuchstabe و oder ى ist, geht diese Form meistentheils durch Zusammenziehung in فَيْعِل über, wie سَيِّد *Herr.*

[2] Femininum فَعْلَاء, wie حَمْرَآء; Positiv, verschieden von dem Comparativ und Superlativ أَفْعَل mit dem Femininum فُعْلَى; s. den folgenden Abschnitt.

Namen der Werkzeuge und Gefässe.

اِسْمُ آلَتٍ وِوِعَـا

Haben drei Formen: مِفْعَلٌ, مِفْعَلَةٌ und مِفْعَالٌ, z. B.

مِحْلَبٌ *Milchasch*, مِكْنَسَةٌ *Besen*, مِنْوَالٌ *Weberbaum*. Am häufigsten ist, auch im Persischen, die letzte Form, z. B.

مِفْتَاحٌ *Schlüssel*.		مِنْشَارٌ *Säge*.
مِيزَانٌ *Wage*.		مِصْبَاحٌ *Lampe*.
مِكْيَالٌ *Mass*.		مِعْيَارٌ *Aichmass*.
مِقْرَاضٌ *Scheere*.		مِنْقَارٌ *Schnabel*.

Namen der Zeiten und Orte.

اِسْمُ زَمَانٍ وَمَكَانٍ

Haben zwei Formen: مَفْعَلٌ und مَفْعِلٌ, z. B. مَقْتَلٌ *Zeit und Ort des Tödtens*, مَوْعِدٌ *Zeit und Ort einer versprochenen Zusammenkunft*. So oft diese Wörter auch im Persischen gebraucht werden, haben sie doch hier immer nur die letztere Bedeutung, z. B.

مَسْجِدٌ *Anbetungsort, Moschee*.		مَكْتَبٌ *Schreibort, d. h. Kinderschule*.
مَنْزِلٌ *Reisestation*.		مَسْكَنٌ *Wohnort*.
مَشْرِقٌ *Osten*.		مَعْبَرٌ *Furth*.
مَغْرِبٌ *Westen*.		مَدْخَلٌ *Eingang*.

Vom arabischen Plural.

Er ist theils جَمِيعٌ *ganz* oder سَالِمٌ *vollständig*, d. h. regelmässig, durch Anhängung gleichförmiger Endungen gebildet, theils مُكَسَّرٌ *gebrochen*, d. h. unregelmässig, durch innere Umwandlung, Verkürzung oder Verlängerung der Singularform gebildet. Der regelmässige Plural, der sich im Masculinum Nom. auf وُنْ, Gen. und Acc. auf يِنْ, im Femininum auf اتٌ endigt, kommt kaum je im Persischen vor, mit Ausnahme einiger wenigen Feminin-Plurale, z. B.

خَطَرٌ	*Gefahr.*	Plur. v.	خَطَرَاتٌ
وَاقِعَه	*Vorfall.*	„ „	وَاقِعَاتٌ
مُهِمٌّ	*Wichtiges Geschäft.*	„ „	مُهِمَّاتٌ
مَكْتُوبْ	*Schreiben, Brief.*	„ „	مَكْتُوبَاتٌ

Der unregelmässige Plural zerfällt wiederum in zwei Arten: جَمْعُ الْقِلَّةِ *Plural der Wenigkeit*, dessen Bereich sich von drei bis zehn einschliesslich erstreckt, und جَمْعُ الْكَثْرَةِ *Plural der Vielheit*, der für alle höhern Zahlen gilt. Eine Unterabtheilung des letztern ist مُنْتَهَى الْجُمُوعِ *äusserster der Plurale* oder جَمْعُ الْجُمُوعِ *Plural der Plurale*, der in einer Steigerung des einfachen unregelmässigen Plurals zu einer neuen regelmässigen oder unregelmässigen Pluralform besteht. Hinsichtlich der beiden ersten Arten ist aber zu bemerken, dass jener numerische Unterschied nur meistentheils, aber durchaus nicht immer — besonders im Persischen nicht — festgehalten wird und der Natur der Sache nach nur da festgehalten werden kann, wo wenigstens zwei den beiden Arten angehörige Pluralformen neben einander

bestehen (auch der regelmässige Plural wird in diesem Falle
als Plural der Wenigkeit behandelt); wo aber nur eine
Form oder nur Formen von einer Art vorhanden sind, gelten diese für beide Arten.

————————

Die *Plurale der Wenigkeit* haben nur vier Formen:
اَفْعُلْ, اَفْعَالْ, اَفْعِلَةْ und فِعْلَةْ.

1) Singularformen, welche Plurale bilden

		Formparadigma.	Singular.	Bedeutung.	Plural.
	1.	فَعْل	نَفْس	Seele.	اَنْفُسْ
	2.	فِعْل	رِجْل	Fuss.	اَرْجُلْ
اَفْعُلْ	3.	فَعَالْ	عَنَاق	Ziege.	اَعْنُق
	4.	فَعِيلْ	يَمِين	Eid.	اَيْمُنْ
	5.	فِعَالْ	ذِرَاعْ	Vorderarm.	اَذْرُعْ
	6.	فُعَالْ	كُرَاعْ	Dünnes Bein.	اَكْرُعْ

2) Singularformen, welche Plurale bilden

		Formparadigma.	Singular.	Bedeutung.	Plural.
	1.	فَعْل	لَوْح	Tafel.	اَلْوَاحْ
	2.	فِعْل	مِلْك	Besitzthum.	اَمْلَاك
اَفْعَالْ	3.	فُعْل	حُكْم	Satzung.	اَحْكَامْ
	4.	فَعَل	بَطَلْ	Held.	اَبْطَالْ
	5.	فَعِلْ	عَقِبْ	Ferse.	اَعْقَابْ
	6.	فَعُلْ	عَضُدْ	Oberarm.	اَعْضَادْ
	7.	فُعُلْ	عُنُق	Hals.	اَعْنَاق

nach der Form

nach der Form

3) Singularformen, welche Plurale bilden
Formparadigma. Singular. Bedeutung.   Plural.

nach der Form   اِفْعَلَة

	Formparadigma	Singular	Bedeutung	Plural
1.	فَعَال	طَعَام	Speise.	أَطْعِمَة
2.	فَعِيل	رَغِيف	Laib Brod.	أَرْغِفَة
3.	فَعُول	عَمُود	Säule.	أَعْمِدَة
4.	فِعَال	حِمَار	Esel.	أَحْمِرَة
5.	فُعَال	غُرَاب	Rabe.	أَغْرِبَة

4) Singularformen, welche Plurale bilden
Formparadigma. Singular. Bedeutung.   Plural.

nach der Form   فِعْلَة

	Formparadigma	Singular	Bedeutung	Plural
1.	فَعَل	ثَوْر	Stier.	ثِيرَة
2.	فَعَل	وَلَد	Kind.	وِلَدَة
3,	فَعَال	غَزَال	Gazelle.	غِزْلَة
4.	فَعِيل	خَلِيل	Freund.	خِلَّة
5.	فُعَال	غُلَام	Bursche.	غِلْمَة

———— —

Die *Plurale der Vielheit* haben neunzehn Formen.

1) Singularformen, welche Plurale bilden
Formparadigma. Singular. Bedeutung.   Plural.

n. d. F.   فُعْل

	Formparadigma	Singular	Bedeutung	Plural
1.	فَعَل	أَسَد	Löwe.	أُسْد
2.	فَعْلَة	نَاقَة	Kamelin.	نُوق
3.	اَفْعَل	أَحْمَر	Roth.	حُمْر
4.	فَعْلَاء	حَوْرَآء	Schwarzäugiges Mädchen.	حُور

2) Singularformen, welche Plurale bilden

Formparadigma.	Singular.	Bedeutung.		Plural.
1.	فَعَل	فَلَك	Sphäre.	فُلُك
2.	فَعِيل	نَذِيرٌ	Warner.	نُذُر
3.	فَعِيلَة	سَفِينَة	Schiff.	سُفُن
4.	فَعُول	رَسُول	Gesandter.	رُسُل
5.	فِعَال	كِتَابٌ	Schrift, Buch.	كُتُب

n. d. F. فُعُل

3) Singularformen, welche Plurale bilden

Formparadigma.	Singular.	Bedeutung.		Plural.
1.	فَعْلَة	قَرْيَة	Flecken, Dorf.	قُرًى
2.	فِعْلَة	لِحْيَة	Bart.	لُحًى
3.	فُعْلَة	سُورَة	Korankapitel.	سُوَر
4.	فُعْلَى	أُخْرَى	Andere (Fem.)	أُخَر

n. d. F. فُعَل

4) Singularform, welche ihren Plural bildet

n.d.F.

Formparadigma.	Singular.	Bedeutung.		Plural.
فِعَل	فِعْلَة	نِعْمَة	Huldgabe.	نِعَم

5) Singularformen, welche Plurale bilden

Formparadigma.	Singular.	Bedeutung.		Plural.
1.	فَعَل	بَرّ	Fromm.	بَرَرَة
2.	فَعِيل	خَبِيثٌ	Schlecht.	خَبَثَة
3.¹	فَيْعِل	سَيِّد	Herr.	سَادَة
4.	فَاعِل	طَالِبٌ	Student.	طَلَبَة

n. d. F. فَعَلَة

---

¹ Wie schon oben S. 251 bemerkt, ist dies nur eine Zusammenziehung der Form فَعِيل bei Wörtern, deren mittler Stammbuchstabe و oder ى ist. — سَادَة zusammengezogen aus سَوَدَة.

6) Singularformen, welche Plurale bilden

n.d.F.		Formparadigma.	Singular.	Bedeutung.	Plural.
فُعَلَةٌ	1.	فَاعِلٌ	قَاضِى	*Richter.*	قُضَاةٌ
	2.	فَعِيلٌ	كَمِىّ	*Geharnischter.*	كُمَاةٌ

7) Singularformen, welche Plurale bilden

n.d.F.		Formparadigma.	Singular.	Bedeutung.	Plural.
فِعَلَةٌ	1.	فِعْلٌ	قِرْدٌ	*Affe.*	قِرَدَةٌ
	2.	فُعْلٌ	قُرْطٌ	*Ohrgehänge.*	قِرَطَةٌ

8) Singularformen, welche Plurale bilden

n. d. F.		Formparadigma.	Singular.	Bedeutung.	Plural.
فُعَّلٌ	1.	فَعْلٌ	سَخْلٌ	*Schwach.*	سُخَّلٌ
	2.	فَعِلٌ	هَطِلٌ	*Beständig regnend.*	هُطَّلٌ
	3.	فاعِلٌ	كامِلٌ	*Vollkommen.*	كُمَّلٌ
	4.	أَفْعَلُ	أَعْزَلُ	*Unbewaffnet.*	عُزَّلٌ

9) Singularform, welche einen Plural bildet

n.d.F.	Formparadigma.	Singular.	Bedeutung.	Plural.
فُعَّالٌ	فاعِلٌ	تاجِرٌ	*Kaufmann.*	تُجَّارٌ

10) Singularformen, welche Plurale bilden

n. d. F.		Formparadigma.	Singular.	Bedeutung.	Plural.
فِعالٌ	1.	فَعْلٌ	عَبْدٌ	*Knecht.*	عِبادٌ
	2.	فِعْلٌ	ذِئْبٌ	*Wolf.*	ذِئابٌ
	3.	فُعْلٌ	رُمْحٌ	*Lanze.*	رِماحٌ
	4.	فَعْلَةٌ	قَصْعَةٌ	*Napf.*	قِصاعٌ

Singularformen, welche Plurale bilden

Formparadigma.	Singular.	Bedeutung.	Plural.
5. فَعْلةٌ	نُقْطَةٌ	*Punkt.*	نِقاطٌ
6. فَعَلٌ	جَبَلٌ	*Berg.*	جِبالٌ
7. فَعْلٌ	رَجُلٌ	*Mann.*	رِجالٌ
8. فَعَلَةٌ	رَقَبَةٌ	*Nacken.*	رِقابٌ
9. فَعِيلٌ	كَرِيمٌ	*Edel.*	كِرامٌ
10. فَيْعِلٌ	خَيِّرٌ	*Gut.*	خِيارٌ
11. فَعْلانٌ	عَطْشانٌ	*Durstig.*	عِطاشٌ
12. فُعْلانٌ	خُمْصانٌ	*Hungrig.*	خِماصٌ
13. أَفْعَلٌ	أَعْجَفٌ	*Mager.*	عِجافٌ

nach der Form فِعالٌ

11) Singularformen, welche Plurale bilden

Formparadigma.	Singular.	Bedeutung.	Plural.
1. فَعْلٌ	قَلْبٌ	*Herz.*	قُلُوبٌ
2. فِعْلٌ	عِلْمٌ	*Wissenschaft.*	عُلُومٌ
3. فُعْلٌ	بُرْجٌ	*Thurm.*	بُرُوجٌ
4. فَعْلَةٌ	صَخْرَةٌ	*Fels.*	صُخُورٌ
5. فَعَلٌ	ذَكَرٌ	*Männliches Geschöpf.*	ذُكُورٌ
6. فَعِلٌ	مَلِكٌ	*König.*	مُلُوكٌ
7. فاعِلٌ	راقِدٌ	*Schlafend.*	رُقُودٌ

nach der Form فُعُولٌ

12) Singularformen, welche Plurale bilden

Formparadigma.	Singular.	Bedeutung.	Plural.
1. فاعِلٌ	راهِبٌ	*Christlicher Mönch.*	رُهْبانٌ
2. فَعِيلٌ	رَغِيفٌ	*Laib Brod.*	رُغْفانٌ
3. أَفْعَلٌ	أَسْوَدٌ	*Neger.*	سودانٌ

n.d.F. فُعْلانٌ

13) Singularformen, welche Plurale bilden
Formparadigma. Singular. Bedeutung. Plural.

nach der Form

	Formparadigma	Singular	Bedeutung	Plural
1.	فَعْل	ضَيْف	Gast.	ضِيفان
2.	فُعْل	نور	Licht.	نِيران
3.	فُعَل	صُرَد	Art kleiner Vogel.	صِردان
4.	فَعال	غَزال	Gazelle.	غِزْلان
5.	فُعال	غلام	Bursche, Page.	غِلْمان
6.	فَعيل	صَبيّ	Männliches Kind, Knabe.	صِبيان

فِعْلان

14) Singularform, welche einen Plural bildet

n.d.F.

	Formparadigma	Singular	Bedeutung	Plural
فَعْلى	فَعيل	قَتيل	Getödtet.	قَتْلى

15) Singularformen, welche Plurale bilden

n.d.F.

	Formparadigma	Singular	Bedeutung	Plural
1.	فَعَل	حَجَل	Rebhuhn.	حِجْلى
2.	فِعلان	ظَرِبان	Zibethkatze.	ظِرْبى

فِعْلى

16) Singularformen, welche Plurale bilden

n.d.F.

	Formparadigma	Singular	Bedeutung	Plural
1.	فَعْل	سَمْح	Gern gebend.	سُحَآء
2.	فَعيل	فَقير	Arm.	فُقَرآء
3.	فَعيلة	خَليفة	Nachfolger.	خُلَفآء

فُعَلَاء

17) Singularform, welche einen Plural bildet

n.d.F.

	Formparadigma	Singular	Bedeutung	Plural
أفعِلَاء	فَعيل	نَبيّ	Prophet.	أنبِيآء

18) Singularformen, welche Plurale bilden

Formparadigma.	Singular.	Bedeutung.	Plural.

nach der Form فَعَالَى

1. فَعِيلٌ	يَتِيمٌ	Waise.	يَتَامَى
2. فَيْعِلٌ	أَيِّمٌ	Unvermählt.	أَيَامَى
3. فَعْلانُ	سَكْرانُ	Trunken.	سَكَارَى
4. فَعْلَى	فَتْوَى	Ausspruch des Mufti.	فَتَاوَى
5. فِعْلَى	ذِفْرَى	Buckel hinter dem Ohr.	ذَفَارَى
6. فُعْلَى	حُبْلَى	Schwangere.	حَبَالَى
7. فَعْلَاء	عَذْرَاء	Jungfrau.	عَذَارَى

19) Singularformen, welche Plurale bilden

Formparadigma.	Singular.	Bedeutung.	Plural.

n.d.F. فُعَالَى

1. فَعْل	فَرْد	Einzeln.	فُرَادَى
2. فَعْلانُ	سَكْرانُ	Trunken.	سُكَارَى

Alle ursprünglich vierbuchstabigen und die meisten derjenigen Formen, in welchen der dreibuchstabige Stamm um einen oder mehrere Buchstaben (nur nicht um die blosse Femininendung ة) vermehrt erscheint, haben eine gemeinschaftliche dreisylbige Grundform des gebrochenen Plurals nach dem Vocalschema a-â-i, theils ohne, theils mit Anfügung der Femininendung ة. Beispiele:

Formparadigma.	Singular.	Bedeutung.	Plural.
1. فَعْلَى	دَعْوَى	Anspruch, Behauptung.	دَعَاوِى
2. فِعْلِيّ	اِنْسِيّ	Mensch.	أَنَاسِيّ
3. فِعَالَة	رِسَالَة	Sendung, Sendschreiben.	رَسَائِلُ

Formparadigma.	Singular.	Bedeutung.	Plural.
4. فَوْعَلْ	جَوْهَرْ	Juwel.	جَوَاهِرْ
5. فَاعِلَةٌ	قَافِلَةٌ	Karawane.	قَوَافِلْ
6. فَاعُولْ	قَانُونْ	Kanon.	قَوَانِينْ
7. اَفْعَلْ	اَكْبَرْ	Grösster.	اَكَابِرْ
8. اِفْعِيلْ	اِقْلِيمْ	Klima, Gegend.	اَقَالِيمْ
9. اُفْعُولْ	اُحْبُوشْ	Horde.	اَحَابِيشْ
10. مَفْعَلْ	مَطْبَخْ	Küche.	مَطَابِخْ
11. مِفْعَلْ	مِطْبَخْ	Kochgefäss.	مَطَابِخْ
12. مِفْعَالْ	مِصْبَاحْ	Leuchte.	مَصَابِيحْ
13. تَفْعِلَةٌ	تَجْرِبَةٌ	Erfahrung.	تَجَارِبْ
14. تَفْعِيلْ	تَصْوِيرْ	Gemälde.	تَصَاوِيرْ
15. فُعْلَانْ	سُلْطَانْ	Herrscher.	سَلَاطِينْ
16. فَعْلَلْ	دَفْتَرْ	Register.	دَفَاتِرْ
17. فِعْلَالْ	قِرْطَاسْ	Papier.	قَرَاطِيسْ
18. فِعْلِيلَى	كِشْمِيرَى	Kaschmirer.	كَشَامِرَةٌ
19. اَفْعَالْ	اَفْغَانْ	Afghane.	اَفَاغِنَةٌ

u. s. w.

An diese Form schliessen sich auch alle diejenigen Plurale der Plurale an, welche nicht, wie بيوتات Häusergruppen von نُيوت *Häuser*, einfach durch Anhängung der Endung des regelmässigen Femininplurals an einen gebrochenen Plural gebildet werden. So von ظُفْر *Nagel* und سِـوارٌ *Armband* die Plurale أَظْـفـارٌ und أَسْـوِرَةٌ und von diesen die Plurale أَسَاوِرَةٌ oder أَسَاوِرٌ und أَظَافِيرٌ.

Berichtigungen.

Seite   8, Z. 1. „folgenden" l. folgendem.

„   69, Col. 1, l. Z. „حَرَفَ" l. حَرْفٌ.

„   89, Z. 9. „بِخَاطِرَتْ" l. بَخَاطِرَتٌ.

„   — „ 16. „جمَعَى" l. جمَعَى.

„   109, Col. 2, Z. 5. „sie" l. Sie.

„   — Anm. 1. „بنويشم" l. بنويسم.

„   111, Col. 1, vorl. Z. „أَسَّبِ" l. أَسَبُ.

„   133, Col. 1, Z. 7. „حافظ" l. حائِظٌ.

„   148, Z. 5. „انْدَ" l. أَنْدِ.